# 农工一体化企业价值链
# 会计研究

朱 炜 著

经济科学出版社

图书在版编目（CIP）数据

农工一体化企业价值链会计研究/朱炜著．—北京：
经济科学出版社，2015.12
　ISBN 978 - 7 - 5141 - 6385 - 8

　Ⅰ.①农…　Ⅱ.①朱…　Ⅲ.①农业企业 - 企业管理 -
管理会计 - 研究　Ⅳ.①F275.2

　中国版本图书馆 CIP 数据核字（2015）第 298981 号

责任编辑：柳　敏　李一心
责任校对：刘欣欣
版式设计：齐　杰
责任印制：李　鹏

**农工一体化企业价值链会计研究**

朱　炜　著
经济科学出版社出版、发行　新华书店经销
社址：北京市海淀区阜成路甲 28 号　邮编：100142
总编部电话：010 - 88191217　发行部电话：010 - 88191522
网址：www. esp. com. cn
电子邮件：esp@ esp. com. cn
天猫网店：经济科学出版社旗舰店
网址：http://jjkxcbs. tmall. com
北京汉德鼎印刷有限公司印刷
三河市华玉装订厂装订
710×1000　16 开　18.25 印张　300000 字
2016 年 1 月第 1 版　2016 年 1 月第 1 次印刷
ISBN 978 - 7 - 5141 - 6385 - 8　定价：46.00 元
（图书出现印装问题，本社负责调换。电话：010 - 88191502）
（版权所有　侵权必究　举报电话：010 - 88191586
电子邮箱：dbts@ esp. com. cn）

本书得到国家自然科学基金项目"农工一体化企业的价值增值机理与价值链会计研究"（批准号：71172045）的资助。

# 序

　　《农工一体化企业价值链会计研究》这部专著，是朱炜博士在其博士论文的基础上修订充实而成的，也是国家自然科学基金项目"农工一体化企业的价值增值机理与价值链会计研究"的主要研究成果。

　　随着农业产业链条的不断延伸，较长的产业链使得行业内专业化分工的协调变得越来越困难，同时农产品生产和加工企业需承担的食品质量安全责任日趋紧迫，驱使农工企业将生产资料采购、农产品生产和加工等环节进行价值链整合，进而产生了农工一体化企业这一特有的企业组织形式。农工一体化企业的农产品供给由企业内部生产替代市场交易，不仅能够大大节省交易成本，而且将现代农业与新型工业结合，进行高效率的农业生产的同时，对其农产品进行专业化的深度加工，通过种养加、农工商的一体化经营，实现规模经济，形成了新型的企业内部产业链，进而成为农工产业有机结合的新载体。

　　农业的根本特点是经济再生产过程与自然再生产过程的相互交织。由于农业生产活动主要是对生物转化过程进行控制和管理，农业活动的业务流程和价值增值过程主要取决于"生物转化"的效率和效果。因此，农工一体化企业的营运流程"纷繁复杂"：一方面，生物资产具有自然增值的特性，而这很难在传统会计核算中反映出来；另一方面，由于农工一体化企业产业活动链条上的业务流程复杂，传统的管理方法难以厘清企业产业活动链的价值增值路径和机理，相应地，传统财务会计核算难以准确地计量企业各项业务、各业务流程的价值增值额。这必然要求建立一套与农工一体化企业经营业务流程相适应的会计管理系统，恰当、实时地提供企业各项业务、各业务流程的价值增值信息，以更好地服务于企业内部决策与控制。因此，该著作系统地探讨农工一体化企业的概念、现状及其发展趋势，厘清农工一体化企业价值增值机理与价值链模型，探索服务于农工一体化企业价值增值的价值链会计系统。这有利于丰富和发展管理会计、战略成本管理和价值链会计理论，改进农工一体化企业价值链会计系统，为战略决策提供有用数据，进而促进农工一体化企业价值管理方法科学化水平的提升，赢得和保持可持续竞争优势，均具有学术价值和现实意义。

朱炜博士的这部著作，以农工一体化企业为研究对象，综合运用规范研究、实证研究等方法，紧紧把握"农工一体化企业价值链会计"这一主题进行系统研究，做了许多有价值、探索性的工作：（1）在梳理国内外学者和组织关于农业企业不同观点的基础上，对农工一体化企业进行了科学界定，结合农工一体化企业发展现状，总结了农工一体化企业的发展趋势。（2）在分析价值链会计的定义及其学科归属的基础上，解释了传统会计数据应用于价值链会计可能存在的障碍，构建了由识别企业价值链模型、价值链会计分析、价值链成本分析和价值链绩效评价4个部分组成的价值链会计基本框架。4个组成部分是相互联系、相辅相成、循环往复的系统，不断发现企业价值链的问题和机会、提出解决企业价值链的改进措施、实施措施优化企业价值链、评价企业价值链绩效，实现运用价值链会计数据制定价值链战略目标，根据价值链战略目标的变化调整企业价值链会计目标的动态循环。（3）将价值链会计基本框架运用于农工一体化企业，提供反映农工一体化企业价值链会计信息确认、计量、记录和报告的具体方法，并用价值链会计系统提供的信息评价农工一体化企业价值链业绩，为农工一体化企业制定战略规划，赢得和保持可持续竞争优势提供决策有用数据。其中在详细分析农工一体化价值链驱动因素、特点和目标的基础上，从顾客价值创造，采购、生产、后勤活动和基础设施、原材料、技术、人员决策，以及信息传递和业绩评价三个方面剖析了农工一体化企业价值增值的机理，建立了农工一体化企业价值链基本模型；运用可持续价值链分析，并结合价值流管理、案例研究和行动研究设计了农工一体化企业价值链会计分析的步骤；基于产品、价值活动、流程、作业、任务和资产的视角建立了农工一体化企业价值链成本分析体系；借鉴供应链运营参考模型，并结合层次分析法和逼近理想排序法，根据农工一体化企业价值链目标设计了农工一体化企业价值链绩效评价模型。不过，陷于宏观统计数据的缺乏，人力和时间的限制，没有将构建的农工一体化企业价值链会计框架完整地运用到案例企业的所有活动和流程中。

综上所述，我认为，这部书是一部系统地、整体上、创新性研究农工一体化企业价值链会计理论框架及实践问题的专著。该著作紧紧围绕主题，在研究方法上注重理论推导与规范分析、实证分析和历史分析的结合运用，对农工一体化企业的价值增值机理和价值链会计进行了深入而系统的研究，其主题鲜明、结构严谨、体系完整、引证翔实、论证充分，并具有较为突出的求实创新力度。作者所作研究结论具有实践指导意义，在理论研究上具有重要学术价值。衷心期望本著作的出版能够引起更多的学者关注这一领域，进行有益的研究，而农工一体化企业能够更加重视企业价值链优化和价值管理水平的提升。

慕好东

2015 年 7 月

# 内 容 摘 要

自 2003 年我国著名会计学家阎达五开创性地将价值链理论与会计理论结合，提出价值链会计概念以来，我国学者围绕价值链会计相关理论和实践展开了一系列研究。但已有研究尚未厘清企业应如何构建价值链会计体系，价值链会计应为企业内部管理者提供哪些价值增值信息，以及企业如何运用价值链会计提供的信息制定战略规划、赢得和保持可持续竞争优势。与此同时，随着我国农业产业化经营模式的发展，以及日益严峻的食品质量和食品安全问题，越来越多的农业产业化龙头企业从向农户收购农产品，转变为自有基地供给农产品，即农业产业化龙头企业内部价值链开始从农产品加工环节向农业生产环节延伸。本书把这类企业称为"农工一体化企业"。本书选择农工一体化企业价值链会计作为研究主题，既可以丰富价值链会计理论的研究，又可直接用于农工一体化企业会计系统的改进，继而促进企业价值管理方法科学化水平的提升，也可为一般企业会计系统的改进和价值管理方法的科学化提供参考。

本书运用规范研究和实证研究方法，从农工一体化企业价值链的特性入手，研究农工一体化企业价值链会计的基本框架，包括农工一体化企业价值链模型与价值增值机理、农工一体化企业价值链会计分析、农工一体化企业价值链成本分析、农工一体化企业价值链会计核算和分析报告，以及农工一体化企业价值链绩效评价。本书的研究目标是，探索服务于农工一体化企业价值增值的价值链会计系统，使会计更好地服务于企业战略规划的制定，使企业赢得和保持可持续竞争优势。本书的主要内容和结论如下：

1. 农工一体化企业概念、现状及其发展趋势。本书定义的农工一体化企业是指以农业生产为基础，向农业产业链的农业生产产前投入或收获的农产品产后加工、贮藏、运输、销售等环节延伸，形成企业内部价值链纵向一体化经营，独立核算、自主经营、自负盈亏，具有法人资格的经济组织。农工一体化企业的特点有：农业活动自然再生产过程和工业企业再生产过程一体化，农业产业价值链企业内部组织一体化，农业产业链价值增值和农工一体化企业价值增值一体化，集规模生产、多元经营和企业管理于一体，农产品非市场交易的合约价格转变成农工一体化企业内部价值链转移价格。本书以山东省农工一体化企业为例，分析了我国农工一体化企业发展现状，发现我国农工一体化企业的发展呈现出循环经济，标准化生产，产品全过程的质量溯源控制，科技创新，纵深化、一体化、集团化、跨区域发展，以及树品牌、运用网络自我营销的趋势。

2. 价值链会计的基本框架。本书认为，价值链会计是管理会计的分支，是战略成本管理重要、核心的组成部分，更是对战略成本管理的发展和深化。价值链会计在诸多方面与传统会计存在不同，传统会计提供的数据与价值链会计分析所需数据存在差异。因此，会计应面对这一挑战，从核算主导的传统会计转向战略导向的价值链会计，为企业识别价值链价值增值活动，制定战略规划、赢得和保持可持续竞争优势提供分析数据。本书构建的价值链会计基本框架由识别企业价值链、价值链会计分析、价值链成本分析、价值链绩效评价4个部分组成。

3. 农工一体化企业价值链会计系统。运用价值链会计的基本框架，详细论述了农工一体化企业价值链会计系统的具体内容，包括5个方面：

(1) 农工一体化企业价值链模型。农工一体化企业价值链驱动因素和价值链特点，要求农工一体化企业价值链不断为顾客创造价值，赢得和保持可持续竞争优势。顾客拉动和战略驱动是农工一体化企业价值链价值增值的两大源泉。农工一体化企业价值链基本模型由两部分组成，一是农工一体化企业价值活动，包括基本活动和辅助活动；二是农工一体化企业价值链基本活动的主要流程，包括农业生产，收获和运输，初加工和储存，二次加工，分配和包装，零售，消费者使用，浪费管理。

(2) 农工一体化企业价值链会计分析。价值链分析是价值链会计分析的基本方法。农工一体化企业价值链会计分析是以价值链分析为基础的可持续价值链分析。本书运用食品价值链分析法，以价值流管理、案例研究和行动研究作为农工一体化企业价值链会计分析的基本工具，概括了农工一体化企业价值链会计分析的步骤。

(3) 农工一体化企业价值链成本分析。传统成本会计中成本的概念、分类、归集、分配方法与价值链成本不同，需要建立价值链成本分析体系，为价值链会计分析、价值链绩效评价和战略决策制定提供有用的财务数据和经营数据。农工一体化企业成本分析项目种类繁多，价值活动之间的联系和相互关系错综复杂，价值链成本驱动因素特殊，价值链成本分析工作繁重，决定了农工一体化企业价值链成本分析体系较其他企业复杂。本书从财务会计记录系统、经营分析记录系统、数据库以及会计核算和分析报告4个方面构建了农工一体化企业价值链成本分析体系。

（4）农工一体化企业价值链会计核算和分析报告。本书按产品、价值活动、流程、作业、任务和资产的思路，设计了农工一体化企业价值链会计核算流程，由执行价值活动具体任务的工作人员记录资产耗费，按任务的成本驱动因素分配耗用的资产。农工一体化企业价值链收入是指企业在日常活动中形成的所有产品的价值流程和作业的产出价值，采用公允价值计量价值链的产出价值。同时，以公允价值计量生物资产自然增值，并确认为农工一体化企业价值链的价值增值。本书从资产耗费结构、价值活动成本结构、价值流程和价值增值4个方面设计了农工一体化企业价值链会计分析报告。

（5）农工一体化企业价值链绩效评价。供应链运营参考模型是一个包含不同层级流程的层级模型，本书把层次分析法与供应链运营参考模型绩效评价指标结合，构建了农工一体化企业价值链绩效评价指标层级结构。运用逼近理想排序法标准化不同单位的绩效评价指标值；运用层次分析法确定绩效评价指标权重，以便把战略权重传递到执行层面的绩效评价指标，并用于规范化绩效评价指标；最后继续运用逼近理想排序法，获得不同备选方案的最终排序。

# Abstract

Since famous professor Yan Dawu put forward value chain accounting by combining the theory of value chain and accounting in 2003, Chinese scholar launched a series of studies around it. However, no studies have ever clarified how enterprises should establish value chain accounting system; what value chain accounting should provide added value information for internal managers; how enterprises use information provided by value chain accounting to plan strategy, gain and sustain competitive advantages. Meanwhile, with the development of China's agricultural industrialized organization model and the worsening food quality and safety condition, the growing number of agricultural industrialized leading enterprises transform the model from purchasing the farmers' agricultural products to providing agricultural products by their own bases, namely agricultural industrialized leading enterprises value chain expends from the processing of agricultural products to agricultural production. This dissertation names them as integrated agro-industrial enterprises. In this dissertation, the author chooses value chain accounting of integrated agro-industrial enterprises as the mainly research theme. It can not only enrich value chain accounting theory researches, but also be applied directly to the improvement of integrated agro-industrial enterprises accounting system; promote scientific level of enterprises value management methods and provide the reference for the improvements of general enterprises accounting system and scientific method of value management.

The dissertation starts from characteristics of integrated agro-industrial enterprises to research the value chain accounting framework of integrated agro-industrial enterprises, including integrated agro-industrial enterprises value chain model and added value mechanism; integrated agro-industrial enterprises value chain accounting; integrated agro-industrial enterprises value chain cost analysis; integrated agro-industrial enterprises analysis reporting; integrated agro-industrial enterprises value chain performance evaluation, by using normative research and empirical analysis. The main purpose of this dissertation is to explore value chain accounting to service added value of the integrated agro-industrial enterprises, to make accounting better service to develop strategic planning and to make enterprise gain and maintain sustainable competitive advantage. The main contents and findings are presented as follows:

1. Integrated agro-industrial enterprises' concept, current situation and development trend

This dissertation defines integrated agro-industrial enterprises as economic organization with legal personality, based on agricultural production, extending to agricultural industry chain of the prenatal inputs for agricultural production or the agricultural harvest postpartum processing, storage, transportation, sale, forming vertical integration within enterprises value chain and being independent accounting, self-management, self-financing. The integrated agro-industrial enterprises are characterized by integration on natural reproduction process of agricultural activities and reproduction process of industrial enterprises, integrating agricultural industry value chain to become the internal organization, integration on added value of agricultural industry chain and integrated agro-industrial enterprises, integration on scale production, diversified management and business management, transforming contract prices of agricultural non-market transactions into agro-industrial integration value chain transfer price. This dissertation analyzes current situation of China's integrated agro-industrial enterprises with integrated agro-industrial enterprises in Shandong province as a case study; and outlines integrated agro-industrial enterprises' development trend, namely circular economy of internal value chain, standardization of production, the use of scientific and technological innovation, the whole processes quality control traceability, depth, diversity, group, inter-regional development, establishing brand and using network to self-marketing.

2. The basic framework of value chain accounting

This dissertation argues that value chain accounting is not only a branch of management accounting and the core part of strategic cost management, but also further development based on strategic cost management. Traditional accounting and the value chain accounting exist in many different areas, so there are differences between the traditional accounting data and the value chain accounting data as analysis required. Therefore, accounting should face this challenge and convert from the "traditional accounting" to the "value chain accounting" of strategic direction to provide analytical data for strategy planning, gaining and maintaining sustainable competitive advantages. This dissertation constructs the basic model of value chain accounting by identifying enterprise value chain, value chain accounting analysis, value chain cost analysis and value chain performance evaluation.

3. Value chain accounting system of integrated agro-industrial enterprises

This dissertation discusses in detail the specific content of value chain accounting system of integrated agro-industrial enterprises by using the basic framework of value chain accounting, including five specific areas:

(1) Value chain model of integrated agro-industrial enterprises

The drivers and features of integrated agro-industrial enterprises value chain require integrated agro-industrial enterprises to develop sustainable agriculture. Customer-driven and strategic-pulling are the two major sources of added value of integrated agro-industrial enterprises. Value chain model of integrated agro-industrial enterprises consists of two parts: one is value chain activities of integrated agro-industrial enterprises, including primary activities and support activities; the other is the main flow of value chain primary activities of integrated agro-industrial enterprises, including agricultural production, harvesting & transport, primary processing & storage, secondary processing, distribution & package, retail, consumer's household and waste management.

(2) Value chain accounting analysis of integrated agro-industrial enterprises

Value chain analysis is the basic method of value chain accounting analysis. Value chain accounting analysis of integrated agro-industrial enterprises is a sustainable value chain analysis based value chain analysis. Using the food value chain analysis, this dissertation proposes seven steps to integrated agro-industrial enterprises value chain accounting analysis by value stream management, case studies and action research as basic tools.

(3) Value chain cost analysis of integrated agro-industrial enterprises

Value chain cost analysis and traditional cost systems are significantly different in cost concept, classification, accumulation, allocation. So it is needed to establish value chain cost analysis system to provide useful financial data and operation data for the value chain accounting analysis, performance evaluation and strategic planning. As the integrated agro-industrial enterprises cost analysis has the characteristics of a wide range of cost, the complex links and relationships between value chain activities, special cost drivers of value chain and the heavy workload of the value chain cost analysis, they determine the value chain cost analysis of integrated agro-industrial enterprises is more complex than that of other companies. We can build value chain cost analysis of integrated agro-industrial enterprises from financial accounting recording system, business analysis recording systems, databases and accounting and analysis reporting.

(4) Value chain accounting and analysis reporting of integrated agro-industrial enterprises

Value chain accounting of integrated agro-industrial enterprises is implemented according to product, value chain activities, processes, jobs, tasks, and assets. The staff who perform specific value chain tasks record assets and allocate asset by the cost drivers of the value chain task. The revenue of integrated agro-industrial enterprises refers to the output value of value chain activities, processes, jobs in the form of their daily activities. It should be recognized output value at fair value. In addition, natural added value of biological assets should be recognized as the revenue of integrated agro-industrial enterprises at fair value. We can build value chain accounting analysis reporting of integrated agro-industrial enterprises from asset cost structure, value chain activities cost structure, value chain processes and added value.

(5) Performance evaluation of integrated agro-industrial enterprises

The SCOR model is a hierarchical model which consists of different process levels, so this dissertation applies AHP with SCOR metrics to construct a value chain performance hierarchical metrics of integrated agro-industrial enterprises. In this dissertation, the TOPSIS applies to normalize the values that have different units while AHP is adopted to determine criteria weights to carry the strategic weights to operational metrics and used in normalization, and the follows TOPSIS procedures and achieves the final ranking of the different scenarios.

# 目　　录

# 1.

# 引　言

## 1.1　选题背景及研究意义

### 1.1.1　选题背景

20 世纪 80 年代以来，随着世界经济环境和企业经营环境的巨大变化，要求企业具有能够对市场变化及时做出反应的核心竞争优势。同时，伴随着农业产业化经营模式的快速发展，要求农工一体化企业重新审视企业价值链，重视企业价值链的价值创造能力。价值管理已成为农工一体化企业管理的核心，规划战略、赢得和保持可持续竞争优势也已成为农工一体化企业追求的目标。会计是一种经济管理活动，价值链管理理论的产生必然要求有一种新的会计模式与之相适应，使会计从核算主导的传统会计体系向战略导向的价值链会计转变。在农工一体化企业实施价值链会计，有助于农工一体化企业厘清价值链，识别价值链价值增值活动，有效管理和控制价值增值活动，更好地为战略决策提供有用的财务数据和经营数据，为农工一体化企业的经营管理服务，并赢得和保持企业可持续竞争优势。

**1. 农业产业化经营模式的变革和农工一体化企业的迅速发展**

自 20 世纪 90 年代中期，党中央提出农业产业化经营思路以来，我国农业产业一体化经营开始快速发展。2000 年党中央、国务院明确农业产业化重点龙头企业扶持政策，及 2004 年至今中央一号文件连续七年锁定"三农"的强大政策导向，出现了农民合作经济组织、农产品行业协会、农业企业和涉农企业等多种微观农业产业化经营模式，农业产业化龙头企业在数量和规模上呈现出飞跃式发展的态势。截至 2011 年，我国已经形成了 1253 家农业产业化国家重点龙头企业，占全国各类龙头企业总数的 1%；1 万多家农业产业化省级龙头企业和 10 万多家农业产业化中小龙头企业①。其中，就农业产业化国家重点龙头企业而言，在 2010 年一个财务年度，企业资产总额达 1.91 万亿元、销售收入 5.02 万亿元、上缴税金总额 1503.73 亿元②。

我国农业产业化经营模式的发展出现了几种趋势：一是在各种" + 农户"③的模式中，很多企业都采用了"反租倒包"的方式；二是龙头企业组建生产基地和合作社；三是农业企业通过兼并和控股等方式组建企业集团。如野力集团在"公司 + 基地 + 农户"模式的基础上，在实践中采取"反租倒包"的形式，即企业先从农户租用其土地使用权，建立生产基地，对土地进行统一改造之后，再以合同形式反包给农户，企业对基地实行统一管理，这一模式也被称为"野力模式"④。可以看出，微观农业经济组织纵向一体化的发展路径是，"龙头"通过各种组织形式将农业产业链上的微观农业经济组织变成"龙头"的内部组织，农业产业化经营表现为"龙头"对内部组织的管理，微观农业经济组织的组织结构从松散式结合型向紧密式结合型发展，组织内部化是其高级形式。

农业产业化龙头企业带动模式在一定程度上代表着我国目前农业产业化经营模式的最高水平。截至 2009 年，我国农业产业化龙头企业带动型组织数量为 8.97 万个，占农业产业化组织总数的 40.06%。农业上市公司则是农业产业化龙头企业中的精华，截至 2010 年，有 123 家农业产业化国家重点龙头企业在深沪市场上市，26 家农业产业化龙头企业在海外市场上市，农业类上市公司的数量在不断增加。这些上市公司大都实行农工一体化生产经营，如种业类上市公司隆平高科、丰乐种业以及食品加工类上市公司双汇发展、伊利股份等都是农工一体化经营的成功代表，显示了这种价值增值链的巨大优势。随着农业产业化理论研究和实践探索的不断深化，我国出现了越来越多以农业生产为基础，同时进行农用生产资料的

---

① 资料来源：农业部经管司司长孙中华 2012 年 2 月 27 日在农业部举行的新闻发布会上的讲话。

② 数据来源：[EB/OL]. http：//www.caein.com/index.asp？ NewsID = 64818&xAction = xRead-News。

③ " + 农户"的模式主要有"公司 + 农户"、"公司 + 大户/基地/家庭农场 + 农户"、"公司 + 合作社/协会 + 农户"、"农产品行业协会 + 龙头企业 + 农民合作组织 + 农户"等模式。

④ 农业产业化经营模式研究课题组. 野力模式：农业产业化的新探索——工商企业进入农业领域的研究报告. 中国农村经济，2000（2）：33 - 40.

生产、供应，或农产品加工、销售一体化经营的企业（包括公司或集团公司等企业组织形式），本文将这类企业称为"农工一体化企业"。农工一体化企业作为农业产业化发展的重要组织模式，将现代农业与新型工业结合，不仅进行高效率的农业生产，而且对其农业产品进行专业化的深度加工，或者进行农业产前部门的生产经营，实现种养加、农工商的一体化经营，形成了新型的企业内部产业链。这种现代农工产业的结合形式能够大大节省交易成本和实现规模经济，进而成为农工产业有机结合的新载体。

**2. 农业生产活动价值增值的特殊性**

农业生产活动主要是生物资产（活的动物和植物）通过自身的生长、蜕变、生产、繁殖的自然转化实现增值的过程。例如，从植物种植业来看，农作物要经过发芽、开花、结果等自然生长阶段实现增值；从动物饲养业来看，动物要经过生长、发育、繁殖等自然生长阶段实现增值。动植物的自然生长阶段离不开自然环境，如土地、阳光和风雨等自然力。所以，农业生产过程主要是生物资产的自然转化过程，是生物资产通过自然转化，即活的动植物通过自身的生长、蜕变、生产、繁殖不断实现增值的过程。这一过程就是农业活动自然再生产过程。由于农业生产活动主要是对生物转化过程进行控制和管理，农业活动的业务流程和价值增值过程主要取决于"生物转化"的效率和效果。所以，农工一体化企业的价值流程、价值增值机理与单纯从事加工制造的工业企业有着较大差异。工业企业的生产过程一般是"资金投入—购买原材料和劳动力—生产产品—销售产品—资金收回"的过程。这一过程的循环往复形成了工业企业再生产过程。除产品制造工艺的差异外，工业企业价值链的价值增值集中于加工和销售环节，价值流程上的价值增值点较清晰且易核算，因而工业企业的价值增值信息能够比较容易地获得。相对而言，农工一体化企业的价值流程却"纷繁复杂"。农工一体化企业通过农业活动的自然再生产过程直接为农产品加工提供原材料，将农业活动的自然再生产过程融入农工一体化企业的再生产过程中。由于生物资产具有自然增值的特性，因此生物资产自然增值的同时也实现了农工一体化企业价值链的价值增值，但传统会计很难反映生物资产自然增值导致的农工一体化企业价值链的价值增值额。

**3. 农工一体化企业价值链管理的要求**

农工一体化企业内部价值链不仅包括农产品加工和农产品流通环节，

还包括农业生产，甚至农业投入环节。这必然导致农工一体化企业内部价值活动和流程之间的联系和相互关系错综复杂，运用传统管理方法难以厘清企业价值链价值增值的路径和机理。农工一体化企业将内部价值链延伸到农业生产环节，由于农业生产环节需要土地，农产品加工环节需要设备、厂房等固定资产，意味着大多数农工一体化企业是具有一定规模的大中型企业；同时，农工一体化企业既从事农业生产，产出各种农产品，又从事农产品加工，制造各种食品和其他产品，有的还从事农产品贮藏、运输、批发、零售、餐饮等行业，所以农工一体化企业大都是多元一体化经营企业。规模化生产和多元一体化经营要求农工一体化企业提高自身价值链管理水平。此外，农产品安全与质量标准的趋势是，更注重对农产品生产加工过程的控制，而不仅是对农产品本身物理特征的控制，并对农产品实行可追溯制度。这都要求农工一体化企业管理和控制好整个价值链。

然而，传统的会计系统不是按照价值活动、流程、作业、任务、资产的过程核算产品成本，不能提供企业价值活动和流程真实可靠的价值增值等关键会计信息，由此引致的决策信息缺失极可能导致企业管理层决策偏差，甚至致命的失误。"蓝田股份"和"草原兴发"等农业上市公司违规案件中发现的农工一体化企业存在难以提供价值链上价值信息（成本信息）和存货盘点困难等问题，在一定程度上似乎可以印证这种判断。因此，亟须建立一套与农工一体化企业价值活动和流程相适应的会计管理系统，恰当、实时地提供企业价值活动和流程的价值增值信息，这些信息除了财务数据，还应包括经营数据，以便企业识别价值链价值增值活动和价值增值流，更好地服务于农工一体化企业内部决策与管理控制。

**4. 传统会计的缺陷和价值链会计的兴起**

传统管理会计所需的分析数据大都来源于财务会计系统，而传统管理会计的范式与价值链会计的范式具有明显的区别，"尽管会计系统也包含成本分析有用的数据，但这些数据常常会成为战略成本分析的绊脚石"（Porter，1985）[①]，由于价值链会计与传统会计在目标、主体范围、核算方法、对象、职能、成本归集、信息分享、计量单位、会计分期和服务对象等方面的不同，导致传统会计提供的数据与价值链会计分析所需的数据在内容和形式上有显著差异，传统会计数据用于价值链会计分析会遇到一些障碍。这些"差异"和"障碍"主要表现在：传统会计划分的组织结构

---

① ［美］迈克尔·波特. 竞争优势. 陈小悦译. 北京：华夏出版社，1997：62.

与价值链会计划分的组织结构不同；传统会计按责任中心归集成本，价值链会计要求按价值活动和流程归集成本；传统会计产品成本结构与价值链会计产品成本结构不同；传统会计假设企业组织机构之间是独立的，价值链会计要求提供价值链之间相互联系的数据；传统会计难以为价值链会计分析提供价值活动成本的相关数据。

1985年，迈克尔·波特（Porter，1985）在其所著的《竞争优势》一书中提出了价值链的概念。他认为价值链是企业为了识别可持续竞争优势的来源而剖析企业各种活动以及活动之间相互影响的基本工具。与此同时，国外管理会计研究文献也开始考虑如何把竞争优势与管理者面临的决策相联系，以及管理会计如何为决策提供有益的帮助，提出了"战略管理会计"和"战略成本管理"的概念，并把价值链分析、战略定位分析和成本动因分析列为战略成本管理研究的一个方向。2003年，我国著名会计学家阎达五首次提出价值链会计的概念，探讨了价值链会计存在的必要性与可行性，指出了构建价值链会计框架的基本思路。此后，我国会计学界的学者们展开了关于价值链会计的本质特征、框架构建、对象和目的等理论问题的研究，使价值链会计理论得到了丰富与完善。同时，还探索了价值链会计在业绩评价、成本管理、内部控制、战略管理、流程再造等领域的应用问题，希望价值链会计实务尽快有效地应用于我国企业实践。但是，这些研究中有理论深度的文献不多，内容比较零散，还没有形成能用于指导实践的较完整的价值链会计理论体系。

### 1.1.2　研究意义

本书运用规范研究和实证研究方法，从农工一体化企业价值链的特征入手，研究农工一体化企业价值链会计的基本框架，包括农工一体化企业价值链模型与价值增值机理、农工一体化企业价值链会计分析、农工一体化企业价值链会计核算和分析报告以及农工一体化企业价值链绩效评价。本书的研究内容既可以丰富价值链会计理论，又可以直接用于农工一体化企业会计系统的改进，继而促进企业价值管理方法科学化水平的提升，也可为一般企业会计系统的改进和价值管理方法的科学化提供参考。因此，本书的研究具有重要的理论价值和现实意义。

**1. 丰富和发展管理会计相关理论**

管理会计的发展经历了20世纪初到50年代以成本控制为核心的执行性管理会计阶段、20世纪50~80年代以决策为核心的决策性管理会计阶段和 20 世纪 80 年代以来以战略为导向的战略性管理会计阶段。虽然管理会计的发展一直是学术界关注的焦点,针对影响其发展的因素,理论界从经济环境、管理理论以及科学技术等方面都进行过深入的探讨,但是在日本企业彻底革新生产制造管理的方法之前,研究者就已经担忧传统管理会计与现代制造技术的"相关性"(Kaplan,1984),认为传统管理会计忽视了新的制造环境和新的管理理念。本书将通过分析价值链管理理论,以及基于价值链视角对战略成本管理演进的研究,对管理会计未来的走向与发展提供启发性的理论引导。

**2. 丰富和发展价值链会计理论**

首先,基于企业内部价值链,从可持续价值链分析的视角对价值链会计进行系统研究。虽然自 2003 年著名会计学家阎达五开创性地将会计理论与价值链管理结合,提出价值链会计概念以来,我国学者围绕价值链会计相关理论和实践展开了一系列研究,但大多数研究都是从供应链或产业链的视角来研究价值链,也就是从纵向价值链或横向价值链的视角研究价值链会计问题。本书将研究对象锁定在颇具特色的"农工一体化企业",基于其内部价值链,从可持续价值链分析的视角深入研究价值链会计的相关问题。其次,构建基于企业内部价值链的价值链会计基本框架。虽然国内已有一些研究文献对价值链会计的理论框架进行了探索,但大多是零星的,鲜有对价值链会计,特别是从企业内部价值链视角的全面、系统研究。本书将在对价值链会计基本概念、学科归属等理论问题进行深入、系统分析的基础上,结合价值链管理的构成要素,构建能指导企业价值管理的价值链会计系统的一般分析框架。

**3. 有利于农工一体化企业价值链会计系统和价值链管理方法的改进**

从农工一体化企业价值链的特殊性出发,将价值链会计基本框架应用于农工一体化企业,构建服务于农工一体化企业价值链的会计系统,包括农工一体化企业价值链模型、价值链会计分析、价值链成本分析、价值链会计核算和分析报告以及价值链绩效评价。有助于为内部管理者提供农工一体化企业价值活动和流程的财务数据和经营数据,使农工一体化企业全面、准确地计量和评价其复杂的价值活动和流程的价值增值,识别企业价值链增值活动;有助于农工一体化企业运用价值增值信息更好地制定企业战略规划和价值流程优化的决策,进而有效管理和控制农工一体化企业价值增值活动;有助于农工一体化企业厘清其价值链上的价值增值机理,提升农工一体化企业价值创造的能力,进而培育农工一体化企业赢得和保持可持续竞争优势的核心能力。

## 1.2　国内外研究概况

### 1.2.1　国外研究概况

自波特（1985）提出价值链理论之后，国外会计学者将价值链理论与成本会计和管理会计结合，形成了管理会计的一个新分支——战略成本管理。有鉴于此，本书对价值链会计国外研究文献的述评主要是对战略成本管理研究文献的梳理。国外对战略成本管理的研究可以分为两个方面：一是战略成本管理在企业内部价值链应用的研究；二是战略成本管理在行业价值链应用的研究。

**1. 战略成本管理在企业内部价值链应用的研究文献回顾**

战略成本管理在企业内部价值链的应用，主要体现在企业内部价值链的两个阶段：一是产品设计开发以及与产品设计密切相关的流程设计阶段；二是产品生产阶段，包括产品制造、内部物流和服务配送活动。

（1）新产品开发和工艺流程设计阶段。相对来说，与新产品开发有关的战略成本管理研究是比较新的领域，研究价值链新产品开发阶段的文献相对于研究价值链开发阶段之后的文献，不仅同时考虑了结构性成本管理和执行性成本管理，而且还延伸到行业价值链，如关键供应商。这个显著区别可能主要源于战略成本管理起源于新产品开发和工艺流程设计，即管理会计研究的推动以及精益制造和新产品开发同时在运营管理的兴起，这也是 20 世纪 80 年代日本制造企业获得成功的两个原因（Clark & Fujimoto, 1991; Womack *et al.*, 1990）。

在产品开发阶段，精益制造的理念转化成为产品和流程设计的关键决策，决策的目的是优化产品三方面的性能（Clark & Fujimoto, 1991; Cooper, 1995）：一是产品推向市场的速度或产品调试时间；二是产品质量，包括规格一致和实现顾客需求；三是产品生产率，即生产投入后剩余价值的创造能力。尽管产品成本发生在产品生产阶段，但质量要求与开发速度的权衡，会影响成本结构和成本水平。库珀和丘（Cooper & Chew, 1996）强调了产品设计和开发在结构性成本管理中的重要作用。

许多管理会计学者开始研究日本管理会计实践的发展（Cooper, 1995; Yoshikawa *et al.*, 1995），特别是目标成本法（target costing），是如何通过管理产品设计，使产品成本与顾客需求和目标售价一致，且达到成本最低的方法。目标成本法很大程度上依赖于价值工程分析，"为了构想出达到质量标准和可靠目标成本的方法，对影响产品成本的各因素进行的一系列跨学科测试"（Cooper，1995）①。

价值工程常会跨越组织边界，例如，企业与供应商合作寻找降低总成本的新方法时，或是企业的供应商将分配的目标成本再与他们的供应商共同运用目标成本法和价值工程时（Carr & Ng，1995；Yoshikawa et al.，1995）。日本企业为精益生产和产品开发提供了管理和协调企业共同合作成本的新视角（Anderson & Dekker，2005）。

上述文献研究的重点是，一个产品或一组产品的设计和开发阶段为结构性成本管理和执行性成本管理提供的机会。新产品开发的研究者也开始把目光转向产品开发活动的性能上（Ulrich & Eppinger，1995）。产品推向市场的速度是反映价值链新产品开发能力的性能之一。然而，除了人员配置水平外，开发时间与新产品开发成本也具有高度相关性。因此，研究新产品开发引起的产品成本时，乌尔里奇和埃平格（Ulrich & Eppinger，1995）竭力主张将新产品开发活动成本与产品成本分离，以便明确为获得产品生命周期的可持续盈利能力所做出的折中。他们指出：产品开发成本很可能超过整个产品生命周期的生产成本，延缓开发活动，既可能增加开发成本，也可能降低产品需求的价格（如果竞争对手早于企业推出新产品）；如果为了迎合截止时间，在产品质量未达到要求之前把产品推向市场，节约的开发成本很容易被高额的补救措施成本（如返工和保修成本）和价格让步所侵蚀。

总之，现有很多成本管理的研究文献关注目标成本法及其对产品成本的影响。新产品开发和工艺流程开发的研究为新产品开发成本管理的会计研究文献提供了补充，也为企业开发新产品，获得更好的性价比提供了更多可选的方法。

（2）产品生产阶段。现代成本管理研究已广泛关注价值链的"生产"环节。尽管研究主要集中在制造业，但对服务企业的研究也开始关注服务提供的实体方面（如医疗管理、空中旅行）。成本管理研究文献与当代制造业的进步同步发展，包括技术进步（如柔性制造系统）、组织和经营管

① Cooper R. When lean enterprises collide：competing through confrontation. Boston：Harvard business School Press，1995.

理的进步（如质量管理、存货管理、单元式制造和团队生产）。就产品开发和产品设计而言，组织和经营管理的进步源于日本企业的精益制造（Womack et al.，1990；Womack & Jones，2003）。但是，在日本企业彻底革新生产制造管理方法之前，研究者就已开始担忧传统成本管理会计与现代制造技术的"相关性"（Kaplan，1984）。先进的制造技术提高了生产速度，降低了不同产品之间的转换成本，由此降低了生产混合异质产品的边际成本，使企业之间的竞争从规模经济的竞争演变为范围经济的竞争。

　　为了满足管理会计对信息的需求，出现了一些与传统成本核算、差异分析、投资评价不同的新方法（Cooper & Kaplan，1992）。这些新方法中，作业成本法更好地将成本的资源与耗用他们的作业相匹配，运用作业成本法为企业高科技投资和新的组织形式提供了新的成本结构。作业成本法的前提是，成本并不是严格地与产量呈变动或固定关系，而是随着作业层级的变化而变化。会计研究主要是检验成本是否与产量呈变动或固定关系，成本的变化是否与作业成同比例增加或减少，以及是否是作业而不是产量增加了成本水平和成本结构的解释力。作业成本法的目的是促进结构性成本管理和执行性成本管理。例如，成本驱动的单位成本（如每次设备安装成本）确定之后，管理者开始进行"作业管理"——采取行动降低作业耗用或更有效地执行作业。

　　上述研究集中于成本管理是否精确地反映了企业新的经济状况。其他的研究流派关注于将新生产管理方法的特点同成本和业绩评价关联起来。例如，日本制造业方法的重要前提是减少整个价值链耗用资源的变动性和浪费（Womack & Jones，2003），把生产过程中的压力转换成提高质量（与规格一致）和减少存货（浪费活动和储存时间），这样有助于自我管理和多技能工作团队的形成（Womack et al.，1990）。成本管理研究文献对质量管理研究的兴趣导致了成本、质量指标和工作实践之间关系的研究。这些研究涉及与质量成本有关的质量管理研究文献和与业绩对团队生产影响有关的组织行为理论。减少库存和准时生产在检验成本与持有存货相关性的成本管理研究文献和与安排流程时间变动性有关的制约理论中最为突出。

　　总之，成本管理研究与运营管理研究文献是同步发展的，成本管理研究也开始关注制造业的变化对成本结构的影响。此外，新的成本管理技术，如结合现代制造业而出现的作业成本法和作业管理，为结构性成本管理和执行性成本管理提供了支持。因此，价值链生产环节比价值链的其他环节可能更容易理解战略成本管理。但这并不是说已经对生产环节的战略成本管理有了完全的认识，至少还有两个方面需要进一步研究：首先，目前的研究还不清楚什么信息（或灵感）驱使企业发现成本降低的方法。尽管通过一些典型企业（如丰田、沃尔玛、戴尔）的案例研究，认识到新的成本管理方法，但并不知道实践中执行战略成本管理的根源所在，也就是说还不清楚战略规划和最初成本结构决策是如何制定的。其次，如何得出战略失败和修订战略的结论。战略研究文献常常讨论夕阳产业的"退出"战略，组织行为的研究文献也讨论精简以及精简对失去工作和保留工作人员的影响，但并没有关于成本信息影响成本降低的成本管理研究文献。尽管认为成本信息有助于价值定位和组织设计，但普遍的建议是全面消减成本，似乎是成本消减的方式多种多样，每种方式在某种意义上都是最优的。

**2. 战略成本管理在行业价值链应用的研究文献回顾**

战略成本管理在行业价值链的应用体现了成本管理对企业内部价值链的延伸。这包括两个方面：一是企业与价值链参与者，包括上游供应商和其他战略伙伴之间的关系；二是企业与顾客之间的关系。

（1）供应商和战略伙伴关系。首先，近些年的管理会计研究刚开始涉及企业交易引起的问题。因为投入的市价仅仅是企业账目的数字，并不需要也没有机会对越过企业法律边界的市价进行"管理控制"。所以直到近期，市场交易才引起管理会计研究者的兴趣。采购就是谈判最优价格，管理会计工作者的责任是提供内部产品成本并与外部购买价格比较，做出自制还是外购的决策。其次，随着精益制造的出现，企业开始认识到与关键供应商合作是提高新产品开发（Carr & Ng，1995），控制总成本（Seal *et al.*，1999），提高产品质量和可靠性（Clark & Fujimoto，1991；Womack *et al.*，1990）的明智之举。此外，随着成本会计系统开始支持不同成本目标的分析，越来越认识到支付给供应商的价格常常仅是与特定企业交易中总成本的一个组成部分。最后，随着信息技术的发展，企业开始用会计电算化替代手工记账，为企业之间节约信息交换成本提供了机会（Anderson & Lanen，2002）。这些进展把组织之间的交易推向了当前管理会计和控制研究的前沿。

管理企业之间成本的最大挑战是，动员价值链参与者增加自己报酬的同时，增加而不是减少整个价值链的报酬。通俗点说，就是价值链的参与者应专注做大馅饼，而不仅仅是做大属于他们自己的那块。科斯（Coase，

1937）提出了交易成本的概念，认为交易成本是利用市场的交换手段进行交易的费用，交易成本决定了企业边界。尽管最初提出交易成本是为了解释组织的边界，但随着企业混合型组织形式的出现，如合营企业、战略联盟、供应商网络以及各种其他企业合作形式，企业之间的边界已经越来越模糊。近期的研究表明，混合型组织形式常常会采用创新方法，重建组织间的关系，减少交易成本。一些研究文献讨论了如何建立内部管理会计，控制组织间的交易（Anderson & Dekker，2005；Seal et al.，1999）。德克（Dekker，2003）运用实地研究方法研究了跨组织成本管理问题。他以零售商为例，从作业成本法的角度，提出了供应商所有权总成本，认为与信用不好的供应商发生的有关成本应作为额外成本，增加到从这个供应商采购的原材料价格中。在执行性成本管理的典型案例中，成本系统用于诊断供应链存在的问题和提高供应链业绩。

综上所述，近10年管理会计才开始认识到与利己主义的商业伙伴合作取得的共同利益所引起的成本管理和管理控制问题，同样，价值链参与者也面临着分配（与成本和收入相关的）权力和责任的困难。理论上，价值链参与者应识别提高价值链价值的互利机会。然而，竞争、技术变化或新战略有时会要求调整价值定位或组织设计，可能会减少某个价值链参与者价值增值活动的规模和范围，或是降低某个价值链参与者应获得的利润。经济学、战略管理和运营管理的研究者已经在探索影响组织结构和治理结构的因素方面取得了显著的成效。虽然交易成本理论对解释组织结构和治理结构起了非常重要的作用，但战略成本管理研究文献几乎没有关于企业在决策中应如何考虑交易成本的研究。

（2）顾客关系。与价值链上游关系相比，管理会计研究几乎没有涉及价值链中企业与最终消费者之间联系的成本管理。正如约翰逊和卡普兰（Johnson & Kaplan，1987）所说，"研究者应该对传统产品成本系统仅关注制造阶段发生的成本感到惭愧，制造成本可能是重要的，但制造成本仅是生产产品并配送给最终消费者总成本的一部分，许多成本被归为'线下项目'（毛利），特别是营销、配送和服务费用"[1]。

企业会计系统试图用作业成本法分配顾客成本，补救会计的缺陷。与供应商的"所有权总成本"一样，这些研究也建议将顾客作为成本分析的

---

[1]　Jonson H. T. & Kaplan R. S. Relevant lost：The Rise and Fall of Management Accounting. Boston：Harvard Business School Press，1987.

目标，得到的研究结论大都是，小部分顾客要求不相称的"免费"保障资源（如售后服务、定制产品、送货上门或赊销期）、定制少量产品或低利润产品是不能盈利的。"隐藏损失"的顾客补助"隐藏盈利"的顾客，为企业提供了用定制价格更好地反映每个顾客耗用资源的可能（Kaplan，1997）。顾客成本分析通过与特定目标顾客联盟规划战略，进行执行性成本管理。尽管本文回顾了战略成本管理研究文献，但要注意的是，先进的信息技术（如条形码编码法和互联网营销）以及统计分析（如数据挖掘）可以更好地让企业了解他们的顾客。

　　与供应链管理研究文献相比，顾客特定成本研究文献的一个缺陷是没有考虑超过企业边界或会计系统的成本。因此，尽管跨组织成本被认为是为了整个价值链的利益而联合优化供应链成员或联盟合作伙伴的成本，但顾客成本和顾客盈利能力的研究文献都没有考虑顾客与企业之间的交易成本。与其形成对比的是霍特林（Hotelling，1929）建立了位置不同、销售同一产品（如相同成本）的企业之间的竞争模型，在这个模型中，顾客购买商品支付货款的同时，也与企业发生了交易成本（如交易成本产生于去商店或从商店返回）。同样，每个企业产品的价格由产品成本和顾客引起的交易成本共同决定。

　　如果经济学理论认为由顾客产生的成本是定价战略的内容，那么战略成本管理包含这些成本也是合理的。实际上，沃马克和琼斯（Womack & Jones，2005a，2005b）也是这样建议的：应该在价值链的最终阶段，发展与上游制造商和供应链流程"精益生产"同样的"精益消费"。随着信息技术越来越模糊消费与生产的差异，企业也越来越多地采用"不上班"的方式节约成本（如从网上输入订单数据，物流公司送货，从网上跟踪产品等）（Womack & Jones，2005b）。然而，由于把顾客的时间看成是"免费资源"，所以企业会不自觉地增加产品的顾客所有权总成本。顾客会产生所有权总成本，但只有一部分顾客所有权成本是由企业负担的，所以如果企业能更好地设计流程，连接生产和消费，就可以不疏远顾客而向顾客收取更高的费用。沃马克和琼斯（Womack & Jones，2005a，2005b）把消费体验分成6个组成部分，即产品的搜寻、取得、安装、整合、维修、处理，同时提供了企业经营过程中降低这6个活动成本的例子。

　　会计研究者已经开始关注发展计量体系，评估顾客成本，特别是要建立一个跨学科的、多利益相关者的、动态评价的、与企业战略相联系的计量体系（Kaplan & Norton，1996、2004）。这种并行发展体现了"系统思想"越来越成为有效设计和运营服务必要的出发点。随着这些计量系统的完善，并用于结构性成本管理和执行性成本管理，管理会计研究者必将越来越考虑把这些方法用于战略成本管理。

### 1.2.2　国内研究概况

**1. 价值链会计理论框架**

（1）价值链会计的概念及其本质。阎达五（2004）把价值链会计定义为"对企业价值信息及其背后深层次关系的研究，亦即收集、加工、存储、提供并利用价值信息，实施对企业价值链的控制和管理，保证企业的价值链能够合规、高效、有序运转，从而为企业创造最大化的价值增值和价值分配的一种管理活动"①。李百兴（2003）将价值链会计等同于价值链会计管理，认为它是"以市场和客户需求为导向，以核心企业为龙头，以价值链的整体增值为根本目标，以提高价值链竞争力、市场占有率、客户满意度和获取最大利润为具体目标，以协同商务、协同竞争和多赢原则为运作模式，通过运用现代信息技术和网络技术，从而实现对价值链上实物流、信息流和资金流有效规划和控制的一种管理活动"②。李晓静和张群（2007）认为，价值链管理会计是"以战略目标为导向，以价值增值为目的，以成本动因分析为根本，以作业和作业之间的联系为分析对象的复杂的企业管理活动，搜集、加工、存储、提供与企业管理决策高度相关的成本信息，并参与企业直线决策，使企业实现既定战略目标"③。

（2）价值链会计的对象。阎达五（2004）认为，价值链会计对象的实质是价值链信息及其所体现的经济关系，其表现形式是价值链，涉及的范围包括资金流、信息流和实物流。王淑君等（2008）认为，价值链会计的对象不局限于资金运动，而是以实物流、信息流和资金流组成的集合体为载体的价值增值活动。李晓兵（2006）认为，价值链会计的会计对象是价值链会计所要控制和反映的客体，即价值链管理中的价值运动。

（3）价值链会计的目标。阎达五（2004）将价值链会计的目标归纳为：疏通信息传递渠道，调整企业价值链从而协调各部门、环节间的协作关系，为企业创造最大化的价值增值，即利用会计的特有功能与方法为企业价值增值最大化服务。王淑君等（2008）又将阎达五提出的价值链会计

---

① 阎达五. 价值链会计研究：回顾与展望. 会计研究，2004（2）：3 - 7.
② 李百兴. 价值链会计研究的几个理论问题. 财会通讯，2003（7）：8 - 10.
③ 李晓静，张群. 价值链分析与价值链管理会计. 经济问题，2007（1）：114 - 116.

的目标分成两个子目标：为优化不同价值增值活动之间的协调关系提供会计信息和为企业制定及时、准确的战略决策提供有关外部价值链的会计信息。李百兴（2003）认为，价值链会计管理的目的是将核心企业与供应商、分销商、服务商、客户连成一个完整的网络结构，形成一个极具竞争力的战略联盟，通过价值链的创建，实现整个价值链的低成本或差异化的竞争优势，真正实现多赢。綦好东等（2004）认为，价值链会计的目标是提供价值创造的动态信息，借以制定协调和优化价值链、实现价值增值的决策，并进行相应的管理控制。于富生等（2006）认为，"价值链会计的目标是通过对企业的各条价值链上的价值活动进行实时管理和控制，并对这些价值活动和企业整体的价值增值活动进行实时分析与考核，向企业管理当局提供决策有用的实时的会计信息，从而促成企业价值增值最大化目标的实现"[①]。李晓兵（2006）认为，价值链会计的目标是实现价值链的保值增值。

（4）价值链会计的职能。綦好东等（2004）认为，价值链会计的基本职能是实时评价与反应，核心职能是多维立体控制。李晓兵（2006）认为，价值链会计的职能主要是价值信息管理和增值活动管理。

（5）价值链会计的假设。王淑君等（2008）认为，价值链会计主体应是一个具有层次性的会计主体，第一层次是核心企业，第二层次是价值链联盟，价值链联盟主体是一种虚拟意义上的主体，但并非虚构的主体；价值链会计的计量单位既包括货币化信息也包括非货币化信息；价值链会计的生命力正在于为决策制定提供实时的信息，价值链会计模式下不存在严格意义上的会计分期问题。

（6）价值链会计的信息质量。于富生等（2006）认为，价值链会计信息是一种立体多维的原始经济事项信息，它也注重相关性与可靠性的并存。王淑君等（2008）认为，价值链会计通过采用多维计量方式将产生多维的会计信息，可实现可靠性和相关性的统一。

（7）价值链会计的确认与计量。王泓等（2006）认为，价值链会计的确认与计量必须建立在动态的时点基础上，价值链会计扩大了确认的范围，它要囊括价值链条上所有的价值信息，从而丰富了价值链计量属性，强调货币计量和非货币计量，按计量的难易程度把信息划分为若干等级；

---

① 于富生，张敏．试论价值链会计的几个理论问题——基于事项法的比较与分析．财政监督，2006（5）：13－15．

价值链会计系统应采用包括联机、联网和人工录入的多元确认方式。陈正林（2006）提出了从各作业或流程的产出价值的角度计量价值链会计的理论模型。王淑君等（2008）认为，价值链会计能通过更精确的重要性原则将很多重要的定性化的会计事项加以确认，从而更真实地反映企业的实际情况；价值链计量的方法采用多维计量。

（8）价值链会计的财务报告。王淑君等（2008）认为，价值链会计报告的要素仍可以采用传统的六大会计要素，但应该具有一些新的特点，体现价值增值观；报告的方法是通过信息系统实时呈报会计信息并将这些信息在企业范围内共享。

**2. 价值链会计管理框架**

（1）价值链会计管理框架。阎达五（2004）提出了以强化价值管理为主线，分别沿空间和时间两个维度重构会计管理框架的基本思路，在空间维度上，把原来的以单一企业形式存在的会计核算主体扩展为以价值链联盟形式存在的会计管理主体，把原来的以货币为计量手段的各会计核算对象扩展为以价值链形式存在的一切可以量化的会计管理对象；在时间维度上，按照"在经济和社会领域广泛应用信息技术"的要求，以会计实时控制为核心，以管理过程的时间序列为依据，分别以事前管理的统筹规划、事中管理的实时控制和事后管理的分析考评为内容广泛开展全方位、全过程的会计管理。李勇等（2004）提出了构建价值链会计管理框架的两个思路：思路一是以强化价值管理为主线，分别沿空间和时间两个维度重构会计管理框架；思路二是以价值增值为目的，按照价值链的不同层面构建价值链会计框架。于富生（2005）提出了立体多维的价值链会计管理框架，认为价值链会计管理包括事前、事中、事后三个阶段的管理：事前管理阶段包括基于价值链管理的会计预测、会计决策和会计预算三个部分；事中管理是指基于价值链分析、借助于信息技术的实时核算、管理与控制；事后管理指在事前、事中管理的基础上，对价值链的运行结果进行分析与考评。

（2）价值链会计管理与成本管理。很多研究提出了基于价值链的成本管理框架：戴德明等（2005）从价值链战略联盟的角度提出了战略联盟成本管理的基本模型；刘秋生等（2006）界定了基于价值链的成本管理的内涵，从目标、特点、内容、原则、程序和方法几个方面构建了基于价值链的成本管理理论框架；戴新民（2008）从价值链的角度对成本进行了解构，构建了价值链成本管理体系。除了上述研究，韩沚清等（2005）提出从价值创造和价值提供两个不同的视角进行成本控制，从而实现"价值创造——成本投入——创造价值"的良性循环，并提出了农业企业成本控制的基本思路。陈嘉莉（2008）研究了价值链分析在战略成本管理中的应用。但赛君（2010）研究了以 EVA 为导向的全价值链成本管理。

（3）价值链会计管理与战略管理会计。傅元略（2004）剖析了价值链、价值流、虚拟价值链和价值网与战略管理会计的关系；将价值链、价值流、虚拟价值链和价值网等类似概念集成为新概念网络价值流；在网络化环境下，探讨网络价值链与战略管理会计的集成，建立了一个基于网络价值流的战略会计集成系统，为应用网络价值流解决企业战略决策和战略监控问题提供一个基本框架。王明霞（2004）研究了战略管理会计中价值链在竞争对手分析中的应用。

此外，有些研究将价值链会计管理与业绩评价结合，如胡奕明（2001）提出"价值相关分析"方法，认为非财务指标的选择应以对价值贡献的多少为基准；有些研究将价值链会计管理与内部控制相结合，如王海林（2006）构建了基于价值链的企业内部控制体系；有些研究将价值链会计管理与信息系统相结合，如杨周南（2005）研究和分析了价值链会计管理信息化的十大变革，程宏伟等（2007）以价值模块为载体构建了价值链会计的运行机制；有些研究将价值链会计管理与预算管理相结合，如吴孟珠等（2008）提出了基于价值链的预算管理体系的构建思路，潘飞等（2004）研究了基于价值链理念的作业基础预算框架，赵保卿等（2007）从价值链预算的角度设计了审计成本预算控制框架。还有对价值链会计核算的研究，如王竹泉等（2004）在核算方法上，借鉴作业成本法的原理，提出了同时计量作业产出和作业成本的作业增值核算法；此外，还对基于业务流程管理的价值增值报告模式的凭证设计、账户设置、账务处理、报告内容等进行了探讨。张瑞君等（2004）从价值链管理的视角构建了财务业务一体化核算模式。

### 1.2.3　国内外研究述评

从国内外价值链会计理论研究文献可以看出，将价值链管理的思想用于会计理论的发展已经得到了理论界的共识，但作为新兴的研究领域，价值链会计还有待于更深入地研究。通过理论回顾我们可以发现，当前价值链会计研究中主要存在以下问题：

**1. 没有形成完整的价值链会计理论体系**

国外研究文献主要将价值链会计理论应用于战略成本管理研究，早期研究文献仅是介绍性的，近十年的研究文献开始注重从理论上对原有研究文献的归纳总结，试图从价值链的角度梳理实施战略管理会计的理论框架。国内价值链会计研究文献大致分为两个方面，即价值链会计理论和价值链会计管理理论。两方面研究都对理论所涉及的内容展开了进一步的探讨，但这些研究中有理论深度的研究文献不多，内容比较零散，还没有形成能用于指导实践的较完整的理论体系。

**2. 鲜有从企业内部价值链分析视角研究价值链会计的文献**

虽然国外从价值链角度研究战略成本管理的文献不少，国内关于价值链会计理论的研究文献也很多，而且涉及的范围较广。但大多数研究文献都是从产业链或供应链的角度研究企业作为产业链或供应链的价值增值环节如何实现价值增值管理，很少有研究文献从企业内部价值链角度研究应如何构建价值链会计体系，价值链会计应为企业内部管理者提供哪些价值增值信息，以及企业如何运用价值链会计提供的信息制定战略规划、赢得和保持可持续竞争优势。

**3. 价值链会计实务研究文献较少，尤其是缺乏案例研究**

虽然国外价值链会计理论研究文献中，有些研究文献也涉及价值链会计实务问题，但很少有来源于企业实践的研究。国内价值链会计实务研究涉及的范围主要是价值链会计应用中存在的问题、业务核算体系和业务流程再造等内容，且相关的研究文献较价值链会计理论的研究文献少。国内价值链会计实务的研究文献中几乎没有文献是真正去企业调研之后，根据调研的数据和目前企业管理现状来说明价值链会计应用中存在的困难和出现的问题，以及企业应如何实施价值链会计，价值链会计如何为企业提供价值增值信息，真正为企业价值管理决策提供服务。

## 1.3　研究目标、研究内容和研究方法

### 1.3.1　研究目标

本书选择农工一体化企业价值链会计作为研究主题，研究目标是探索服务于农工一体化企业价值增值的价值链会计系统，使会计更好地服务于企业战略规划的制定，使企业赢得和保持可持续竞争优势。具体来说包括以下几个分目标：

**1. 界定农工一体化企业概念**

随着我国农业产业化经营模式的发展，以及日益严峻的食品质量和食

品安全问题，越来越多的农业产业化龙头企业从向农户收购农产品，转变为自有基地供给农产品，即农业产业化龙头企业内部价值链开始从农产品加工环节向农业生产环节延伸。本书把这类企业称为"农工一体化企业"。本书在总结农工一体化企业特点的基础上，分析现阶段我国农工一体化企业的发展现状及其发展趋势。

**2. 厘清农工一体化企业价值活动和流程以及价值增值机理**

农工一体化企业价值链不仅包括农产品加工环节和农产品流通环节，还包括农产品生产环节。由于农业生产活动主要是对生物转化过程进行控制和管理，农业活动的业务流程和价值增值过程主要取决于生物转化的效率和效果。所以，农工一体化企业价值流程、价值增值机理与单纯从事加工制造的工业企业有着较大差异。本书通过结合生物资产自然增值的特性探究农工一体化企业价值活动和流程，为农工一体化企业提供识别价值链复杂联系和相互关系的方法，厘清农工一体化企业的价值增值机理，为农工一体化企业实现价值管理和价值增值找到切入点。

**3. 探索服务于农工一体化企业的价值链会计系统**

农工一体化企业价值活动和流程之间的联系和相互关系错综复杂，传统管理会计难以厘清农工一体化农业企业内部价值链的价值增值，相应地，传统财务会计核算难以准确地计量农工一体化企业价值活动和流程的价值增值额。本书将价值链会计系统应用于农工一体化企业，提供反映农工一体化企业价值链会计信息确认、计量、记录和报告的方法，并用价值链会计系统提供的信息对农工一体化企业价值链业绩进行评价，为农工一体化企业制定战略规划，赢得和保持可持续竞争优势提供决策有用数据。

### 1.3.2 研究内容与章节安排

围绕研究目标，本书遵循的基本研究思路是：首先，界定农工一体化企业的概念，并分析我国农工一体化企业发展现状和趋势，明确本文的研究对象；其次，构建价值链会计基本框架，为以后的研究奠定概念基础；最后，按照价值链会计基本框架的内容，探讨农工一体化企业的价值链模型、价值链会计分析、价值链成本分析、价值链会计核算和分析报告以及价值链绩效评价。本书围绕"农工一体化企业价值链会计"这一主题展开研究，共分8章，具体安排如下：

第1章，引言。本章从农工一体化企业价值链会计的研究背景和研究意义入手，回顾了国内和国外已有的价值链会计相关研究文献，并介绍了本书的研究目的、研究内容和研究方法以及研究贡献和研究不足之处。

第 2 章，农工一体化企业概念、现状及其发展趋势。本章研究的主要目的是明确本文的研究对象。首先，梳理了农业企业概念的演变，界定了农工一体化企业的定义、基本特征和分类；其次，以山东省农工一体化企业为例，分析了我国农工一体化企业的发展现状；最后，根据农工一体化企业的发展现状概括出农工一体化企业发展的趋势。

第 3 章，价值链会计基本框架。本章研究的主要目的是为本书的研究奠定概念基础。首先，通过比较现有研究文献中对价值链会计具有代表性的定义，提出了本文对价值链会计概念和学科归属的观点；其次，分析了传统会计与价值链会计的区别，并着重阐述了传统会计提供的数据与价值链会计分析所需数据之间的差异；最后，剖析了价值链会计基本框架的设计思路，提出了价值链会计的基本框架，即价值链模型、价值链会计分析、价值链成本分析和价值链绩效评价 4 个组成部分。

第 4 章，农工一体化企业价值链模型。本章从农工一体化企业价值链驱动因素、特点和目标出发，剖析了农工一体化企业价值链价值增值的机理，在波特（1985）建立的价值链通用模型的基础上，考虑到农工一体化企业价值链的特殊性，构建了农工一体化企业价值链基本模型。农工一体化企业价值链基本模型由两部分组成，一是农工一体化企业价值活动，其中基本活动有供应链管理、进货后勤、生产作业、发货后勤、经营销售、产品使用、服务和废物管理，辅助活动有企业基础设施、外部网络、人力资源管理、技术开发和采购；二是农工一体化企业价值链基本活动的主要流程，包括农业生产，收获和运输，初加工和储存，二次加工，分配和包装，零售，消费者使用，浪费管理。

第 5 章，农工一体化企业价值链会计分析。价值链分析是价值链会计分析的基本方法，自波特（1985）提出价值链理论之后，价值链分析就开始应用于管理会计。从农工一体化企业价值链的分析边界、价值创造和治理属性来看，农工一体化企业价值链会计分析是以价值链分析为基础的可持续价值链分析。本文运用食品价值链分析法，以价值流管理、案例研究和行动研究作为农工一体化企业价值链会计分析的基本工具，概括了农工一体化企业价值链会计分析的步骤。

第 6 章，农工一体化企业价值链成本分析。本章首先提出了价值链成本分析的定义和属性以及价值链成本分析与传统成本体系的区别；在此基础上，分析了农工一体化企业价值链成本的定义、分类以及农工一体化企业价值链成本分析的特殊性；最后根据价值链会计分析的数据需求，构建了农工一体化企业价值链成本分析体系，即由财务会计记录系统、经营分析记录系统、数据库和价值链会计核算和分析报告4个部分组成。

第7章，农工一体化企业价值链会计核算和分析报告。本章进一步详细阐述了农工一体化企业价值链成本分析体系中的第4个组成部分。首先按产品、价值活动、流程、作业、任务和资产的思路，设计并列举了农工一体化企业价值链会计核算的流程和账务处理；其次分析了农工一体化企业价值链收入的含义、构成和特点，在此基础上，本书认为，只要产品经过价值作业和价值流程的流转，农工一体化企业就应确认与之相关的价值链收入，并采用公允价值计量价值链产出价值，此外，还应以公允价值计量生物资产自然增值，并确认为农工一体化企业价值链收入；最后提出了农工一体化企业价值链会计分析报告，主要有农工一体化企业资产耗费结构分析报告、价值活动成本结构分析报告、价值流程分析报告和价值增值报告。

第8章，农工一体化企业价值链绩效评价。本章回顾了绩效评价方法和价值链绩效评价指标，在借鉴供应链运营参考模型绩效特征属性和绩效评价指标的基础上，结合层次分析法和逼近理想排序法，设计了农工一体化企业价值链绩效评价模型。

本书各章节之间的逻辑关系如图1-1所示。

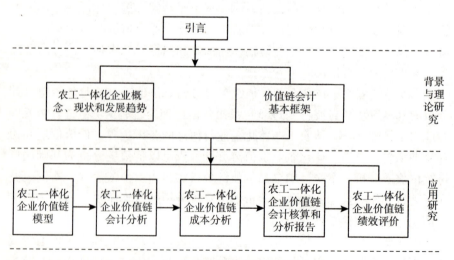

图1-1　本书各章节之间的逻辑关系

### 1.3.3　研究方法

本书综合运用了规范研究和实证研究的研究方法。

在论证农工一体化企业概念、价值链会计基本框架、农工一体化企业价值链模型、农工一体化企业价值链成本分析、农工一体化企业价值链会计核算和分析报告时，更多地运用的是规范研究的方法。即在提出本书界定的农工一体化企业和价值链会计概念的基础上，结合价值链会计分析需要的数据，构建价值链会计基本框架，进而根据农工一体化企业价值链驱动因素、特点和目标提出农工一体化企业价值链模型，根据价值链基本模型提出农工一体化企业价值链成本分析体系以及价值链会计核算的流程、账务处理和分析报告。

在研究农工一体化企业现状和发展趋势、农工一体化企业价值链会计分析和农工一体化企业绩效评价时，主要采用的是规范研究和实证研究相结合的方法。即通过对山东省农工一体化企业的统计分析，总结概括出我国农工一体化企业的现状和发展趋势；运用案例研究法说明农工一体化企业价值链会计分析的步骤；农工一体化企业价值链绩效评价主要运用统计方法中的层次分析法和逼近理想排序法，建立农工一体化企业价值链绩效评价模型，同时结合案例阐明农工一体化企业价值链绩效评价的实施步骤。

## 1.4　研究贡献及研究不足之处

### 1.4.1　研究贡献

本书围绕研究目的和研究内容进行了较为系统和深入的研究。主要贡献有：

**1. 提出并界定了农工一体化企业的概念**

目前的研究文献中没有"农工一体化企业"的提法，大都用的是"农业企业"、"涉农企业"、"农业产业化龙头企业"、"农业企业化"的提法。现有研究文献对这些提法存在一定程度的混淆。本文通过梳理农业企业概念的发展和演变，界定了农工一体化企业的概念，同时辨析了农工一体化企业与这几个概念之间的区别以及农工一体化企业的基本特征、现状和发展趋势。

## 2. 构建了价值链会计的基本框架

现有研究文献建立的价值链会计框架大都是从行业价值链角度构建的，即使有从企业价值链角度构建的价值链会计框架，也是偏重于结构性成本管理，几乎没有涉及执行性成本管理。因此，现有研究文献只是探寻应从哪些方面构建价值链会计框架，并没有阐明企业到底应如何构建价值链会计，价值链会计应为企业内部管理者提供哪些价值增值信息，以及企业如何运用价值链会计提供的信息制定战略规划、赢得和保持可持续竞争优势。本书基于企业内部价值链，系统地分析了传统会计提供的数据与价值链会计分析所需数据的差异，根据价值链会计分析所需数据的要求构建了价值链会计框架，即通过分析企业价值链价值增值驱动因素、特点和目标构建企业价值链模型；在企业价值链模型的基础上进行价值链会计分析，识别企业价值链目标价值流和企业价值活动、流程；通过价值链成本分析体系为企业提供价值链会计分析所需的经营数据和财务数据，形成价值链会计分析报告；利用价值链成本分析体系提供的数据，对企业价值链进行绩效评价，最终通过识别企业价值链的价值增值活动和非价值增值活动，规划企业战略。该框架的实施，可以为企业战略规划提供所需的与价值活动、流程、作业、任务和资产有关的财务数据和经营数据，识别哪些价值活动是价值增值活动，哪些价值活动是非价值增值活动，厘清企业价值链的实物流、信息流和资金流，发现企业价值链可能存在的问题，并不断优化企业价值链。

## 3. 剖析了农工一体化企业价值链基本模型及价值增值机理

本书通过对农工一体化企业价值链驱动因素、特点和目标的分析，从创造顾客价值，采购、生产、后勤活动和基础设施、原材料、技术和人员决策，以及信息传递和业绩评价三个方面剖析了农工一体化企业价值增值的机理，建立了农工一体化企业价值链基本模型。

农工一体化企业价值链会计的特殊性体现在农工一体化企业价值链农业生产对象——生物资产自然转化的过程，农工一体化企业价值链的特殊性决定了农工一体化企业价值链的复杂性，主要体现在农业活动的自然再生产与经济再生产过程交织、农业生产活动与农产品加工活动交织、农业生产活动成本种类繁多以及农产品加工流程设计和操作难度大。本书在充分考虑农工一体化企业价值链特殊性和复杂性的基础上，设计了价值链会计基本框架中农工一体化企业的价值链会计分析、价值链成本分析和价值链绩效评价。其中结合价值流管理、案例研究和行动研究设计了农工一体化企业价值链会计分析的步骤；基于产品、价值活动、流程、作业、任务和资产的视角建立了农工一体化企业价值链成本分析体系；借鉴供应链运营参考模型，并结合层次分析法和逼近理想排序法设计了农工一体化企业价值链绩效评价模型。

### 1.4.2　研究不足之处

本书虽然对农工一体化企业价值链会计进行了较深入的理论研究，但还存在一些不足，主要表现为：

**1. 案例研究不够全面、深入**

虽然本书选取了自养自宰白羽肉鸡的 S 公司作为案例，研究了价值链会计在 S 公司的具体应用。但由于宏观统计数据的缺乏、人力和时间的限制，本书只是选取了 S 公司目标价值流中目标产品从种鸡养殖、种鸡孵化、肉鸡饲养、肉鸡屠宰加工到最终消费者购买肉鸡产品为研究对象。实际上 S 公司有种鸡养殖场 13 个，孵化场 3 个，肉鸡饲养场 32 个，还有饲料加工厂、发电厂、有机肥厂和食品加工厂若干。本书的研究并没有涵盖 S 公司价值链的所有活动、流程、作业和任务。

另外，即使取得了 S 公司目标价值流中目标产品从种鸡养殖、种鸡孵化、肉鸡饲养、肉鸡屠宰加工到最终消费者购买肉鸡产品的财务数据和经营数据，但数据收集得不够全面，没能获取价值作业和任务详细、全面的数据资料，导致 S 公司价值链 "当前状态图" 的绘制不够精准，"未来状态图" 没能从细节上提出价值链优化的改进建议，价值链会计核算过程不够完整，没有价值链分析报告数据。

此外，农工一体化企业可持续价值链的表现之一是，农工一体化企业价值链是一条循环价值链。通过本文对农工一体化企业发展趋势的结论，也得出农工一体化企业价值链正从内部价值链 "一条龙" 转向内部价值链循环经济的结论。循环经济意味着农工一体化企业内部价值链实现了既可以独立运行，又与其相邻环节的无缝链接。所以农工一体化企业内部价值链的循环经济必然导致原本就存在复杂联系和相互关系的农工一体化企业价值链的联系和相互关系更加纵深交错。本书没有深入研究农工一体化企业内部价值链循环经济给农工一体化企业价值链会计的应用带来的新问题。

**2. 没能建立农工一体化企业价值链会计数据库**

由于价值链会计与传统会计的区别，所以需要建立一套与现有财务会计系统完全不同的农工一体化企业价值链会计系统。价值链会计系统不仅为企业内部管理者提供财务数据，还要提供经营数据。由于农工一体化企业价值链会计的特殊性和复杂性，单靠会计人员手工记录价值链会计财务数据和经营数据难以完成如此繁重的数据记录和处理工作，因此必须为价值链会计建立数据库。本书虽然详细论述了价值链会计成本分析数据库的构成以及每个组成部分的具体内容，但并没有开发出价值链会计数据库并应用于农工一体化企业。

# 2.

# 农工一体化企业概念、
# 现状及其发展趋势

研究农工一体化企业价值链会计，必须首先清晰界定农工一体化企业的基本概念，分析农工一体化企业发展现状和发展趋势。只有科学地界定农工一体化企业的基本概念，才能明确农工一体化企业价值链会计的主体。系统地概括农工一体化企业的基本特征，有利于理解农工一体化企业价值链会计主体相对于其他企业价值链的特质。农工一体化企业的发展现状及其发展趋势分析，为农工一体化企业价值链模型的构建提供了有益的依据。

## 2.1 农工一体化企业的基本概念

国内外研究文献中鲜有"农工一体化企业"的提法，几乎没有研究文献对农工一体化企业的概念给出明确的定义，大多数研究文献都是将"农工一体化企业"等同于"农业企业"。国内外研究文献对"农业企业"概念内涵和外延的理解是随着农业企业的发展而不断演变的。所以，本书试图从国内外"农业企业"概念的演变中，明晰"农业企业"的概念，界定"农工一体化企业"的概念，并辨析二者的异同。

### 2.1.1 关于"农业企业"的不同认识

**1. 国外学者和组织的观点**

1908 年英国农业委员会（Board of Agriculture）第一次对英国农业（farming）进行划分，将农业分为三类：全耕地（Wholly Arable）、全牧场（Wholly Pasture）和耕地牧场混合（Mixed）①。1925 年英国农业委员会沿

---

① Board of Agriculture and Fisheries. The agricultural output of Great Britain. London：HMSO，1912.

用了对农业三种分类的划分标准，增加了每种分类具体比例的规定：全耕地（耕地面积70%以上）、全牧场（牧场面积70%以上）和耕地牧场混合[①]。1939年英国农业委员会继续沿用对农业三种分类的划分，只是将全耕地和全牧场的比例要求由70%提高到75%，同时按照自然标准（physical criteria）和经济标准（economic criteria）对三类分别设置了子种类[②]。苏格兰农业部（Department of Agriculture for Scotland）1952年引入了标准工作日作为划分农业的分类标准，一个标准工作日是指成年男子8小时的劳作[③]。20世纪50年代，英国一些大学的农业经济系发表的论文提出按标准产量（standard output）和标准工作日（standard man-days）作为划分农业企业的标准，具有代表性的是兰利和勒克斯顿（Langley & Luxton，1958）用标准工作日划分农业企业的经营规模，用标准产量划分农业企业的类型[④]。1959年英国农业部（Ministry of Agriculture）发布了按照标准工作日划分农业企业经营类型的规定[⑤]。

斯廷奇库姆（Stinchcombe，1961）从产权角度给出了农业企业（agricultural enterprise）的定义。他认为，农业企业是"一个社会生产单位，有权决定把一块指定的土地用于这种或那种生产目的，为了达到这个目的，可以决定这块土地上的动产和劳力分配"[⑥]。按照这个定义，他把农业企业划分为五类：庄园制（the manorial or hacienda system）、家庭式佃租（family-size tenancy）、家庭小农场（family smallholding）、大农场（plantation agriculture）和大牧场（the ranch）。

那波利和布朗（Napolitan & Brown，1963）根据英国农业企业的特点，把英国农业企业划分为五种基本类型：乳品业、牛和羊、猪和家禽、耕地和林果。由于英国农业企业通常都经营三类以上的不同农产品，那波利和布朗（1963）认为，应先按一定标准，再按经营农产品的比重划分农业企

①　Ministry of Agriculture and Fisheries. The agricultural output of England and Wales. London：HMSO，1925.

②　Ministry of Agriculture and Fisheries. Types of farming map of England and Wales. London：HMSO，1941.

③　Department of Agriculture for Scotland. Types of farming in Scotland. Edinburgh：HMSO，1952.

④　J. A. Langley & H. V. B. Luxton. The farms of Dorset. University of Bristol. Department of Economics（Agricultural Economics）Report No. 104，1958.

⑤　B. E. Cracknell & H. Palca. Farm site and farm business. Agriculture，1959，65（12）：593.

⑥　Arthur L. Stinchcombe. Agricultural enterprise and rural class relations. American Journal of Sociology，1962，67（2）：165 – 176.

业的经营类型。这些标准有：（1）毛利（Gross margin），毛利等于总收入减去总变动成本，例如饲料、种子、肥料和兽医支出等变动成本。但毛利作为划分农业企业标准的一个缺点是没有考虑农业企业的各项费用，尤其是有些农业企业某个农产品毛利高的原因是变动成本少，但其各项费用却很高，而这种情况并不改变农业企业的类型。（2）产值（value of output），有三个变量衡量产值。以家畜企业为例，一是总产值减去外购家畜，这个变量的缺点是高估主要依靠集中购买家畜企业经营农产品中家畜的相对重要性；二是总产值减去外购家畜和外购饲料，这个变量的缺点是自制饲料只有被农业企业卖出时才被估价；三是总产值减去外购家畜和饲料、种子，这个变量的优点是，不论饲料和种子是自制还是外购，也不论自制的饲料是用于饲养还是用于出售，都会被扣除。这样可以标准化产值，能反映家畜企业的实际情况。（3）标准工作日（standard man-days）。标准工作日提供了一个反映农业企业相对经济重要性的有用计量，当时的英国已经广泛用标准工作日作为农业企业经营规模的量度。其优点是既不会像价格那样上下波动，又可以发现不同年份的变化。那波利和布朗（1963）在三个标准的基础上，再按经营农产品的比重划分农业企业。以标准工作日为例，如果某农业企业按标准工作日计算，某个农产品的比重超过75%，称其为占主导地位（predominant）；如果某个农产品的比重低于75%高于50%，称其为主要经营（main）；如果某个农产品比重低于50%，称其为混合经营（mix）。

20世纪80年代开始，美国传统农业企业面临着供给过多和需求减少的状况，致使农业企业的利润急速下滑，美国农业企业和学术界涌现出大量研究新的农业生产方法和农业企业利润增长点的文献，直接推进了1986年《美国替代农业杂志》（*American Journal of Alternative Agriculture*）的创刊。这些研究主要包括替代农业（alternative agriculture）、持续农业（sustainable agriculture）、减少农业投入（reduced-input farming）和有机农业（organic farming）等。巴布和朗（Babb & Long，1987）用"替代农业"作为"采用减少购买投入、选择非传统农业生产、农业企业多元化和家庭资源使用等各种新生产方法的统称，也包括同一所有权和经营权内的农业企业和非农业企业的联合"[①]。加勒廷（Gallatin，1989）将"替代农业企

---

① E. M. Babb & B. F. Long. The role of alternative agricultural enterprises in a changing agricultural economy. Southern Journal of Agricultural Economics, July, 1987: 7 – 15.

业"（alternative agricultural enterprises）定义为"为了提高农业企业利润，或为了更好地使用农业资源的所有新的、不同的、非传统的农业企业"①。波塞威尔（Purswell，1991）将"替代农业企业"定义为"为了提高其经济地位而选择的替换其传统农业生产的农业企业"②。

爱泼斯坦（Epstein，2003）将俄罗斯的大型农业企业定义为"除了私人家庭农场之外的、员工人数不少于 10 人的具有法律形式的合作社、农业协会和国有农业企业"③。

卡塔丽娜等（Gataulina *et al.*，2006）认为，农业企业集团（Agroholdings）是由母公司和子公司构成，且母公司拥有对子公司的控制权，通常包括具有法人实体的农业生产、加工、服务企业；农业企业（Agrofirms）也是由农业生产、加工、服务的企业构成，但各自不是独立的法人实体，而是作为农工一体化企业的生产部门。

澳大利亚土地面积的 60% 用于从事农业生产，农业每年对 GDP 的贡献率为 3% ~4%，桑德胡等（Sandhu *et al.*，2012）按照农业在澳大利亚生产总值中所占的比重划分农业企业，排在前五位的农业企业分别是：（1）畜牧企业，畜牧业生产占澳大利亚农业生产总值的 45% 以上，2008 ~ 2009 年畜牧业出口总值 112 亿美元，牛肉占澳大利亚农业出口总值的 16%；（2）粮食企业，2008 ~2009 年粮食出口总值 50 亿美元，主要粮食产品有小麦、大麦、干豆、油料种子、组杂粮粉，其中小麦占澳大利亚农业出口总值的 12.2%；（3）葡萄酒企业，2008 ~2009 年葡萄酒出口总值 25 亿美元，葡萄酒占澳大利亚农业出口总值的 8.1%；（4）乳品企业；（5）林果企业，2008 ~2009 年澳大利亚林果出口总值 11 亿美元④。

**2. 国内学者的观点**

《中国企业管理百科全书》（1984）将农业企业定义为"从事农、林、牧、采集等生产经营活动的企业"⑤。

---

① Larry David Gallatin. Factors affecting decisions regarding alternative agricultural enterprises by farmers and ranchers in Oklahoma：［D］. Stillwater：Oklahoma State University，1989.

② Rodney Lee Purswell. Factors associated with the continuation of alternative agricultural enterprises as perceived by Oklahoma farmers and ranchers：［D］. Stillwater：Oklahoma State University，1991.

③ David Epstein. Efficiency and stability of large agricultural enterprises. Eastern European Economics，2003，41（5）：70 –92.

④ Harpinder S. Sandhu，Neville D. Crossman，F. Patrick Smith. Ecosystem services and Australian agricultural enterprises. Ecological Economics，2012，74：19 – 26.

⑤ 中国企业百科全书委员会. 中国企业管理百科全书. 北京：企业管理出版社，1984.

姜克芬等（1988）将农业企业定义为"从事农业商品性生产经营或服务，实行自主经营、独立核算、自负盈亏，具有法人资格的经济组织"①。

胡鞍钢（2001）认为，农业企业是指"使用一定劳动资料，独立经营，自负盈亏，从事商品性农业生产以及与农产品直接相关的经济组织"②。

夏英（2004）认为，农业企业是"集合利用生产资料（土地、劳动力、资本和技术）从事经营活动，并在利润动机和承担风险条件下，为社会提供动植物产品（包括食物与天然纤维）和相关服务的经济单位"③。

李大兵等（2006）认为，农业企业是"基于农、林、牧、副、渔和供、产、销的'十字形大农业'④，以现代企业的生产经营方式为主，进行现代专业分工协作，独立经营，自负盈亏，从事商业性农业生产、加工和服务的各类涉农经济组织的统称，它包括从事种植、养殖、加工、流通、农业中介、农业科技等相关领域的企业"⑤。

## 3. 农业企业的界定

国外（特别是英美）早期研究文献对农业企业使用的是 Farm Enterprises 或 Farming Enterprises。可以看出，国外早期的农业企业主要是指农场，包括牧场。第二次世界大战之后，先进的技术进步给农业生产带来了很大的影响，尤其是技术进步使机械化生产替代了动物和人工劳动。到了20世纪60年代，机械化生产逐渐开始被以石油为基础的化学产品替代；此时，人口的增长加速了对农产品需求的增加，农产品需求的增加也带来了农产品生产的增长。这些变化无形中促成了单一农业系统的产生，即依靠经济可行的投入（如肥料和化肥）来提高农业产量，也称为传统农业企业。可见传统农业企业是指从事农业生产经营的经济组织，包括从事农林牧渔单一或多种农产品生产经营的企业。进入20世纪80年代，传统农业企业供给过多和需求减少的经济弊端突显，农业企业利润下降、化学产品

① 姜克芬等. 中国农业企业经营管理学教程. 北京：中国人民大学出版社，1988.
② 胡鞍钢等. 农业企业化：中国农村现代化的重要途径. 农业经济问题，2001（1）：29－33.
③ 夏英等. 农业企业经营机制转换和战略管理. 北京：农业科技出版社，2004.
④ "十字形大农业"是于光远于1982年提出的，即将农、林、牧、副、渔五业的"产中"环节作为横向结构，把为农业提供良种、农业生产资料等服务的行业称为农业"产前"环节，把农产品的运输、储藏、加工、销售称为"产后"环节，产前与产后环节构成纵向结构。
⑤ 李大兵等. 现代农业企业管理. 太原：山西经济出版社，2006.

的使用导致的环境污染等问题越来越严重，农业生产者开始寻求弥补经济弊端的创新生产方式，包括农业企业多元化经营、农业企业可持续经营、减少农业企业投入和农业企业在产业链上的延伸等，将其称为"替代农业企业"，或现代农业企业。至此，农业企业概念的外延已经由只从事农业生产经营扩大到了以农业生产为基础，延伸到农业产业链产前、产后的经济组织，如谷物种植—饲料生产—肉猪养殖—猪肉产品加工，林木种植—木材加工—家具制造—纸产品加工—印刷、出版等，原来的农业产业价值链可能已成为农业企业内部价值链。

　　我国学者最初对农业企业概念的理解与国外传统农业企业的含义基本相同，即"从事农、林、牧、采集等生产经营活动的企业"[1]。姜克芬等（1988）对农业企业的定义增加了"从事农业商品性生产服务"，扩大了农业企业的外延，将提供农业生产服务的企业也包括在农业企业中。胡鞍钢（2001）认为，除了包含传统农业企业外，农业企业还包括"与农产品直接相关的经济组织"，主要有农产品生产企业、农产品加工企业和农产品流通企业或三者混合型。夏英（2004）将农业企业的范围扩大到"为社会提供动植物产品（包括食物与天然纤维）和相关服务的经济单位"。李大兵等（2006）将农业企业定义为"从事商业性农业生产、加工和服务的各类涉农经济组织的统称"。可见，我国学者对农业企业概念的界定也是由传统农业企业向现代农业企业演变。与国外农业企业概念不同的是，我国农业企业概念的外延更广，除了包括传统农业企业和现代农业企业外，还包括不从事农业生产的农产品加工、农产品流通、农业中介、农业科技等涉农企业。

　　本书认为，农业企业有狭义和广义之分。狭义的农业企业指仅从事农业生产经营的独立经营、自负盈亏的经济组织，农业生产是指各种将生物资产（活的动物或植物）转化为可售生物资产、农产品或其他生物资产的生长、蜕变、生产、繁殖的过程，即传统农业企业。广义的农业企业指除了仅从事农业生产经营的经济组织外，还包括既从事农业生产经营，同时也从事生产资料的采购、农产品加工或农产品流通（贮藏、运输、销售）的独立经营、自负盈亏的经济组织，即现代农业企业。不论传统农业企业，还是现代农业企业，最显著的特征是农业生产是农业企业内部价值链的必要组成部分。而我国学者将农业企业的外延扩大到了从事与农业生产

---

① 中国企业百科全书委员会. 中国企业管理百科全书. 北京：企业管理出版社，1984.

相关的经济组织，如只从事农产品加工的企业、种子公司、农业中介服务组织、农业科技服务组织等，本书认为，这些经济组织只能称其为"涉农企业"，如果将这些经济组织也包含在农业企业中，就会抹杀农业生产最基本的特性——生物资产自然转化的属性。因此，从事农业生产经营是农业企业的基本属性，本书界定的农业企业是指广义的农业企业（或现代农业企业），但不包括涉农企业。

农业企业与农业产业化龙头企业是不同的概念。农业产业化龙头企业是指"从事农产品或农业生产资料生产、加工、销售、研发、服务等活动，通过各种利益联结机制带动农户进入市场，使农业产业链有机结合、相互促进的企业"①。不是所有的农业企业都是农业产业化龙头企业，只有具有一定规模、能带动一定数量的农户，从事农业生产、形成农业产业化经营②的农业企业才是农业产业化龙头企业；也不是所有的农业产业化龙头企业都是农业企业，有些农业产业化龙头企业自身不从事农业生产经营，虽然带动农户形成农业产业化经营，但农业生产不是企业内部价值链的组成部分，所以只能称其为涉农企业。

农业企业与农业企业化也是不同的概念。农业企业化③是农业产业化经营模式的高级形式，农业企业化的发展呈现三种趋势：一是农户、农民合作经济组织横向一体化过程中演变为农业企业或涉农企业；二是农产品行业协会横向一体化过程中演变为企业主导型农产品行业协会；三是微观

---

① 农业产业化龙头企业的概念来源于农业部、国家发展和改革委员会、财务部、商务部、中国人民银行、国家税务总局、中国证券监督管理委员会和中华全国供销合作总社印发的《农业产业化国家重点龙头企业认定和运行监测管理办法》中的定义。

② 本书认为，农业产业化的概念应从宏观经济、中观经济和微观经济三个层面来理解。宏观经济层面的农业产业化称为"农村经济产业化"，是在农村土地制度和农村经济管理体制的基础上，通过实施宏观调控政策，优化资源配置，调整三大产业结构，提高国民经济效益的发展过程。中观产业经济层面的农业产业化称为"中观农业产业化"，是在农业市场化和服务社会化的基础上，通过建立和完善农业产业的运行机制，加强农业产业与其他相关部门的日益协调，调整和优化农业产业结构，提高农业产业经济效益的发展过程。"农业产业化经营"特指微观经济层面的农业产业化，即在农业专业化、规模化和农产品商品化的基础上，微观农业经济组织通过一体化经营、企业化管理，形成"风险共担，利益共享"的经济共同体，实现农户与市场的联结，提高微观农业经济组织效率的发展过程。

③ 本书认为农业企业化，即农业企业化经营，是指微观农业经济组织在农业产业化经营过程中逐渐演变成为农业企业、涉农企业或成为"农业产业化龙头企业"内部组织的过程，是农业产业化经营模式的高级形式，表现为同类微观农业经济组织联合的企业化和不同类微观农业经济组织联合的组织内部化。

农业经济组织①在纵向一体化过程中演变为"农业产业化龙头企业"的内部组织，农业企业仅是"农业产业化龙头企业"之一，"农业产业化龙头企业"还包括农民合作经济组织、农产品行业协会和涉农企业等。所以，农业企业是农业产业化经营模式发展的高级形式——农业企业化发展趋势之一。

### 2.1.2　农工一体化企业的界定

"农工一体化"中的"农"指农业生产，"工"从字面含义看是工业，主要指农产品的加工和制造业，但在这里实际上还包括农业服务业，主要指农产品运输、批发和零售业。所以，农工一体化是指以农业生产为基础，向农业产业链产前、产后延伸，包括农业生产产前投入（如种子、化肥、肥料、农用工具和设备的生产、供应）和收获的农产品产后加工、贮藏、运输和销售等的纵向一体化。企业的基本特征是独立核算、自主经营、自负盈亏，具有法人资格的经济组织。

农工一体化企业是农业产业化经营模式之一，与农业产业化经营模式中的微观农业经济组织纵向一体化相比，虽然同是农业产业链的纵向一体化经营，但有三点显著的区别：

首先，纵向一体化经营的目的不同。农业产业化经营的主要目的是实现农户与市场的联结，是"龙头企业"带动农户从事农业生产经营，从而将分散的农户组织起来，如"专业合作社或协会＋农户"等模式。农工一体化企业的主要目的是通过农业生产与农业生产的产前或产后环节的一体化联合，使农业产业价值链企业内部化，即农业生产成为农工一体化企业内部价值链的重要组成部分，农工一体化企业在实现农业产业价值链（即农工一体化企业内部价值链）价值增值最大化的同时实现企业价值最大化。

其次，利益联结方式不同。农业产业化经营模式的利益联结方式主要有合同、合作和股份合作，形成的多是"风险共担，利益共享"的经济共同体。农工一体化企业是"独立核算、自主经营、自负盈亏"的经济组织。

最后，组织结构不同。农业产业化经营模式按组织结构的紧密程度分

---

①　微观农业经济组织的类型主要有农户（包括大户和家庭农场）、农民合作经济组织、农产品行业协会和农业产业化龙头企业。

为合同组织型（半松散式结合型）、合作社组织型（半紧密结合型）和企业组织型（紧密式结合型）。前两种组织结构中，从事农业生产经营的主体与其他多个独立核算的微观农业经济组织共同构成农业产业化经营的主体，组成经济共同体；后一种组织结构中，从事农业生产经营的主体是单个独立核算的微观农业经济组织的内部组织，构成的是具有法人资格的经济组织。而参与农工一体化企业经营的组织是农工一体化企业的内部组织，属于紧密式结合型。

农工一体化企业与农业企业也有区别。农业企业包括只从事农业生产经营的传统农业企业和既从事农业生产经营，同时也从事农产品加工或农产品流通的现代农业企业，而农工一体化企业不包括只从事农业生产经营的传统农业企业，仅指农业企业中的现代农业企业。

因此，本书所界定的农工一体化企业是指以农业生产为基础，向农业产业链的农业生产产前投入或收获的农产品产后加工、贮藏、运输、销售等环节延伸，形成企业内部价值链纵向一体化经营，独立核算、自主经营、自负盈亏，具有法人资格的经济组织。

### 2.1.3 农工一体化企业的基本特征

农工一体化企业除了具有一般企业共有的特征外，与农业产业化经营和传统农业企业相比，还具有以下几点基本特征：

**1. 农业活动自然再生产过程和工业企业再生产过程一体化**

农业活动主要是生物资产（活的动物和植物）通过自身的生长、蜕变、生产、繁殖的自然转化实现增值的过程，例如从植物种植业来看，农作物要经过发芽、开花、结果等自然生长阶段实现增值；从动物饲养业来看，动物要经过生长、发育、繁殖等自然生长阶段实现增值。动植物的自然生长阶段离不开自然环境，如土地、阳光和风雨等自然力，所以，农业生产过程主要是生物资产的自然转化过程，是生物资产通过自然转化，即活的动植物通过自身的生长、蜕变、生产、繁殖不断实现增值的过程，这一过程是农业活动自然再生产过程。工业企业的生产过程一般是"资金投入—购买原材料和劳动力—生产产品—销售产品—资金收回"的过程，这一过程的循环往复形成了工业企业再生产过程。农工一体化企业通过农业活动的自然再生产过程直接为农产品加工提供原材料，将农业活动的自然再生产过程融入农工一体化企业的再生产过程中，把二者有机地结合在一起。

**2. 农业产业价值链企业内部组织一体化**

农业投入、农业生产、农产品加工和农产品流通等各环节构成了农业产业价值链，农业产业价值链纵向一体化经营实现了"农业投入环节＋农业生产环节＋农产品加工环节＋农产品流通环节"的农业产业一体化经营。农工一体化企业将农业产业价值链各环节的外部微观农业经济组织纳入农工一体化企业的内部价值链，成为农工一体化企业的内部组织。外部微观农业经济组织纳入农工一体化企业的内部组织有两种表现形式，一是成为农工一体化企业的车间（如图 2 - 1 所示）；二是成为农工一体化企业的子公司。

**图 2 - 1　农工一体化企业内部价值链**

**3. 农业产业链价值增值和农工一体化企业价值增值一体化**

虽然农业产业纵向一体化经营提高了农业产业链的价值增值，使农业产业链各环节都分享到农业产业化经营带来的的价值增值，但目前呈现出两种集中趋势：一是农业产业链各环节分享的价值增值不均衡，从农业生产和农产品加工环节向农产品流通环节集中；二是农业产业链相同环节的不同经济组织分享的价值增值不均衡，从多数小规模企业向少数规模较大的企业集中。例如，欧洲最大的 5 个零售连锁店的食品营业额所占比例已经从 1990 年的 13% 增加到 2000 年 26%，10 年间翻了一番（Humphrey，2006）；2008 年，全球最大的 15 个零售商的销售额所占比例超过了 30%（OECD，2011）①。这就导致农业产业链价值增值最大化并不等同于农业产业链各环节价值增值最大，也不等同于农业产业链各环节不同微观农业经济组织价值增值最大。而农工一体化企业将农业产业价值链变成企业内部价值链，只有农工一体化企业内部价值链的各部门价值增值最大化，才能实现企业价值增值最大化，真正使农业产业链价值增值最大化与农工一

---

① 资料来源：OECD. Competitiveness and Private Sector Development：Kazakhstan 2010 Sector Competitiveness Strategy, 2011 [EB/OL]. http：//dx. doi. org/10. 1787/9789264089792 - 7 - en.

体化企业价值增值最大化目标相一致。

**4. 集规模生产、多元经营和企业管理于一体**

农工一体化企业将农业产业价值链各环节变成农工一体化企业内部价值链的车间或子公司，尤其是农业生产环节需要土地，农产品加工环节需要设备、厂房等固定资产，这就要求农工一体化企业是具有一定资本投入数量的大中型企业，能实行规模化生产。农工一体化企业既从事农业生产，产出各种农产品，又从事农产品加工，制造各种食品和其他产品，有的还从事农产品贮藏、运输、批发、零售、餐饮等行业，所以农工一体化企业大都是多元一体化经营企业。农工一体化企业通过规模生产降低产品生产成本，通过多元经营降低农业生产风险的同时，也会带来成本的增加，如规模不经济时产品成本不降反升，多元经营导致各部门协作成本的增加等。因此，农工一体化企业在规模生产和多元经营的同时，必须提高企业管理水平，集规模生产、多元经营和企业管理于一体。

**5. 农产品非市场交易的合约价格转变成农工一体化企业内部价值链转移价格**

农业产业纵向一体化经营中，农业产业价值链各环节的经济组织不是通过市场交易，而是通过"非市场交易"，即以合约的方式建立农业产业价值链之间的联结，按照合约约定的价格，完成农产品在农业产业价值链农业生产环节向其他环节的流转。虽然农业产业化龙头企业对合约价格的制定具有一定的优势，但也不能完全按照自己的意愿制定农产品合约价格，因为还有可能面临农户不履约的风险。在农工一体化企业中，农业产业价值链的农业生产环节变成其内部价值链，虽然农产品在农工一体化企业内部价值链的流转也是"非市场交易"，但与合约价格不同，是按照内部转移价格从农工一体化企业内部价值链的农业生产环节转移到农产品加工环节。所以，农工一体化企业可以更全面地掌握农业生产环节农产品的生产成本，将其与市场交易价格比较，做出农产品是自制还是外购的决策，最大限度地实现企业价值增值最大化。

## 2.1.4 农工一体化企业的分类

**1. 按生产经营的范围**

农工一体化企业既从事农业生产，又从事农产品加工等环节，所以按生产经营的范围，可以将农工一体化企业分为农林牧副渔业和制造业。从农林牧副渔业的角度可以划分为种植业、养殖业、林木业和渔业；从制造业的角度可以划分为农副食品加工业，食品制造业，酒、饮料和精制茶制造业，纺织业，皮革、毛皮、羽毛及其制品和制鞋业，木材加工和木、竹、藤、棕、草制品业，家具制造业，化学原料和化学制品制造业，医药制造业等。

### 2. 按价值链的构成

农工一体化企业完整的价值链包括"农业投入—农业生产—农产品加工—农产品流通"等环节，除了从事农业生产外，农工一体化企业还会从事产业价值链上的一个或多个环节。一般来讲，从事农产品初加工的农工一体化企业价值链较简单，如种业公司的价值链"科研育种—种子繁育—良种销售—技术服务"；水产品初加工的农工一体化企业价值链"水产品养殖—水产品冷藏—水产品销售"；果蔬初加工的农工一体化企业价值链"果树种植—果蔬挑选—果蔬包装—果蔬销售"。从事农产品深加工的农工一体化企业价值链较复杂，如乳制品企业的价值链"牧草种植—饲料生产—种牛繁育—奶牛养殖—乳品加工—乳品销售—物流配送"；果蔬食品加工企业的价值链"果树种植—果蔬冷藏—果蔬加工—果蔬销售"；有些农工一体化企业同时从事果蔬食品加工、肉制品加工、水产品加工，还会涉及多个价值链。

### 3. 按对农业生产过程的控制方式

农工一体化企业对农业生产过程的控制主要有两种形式。一是农工一体化企业雇佣农户成为企业生产基地的职工，按月给农户支付工资，农户工资作为直接人工，农业生产所耗用的各种饲料、肥料等作为直接材料计入农产品的生产成本，年末企业根据利润和业绩考核制度确定职工（农户）的绩效奖励。二是农户虽不是农工一体化企业的职工，但农工一体化企业成立基地管理部门或企业办合作社，将农户组织起来统一生产，生产过程中所需要的农业投入（种子或禽畜、化肥或饲料）、农业服务等由农工一体化企业统一供应，农产品由农工一体化企业统一收购。农工一体化企业投入的种子或禽畜、化肥或饲料、防疫、运输等服务的成本从收购价中扣除之后，是农户的经营所得，收购价是农工一体化企业农产品的生产成本，年末农工一体化企业根据利润和与农户或合作社的协议分红。虽然两种形式对农业生产过程控制的方式不同，但农工一体化企业都能影响和控制农产品生产成本和农产品质量，使农业生产成为农工一体化企业的"生产车间"，可以从企业价值增值的角度统筹农业生产，也可以使农业生产分享企业价值增值的收益。

**4. 按经济类型**

按经济类型，农工一体化企业可以分为国有企业、集体企业、民营企业、外商独资企业和中外合资企业。

**5. 按组织形式**

按组织形式，农工一体化企业可以分为个人独资、合伙企业、公司制企业、股份合作制企业和农民专业合作社。农工一体化企业同时从事农业生产和农产品加工，所以需要一定数量的资本投入，因此，个人独资和合伙企业较少。公司制企业可以分为有限责任公司和股份有限公司。股份合作制企业早期是从乡镇企业中分离出来的相对独立的一种企业组织形式，20 世纪 90 年代之后，出现了龙头企业吸收农户入股和农户联合组建的股份合作制企业。农民专业合作社是在农村家庭联产承包经营的基础上，农产品的生产经营者或者同类农业生产经营服务的提供者，自愿联合、民主管理的互助性经济组织，多数自己办企业从事农产品加工，成为农工一体化企业。

## 2.2　农工一体化企业发展现状

虽然农工一体化企业与农业产业化龙头企业的概念不同，但农工一体化企业和农业产业化龙头企业都是农业产业化经营的组织形式，有些企业既可以归类为农工一体化企业，同时也是农业产业化龙头企业。一方面，农业产业化龙头企业"通过各种利益联结机制带动农户进入市场"，这些利益联结机制包括农户在农业产业链纵向一体化过程中演变为农业产业化龙头企业的内部组织，与农业产业化龙头企业形成紧密式结合，构成具有法人资格的经济组织。所以，有些农业产业化龙头企业直接从事农业生产，企业内部价值链从农产品加工环节延伸到农业生产环节，演变为农工一体化企业。另一方面，大多数农工一体化企业虽然直接从事农业生产，通过自有基地供给农产品，但自有基地规模有限，不能完全满足农工一体化企业对农产品的需求，农工一体化企业还需通过合同组织型或合作社组织型带动农户，向农户收购农产品。所以，有些农工一体化企业同时也是农业产业化龙头企业。农业产业化龙头企业既有规模较大的国家重点龙头企业和省重点龙头企业，也有规模相对较小的一般龙头企业。农工一体化企业既包括从事农业生产经营，又包括农业生产产前投入或产后加工、运输、销售等环节，通常规模较大。所以，有些农业产业化国家重点龙头企业和省重点龙头企业符合本书界定的农工一体化企业概念。有鉴于此，可以从农业产业化国家重点和省重点龙头企业中甄选农工一体化企业。

山东省是我国实践农业产业化经营最早的省份，也是我国农业产业化龙头企业发展最快、数量最多的省份。截至 2010 年，山东省规模以上龙头企业数量达 8080 家，占全国总数的 10%①。所以，山东省农业产业化龙头企业的发展现状和趋势可以代表我国农业产业化龙头企业的发展现状和趋势。本文以山东农业产业化省重点龙头企业为样本，分析农工一体化企业的发展现状和趋势。

山东省农业厅于 2009 年对已经认定的第一至四批农业产业化省重点龙头企业进行了监测，确认 434 家省重点龙头企业监测合格，51 家企业因达不到省重点龙头企业的标准或拒绝提供监测所需相关材料，取消其农业产业化省重点龙头企业称号。2010 年 8 月，山东省农业厅又公布了第五批农业产业化省重点龙头企业名单，确定 261 家企业为第五批农业产业化省重点龙头企业②。截至 2010 年，山东农业产业化省重点龙头企业达到 695 家。本书通过山东农业产业化省重点龙头企业的网站及其他网上公开信息获取数据资料，125 家企业的相关资料在网上无法获得，123 家企业资料不详实，无法确定是否属于农工一体化企业。能从网上获取详细资料的企业 457 家，占山东农业产业化省重点龙头企业的 65.76%，可以较好地代表山东农业产业化省重点龙头企业。根据本书对农工一体化企业的定义，共 194 家省重点龙头企业符合农工一体化企业的概念，占山东农业产业化省重点龙头企业的 27.91%。对 194 家样本统计之后，将农工一体化企业发展现状概括为以下几点：

**1. 东部沿海地区是山东省农工一体化企业主要分布区域**

表 2 - 1 列示了山东省农工一体化企业区域分布情况。从表 2 - 1 可以看出，潍坊市是山东省农工一体化企业数量最多的地市，有 30 家企业，说明潍坊市农业产业化经营的发展仍然走在山东省的前列，农业产业化经营模式有向农工一体化企业转变的趋势。潍坊、烟台、威海、青岛这四个山东省东部沿海城市的农工一体化企业分别位列前四位，共有 95 家企业，占样本总数的 48.97%。说明东部沿海经济地区农工一体化企业数量较多、

---

① 资料来源：[EB/OL]. http://www.moa.gov.cn/fwllm/jrsn/201104/t20110426_1978625.htm。

② 山东省农业厅. 关于公布第五批农业产业化省重点龙头企业名单的通知 [EB/OL]. http://www.sdny.gov.cn/art/2010/8/3/art_3_237676.html, 2010 - 08 - 03.

发展较快，这与山东省区域经济发展情况基本吻合。

表 2 - 1 　　　　　　山东省农工一体化企业区域分布情况

| 地市 | 企业数量 | 占比（%） | 地市 | 企业数量 | 占比（%） | 地市 | 企业数量 | 占比（%） |
|---|---|---|---|---|---|---|---|---|
| 潍坊 | 30 | 15.46% | 济南 | 10 | 5.15% | 聊城 | 6 | 3.09 |
| 烟台 | 26 | 13.40% | 东营 | 10 | 5.15% | 枣庄 | 5 | 2.58 |
| 威海 | 23 | 11.86% | 泰安 | 9 | 4.64% | 菏泽 | 5 | 2.58 |
| 青岛 | 16 | 8.25% | 淄博 | 7 | 3.61% | 日照 | 4 | 2.06 |
| 滨州 | 14 | 7.22% | 济宁 | 7 | 3.61% | 莱芜 | 4 | 2.06 |
| 德州 | 11 | 5.67% | 临沂 | 7 | 3.61% | | | |

资料来源：根据194家山东省重点龙头企业数据整理。

### 2. 山东省农工一体化企业组织形式和经济类型

表 2 - 2 列示了山东省农工一体化企业组织形式。本书的样本来自山东农业产业化省重点龙头企业，所以大都是公司制企业，其中有限责任公司148家，占样本总数的76.29%；股份有限公司39家，占样本总数的20.1%；股份合作制企业7家，占样本总数的3.61%。可以看出，公司制企业是农工一体化企业的主要组织形式。理论上，农工一体化企业也可以采用个人独资、合伙企业和农民专业合作社等组织形式。前已述及，由于农工一体化企业既包括农业生产又包括农业生产产前投入或产后加工、运输、销售等环节，需要较多投入，而个人独资、合伙企业和农民专业合作社的资金投入有限，所以农工一体化企业的组织形式主要是公司制企业，少数是股份合作制企业。

表 2 - 2 　　　　　　山东省农工一体化企业组织形式

| 类型 | 企业数量 | 占比（%） |
|---|---|---|
| 有限责任公司 | 148 | 76.29 |
| 股份有限公司 | 39 | 20.1 |
| 股份合作制企业 | 7 | 3.61 |

资料来源：根据194家山东省重点龙头企业数据整理。

表 2 - 3 列示了山东省农工一体化企业经济类型。从表 2 - 3 可以看出，民营企业106家，占样本总数的54.64%；国有企业57家，占样本总数的29.38%；中外合资企业20家，占样本总数的10.31%；外商独资企

业8家，占样本总数的4.12%；集体企业3家，占样本总数的1.55%。可以看出，民营企业是农工一体化企业主要经济类型，说明我国民营企业面临的市场竞争压力较大，要求其更注重培育自身的核心竞争能力，加强企业管理，不断实现企业价值增值。国有企业也是我国农工一体化企业重要的经济类型，说明国有企业利用其资金优势，加大了对农业生产环节的投入，注重国有企业生产效率的提高和国有资产的保值增值。

表2-3　　　　　　　　　山东省农工一体化企业经济类型

| 类型 | 企业数量 | 占比（%） |
|---|---|---|
| 民营企业 | 106 | 54.64 |
| 国有企业 | 57 | 29.38 |
| 中外合资企业 | 20 | 10.31 |
| 外商独资企业 | 8 | 4.12 |
| 集体企业 | 3 | 1.55 |

资料来源：根据194家山东省重点龙头企业数据整理。

### 3. 山东省农工一体化企业行业类型多，但行业集中度较高

按照国家统计局颁布的《国民经济行业分类》国家标准（GB/T4754 - 2002），山东省农工一体化企业按门类划分，集中在农林牧副渔业和制造业；按大类划分，除了农林牧副渔业外，制造业有农副食品加工业，食品制造业，化学原料和化学制品制造业，酒、饮料和精制茶制造业，医药制造业。按种类划分的行业类型如表2-4所示。从表2-4可以看出，山东省农工一体化企业涉及20个行业，行业类型较多。列在前四位的分别是屠宰及肉类加工企业74家，占样本总数的38.14%；蔬菜、水果和坚果加工企业43家，占样本总数的22.16%；水产品加工企业31家，占样本总数的15.98%；乳制品制造企业11家，占样本总数的5.67%。这四个行业的集中度为81.95%，主要原因除了山东省是全国畜牧养殖和蔬菜种植大省，渤海湾赋予山东天然养殖环境外，很重要的一个原因是这四个行业生产的产品是人身体每天都要摄取的。此外，近几年我国的"三鹿奶粉"、"三聚氰胺"等食品质量和安全事件层出不穷，随着生活质量的提高，人们越来越重视食品质量和安全问题，迫使很多农产品加工企业开始投入大量的资金建设自有生产基地，注重从源头上控制农产品质量。

表 2 - 4　　　　　　　　　山东省农工一体化企业行业类型

| 行业 | 企业数量 | 占比（%） | 行业 | 企业数量 | 占比（%） |
|---|---|---|---|---|---|
| 屠宰及肉类加工 | 74 | 38.14 | 林木的育种和育苗 | 2 | 1.03 |
| 蔬菜、水果和坚果加工 | 43 | 22.16 | 精制茶加工 | 2 | 1.03 |
| 水产品加工 | 31 | 15.98 | 丝绸纺织及印染精加工 | 2 | 1.03 |
| 乳制品制造 | 11 | 5.67 | 中药材种植 | 1 | 0.52 |
| 罐头食品制造 | 5 | 2.58 | 牲畜饲养 | 1 | 0.52 |
| 酒的制造 | 4 | 2.06 | 家禽饲养 | 1 | 0.52 |
| 蔬菜、食用菌及园艺作物的种植 | 4 | 2.06 | 饮料制造 | 1 | 0.52 |
| 谷物种植 | 3 | 1.55 | 糖果、巧克力及蜜饯制造 | 1 | 0.52 |
| 植物油加工 | 3 | 1.55 | 焙烤食品制造 | 1 | 0.52 |
| 谷物磨制 | 3 | 1.55 | 兽用药品制造 | 1 | 0.52 |

资料来源：根据 194 家山东省重点龙头企业数据整理。

### 4. 山东省农工一体化企业资产集中度较高，资产规模相对较小

山东农业产业化省重点龙头企业申报标准要求，加工、流通企业资产总额：东部地区（包括青岛、烟台、潍坊、威海四市，其他市为中西部地区）在 1 亿元以上，中西部地区 5000 万元以上。而农业产业化国家重点龙头企业的申报标准是：加工、流通企业资产规模：东部地区 1.5 亿元以上，中部地区 1 亿元以上，西部地区 5000 万元以上。可见，山东农业产业化省重点龙头企业在中西部地区符合农业产业化国家重点龙头企业的申报标准，所以山东省农工一体化企业规模相对较大，属大中型企业。样本中，山东农业产业化国家重点龙头企业 51 家，占样本总数的 26.29%。截至 2012 年，山东农业产业化国家重点龙头企业 89 家，农工一体化企业占57.30%，一定程度上说明规模越大的企业，实行农工一体化企业经营的可能性越高。

本书取得了样本中 57 家国有企业 2011 年的资产数据，对其资产总额的情况进行了统计，见表 2 - 5。57 家企业属国有大中型企业，总资产规模最大的企业是临沂新程金锣肉制品有限公司，2011 年年末总资产超过了百亿元；其次是山东凤祥（集团）有限责任公司，2011 年年末总资产超过了 50亿元。资产规模最大的 13 家国有企业总资产集中度为 69.8%，总资产低于57 家企业总资产平均数的企业 42 家，即 73.68% 的企业总资产低于平均资产，说明农工一体化企业整体发展不均衡，总资产规模相对较小。

表 2 - 5 57 家国有企业总资产规模分布情况

| 总资产 | 企业数量 | 占比（%） |
|---|---|---|
| 1 亿元以下 | 9 | 15. 79 |
| 1 亿~5 亿元 | 24 | 42. 11 |
| 5 亿~10 亿元 | 11 | 19. 30 |
| 10 亿~20 亿元 | 9 | 15. 79 |
| 20 亿元以上 | 4 | 7. 02 |

资料来源：根据 194 家山东省重点龙头企业数据整理。

**5. 山东省农工一体化企业注重自有基地建设，紧密式结合形式多样化**

农工一体化企业组织结构表现为单个独立核算的法人实体经济组织的内部管理，参与农工一体化企业经营的组织是农工一体化企业的内部组织，是紧密式结合，但紧密式结合的具体形式不尽相同。从表 2 - 6 可以看出，山东省农工一体化企业的组织结构大致有五类，5 家农工一体化企业没有建立自有基地，采用的是企业办合作社的形式，其余的农工一体化企业都建有自有基地，占样本总数的 97.42%。说明农工一体化企业普遍注重自有基地的建设，将农业生产环节变为企业的"生产车间"，直接管理农业生产活动，从而更好地降低农业生产成本，控制农产品质量。

表 2 - 6 山东省农工一体化企业组织结构情况

| 类型 | 企业数量 | 占比（%） |
|---|---|---|
| 自有基地 | 82 | 42. 27 |
| 自有基地 + 合同基地 | 63 | 32. 47 |
| 自有基地 + 合作社 | 32 | 16. 49 |
| 自有基地 + 合作社 + 合同基地 | 12 | 6. 19 |
| 企业办合作社 | 5 | 2. 58 |
| 合计 | 194 | 100. 00 |

资料来源：根据 194 家山东省重点龙头企业数据整理。

完全通过建立自有基地进行农业生产的农工一体化企业 82 家，占样本总数的 42.27%。自有基地的生产主要采用两种模式，一种是农工一体化企业自建基地，雇佣农民作为企业的员工从事农业生产。如山东兴牛乳业有限公司实现的"自己种植、自己养殖、自己加工、送奶到户"的模式。另一种是农工一体化企业除了雇佣农民作为员工外，还自建基地，与农民采取"统一种子或饲料、统一种植或养殖、统一防疫、统一技术、统一运输"的"五统一"合作模式。如山东得益乳业有限公司，除了自建牧场，还建设了合作化牧场102个。又如，山东银香伟业集团有限公司建立养殖小区15处，实施 AB 两种饲养模式，A 模式是核心示范牧场，实践国际前沿的有机养殖技术，B 模式是"企业建区＋农户种养＋五四服务"的标准模式，"五四服务"即统一小区管理、统一育种技术、统一饲养标准、统一疾病防控、统一挤奶加工的"五统一"和厂房配套、水电配套、道路配套、绿化配套的"四配套"。完全采用第一种生产模式的农工一体化企业较少，大多数农工一体化企业都采用第二种生产模式。

采用"自有基地＋合同基地"的农工一体化企业63家，占样本总数的32.47%。主要有两种类型：一种是以自有基地为示范，带动合同基地生产，按保护价格收购农产品。例如，诸城外贸有限责任公司新建与改造自属商品鸡场55处，投资600多万帮助农民进行鸡舍改造，拥有合同标准化饲养场1100多处。另一种是自有基地不仅具有示范作用，而且已具有一定规模，是农工一体化企业农产品的主要来源，不足的通过合同基地来提供。例如，威海嘉盛乳业有限公司拥有三大自营牧场，占地6500亩，每座自营牧场内拥有自己的种植基地和全封闭式牛舍，同时也采取"基地＋农户"的方式与农民签订"鲜牛奶购销合同"和"牧草饲料购销合同"。

采用"自有基地＋企业办合作社"的农工一体化企业32家，占样本总数的16.49%。主要有两种类型：一种是农工一体化企业以自建基地投资入股成立农民专业合作社，组织农户进行农业生产。例如，山东六和集团有限公司，其养殖业涉及种鸭、种鸡、商品鸭、种猪等业务，有良种繁育公司30余家，百余家自建养殖场，同时参股与养殖户共同注册成立养殖合作社，合作社主要服务养殖户，提高养殖效益，鼓励和引导养殖业向规模化、标准化发展，其工作流程是成员向合作社交苗款及合同押金、合作社向孵化场订鸡鸭苗并与冷藏厂签合同、服务人员协助养殖户进行上苗前的准备工作、协助养殖户进鸡鸭苗并备好养殖所需饲料、不定期拜访养殖户并服务指导养殖管理、出栏前3天与农户联系并与冷藏厂订屠宰日期、冷藏厂对毛鸡毛鸭收购进行结算、养殖户带着结算单到合作社进行利润结算。另一种是农工一体化企业以自有基地为示范，同时成立农民专业合作社，组织农户从事农业生产。例如，阳信亿利源清真肉类有限公司拥有3个年出栏肉牛3000头以上的标准化规模养殖示范基地，并于2005年发起成立了亿利源为首的山东省第一个以发展牛业为主的民间合作组织——阳信鲁北肉牛产销专业合作社，在合作社的带动下，建成大型肉牛示范场 15 个，小型肉牛示范场 40 个，吸收 8000 多户农民作为社员，出栏肉牛 12 万余头。由于成立了农民合作组织，使得农户的生产具有组织性，所以这种结构相对于"自有基地＋合同基地"，其农业生产的标准化、规模化、规范化的程度较高。

采用"自有基地＋合作社＋合同基地"的农工一体化企业 12 家，占样本总数的 6.19%。例如，山东圣丰种业科技有限公司按照"四级种子生产体系"要求，大力发展自营原种繁育农场，截至 2011 年年末已在山东嘉祥等地流转土地 5 万余亩，另拥有长期合作的订单良种繁育基地 20余万亩，并组建了圣丰、花小宝两个农民专业合作社①。又如诸城绿源食品有限责任公司 2008 年 6 月以合作社的形式成立的国家一级种猪养殖基地，采取"合作社＋基地＋农户＋屠宰厂"的运营模式，实行家庭经营、自愿加入、民主管理、提供服务、盈余返还、经济参与的原则；在经营管理上合作社实行"五统一"，即统一供种、统一防疫、统一饲料供应、统一技术服务、统一销售；2010 年投资 500 万元建设了占地面积 50 亩的无公害韭菜标准化种植基地；同时协议种植蔬菜 3 万余亩。

采用企业办合作社从事农业生产的农工一体化企业有 5 家，其中 4 家农工一体化企业有标准化种植基地，实行标准化生产。例如，山东飞亚集团有限公司的原料均来自集团所管理与控制的基地，种植基地实行标准化生产，采取"政府＋企业＋合作社＋农户＋市场"的模式，对农户地块实行统一管理，即统一种植地块、统一品种、统一安排种植时间、统一进行生产过程中农药的使用与管理、集团对原料统一保护价收购，并建立每一地块的栽培记录。

**6. 合同基地仍然是山东省部分农工一体化企业主要的原料产地**

虽然拥有自有基地的农工一体化企业占到了样本总数的 97.42%，但仍有 74 家农工一体化企业同时拥有合同基地，占样本总数的 38.14%，甚至有些农工一体化企业的原料主要来自从合同基地收购农产品。采用合同基地从事农业生产，一方面与生产过程质量控制难易程度、农业生产周期、农产品成本和占用面积有关。一般来说，养殖业生产过程质量控制较难，养殖周期较长、养殖成本较高、占用面积较少，特别是种禽、种畜都

---

① 资料来源：[EB/OL]. http：//www.farmer.com.cn/zb/zbsl/201202/t20120201_695058.htm。

是自有基地繁殖，禽畜养殖也是自有基地多，合同基地少；相对来说，种植业生产过程质量控制较易，种植周期相对较短①，种植成本较低，占用面积较大，所以合同基地多，自有基地少。另一方面也说明有些农工一体化企业可能受到资金、人员、技术、地域、时间等条件的限制，自有基地的建设还不能满足其对农产品的需求，仍然需要采用合同基地来满足。

**7. 半数以上山东省农工一体化企业是出口型企业**

样本中有 105 家农工一体化企业是出口型企业，占样本总数 54.12%。大多数农工一体化企业的农产品主要销往韩国、日本等东南亚国家和欧洲各国，有的也销往美国等其他国家。半数以上山东省农工一体化企业是出口型企业，除了山东省地理位置和自然条件的原因外，国外市场对农产品的质量要求也是山东省农工一体化企业发展的主要诱因之一。农工一体化企业将农产品出口到国外市场，除了取得我国质量认证体系和出口注册外，必须取得出口国家农产品相关认证，达到出口国家农产品质量认证体系的要求，这就迫使农工一体化企业从源头上控制农产品质量。一些食品制造企业为了确保农产品质量，开始投资建立农产品生产自有基地，实现从"田间到餐桌"的一体化生产，将农业生产真正变成企业的"生产车间"，尤其是农副食品加工业和食品制造业企业开始向农工一体化企业演进。

## 2.3 农工一体化企业的发展趋势

通过对山东省农工一体化企业发展现状的统计分析，本书发现农工一体化企业的发展呈现以下几个趋势：

**1. 从企业内部价值链"一条龙"转向企业内部价值链的循环经济**

目前，农工一体化企业实现了企业内部价值链一体化经营，即生产资料的采购、农产品的生产、加工、流通的一体化。有些农工一体化企业内部价值链仅涉及整个农业产业链的部分环节，有些农工一体化企业的内部价值链涉及整个农业产业链。比较典型的如兖州市绿源食品有限公司的内部价值链：国外引种—品种繁育—饲料供应—肉鸭养殖—冻鸡、鸭生产—熟食加工—生物制药—热电联产—物流配送—连锁经

---

① 山东省农工一体化企业只有 2 家从事林木的育种和育苗，其余种植业的企业都是从事蔬菜、水果等生产周期不长于 1 年的农作物的种植。

营。随着农工一体化企业内部价值链的不断延伸，一些农工一体化企业开始思考如何将企业内部价值链融合起来，形成既可以独立运行，又与其相邻环节的无缝链接，实现企业内部价值链的循环经济。

循环经济对农工一体化企业规模和技术条件的要求较高，所以样本中实现内部价值链循环经济的企业仅有 12 家，占样本总数的 6.19%。例如，希森三和集团有限公司，其内部循环经济价值链如图 2－2 所示。

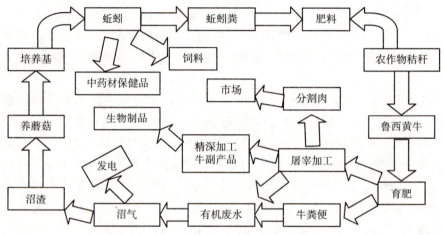

**图 2－2　希森三和集团有限公司循环经济价值链**

资料来源：［EB/OL］. http://www. luxihuangniu. cn/comcontent_detail/comContentId = 56f432e8 - cf24 - 4a5c - ae7c - ff492ec57205. html。

再如，山东大地肉牛清真食品有限公司的主要做法是：首先将青储饲料玉米秸秆用于工厂化生产有机杏鲍菇；将产菇后的菌渣发酵成为菌丝蛋白，这是肉牛养殖的高档饲料，从而饲喂出的牛为无公害肉牛，生产出的产品为无公害牛肉；将肉牛粪便用于生产沼气、发电；将沼渣和部分牛粪用于繁育养殖昆虫白星花金龟；昆虫幼虫虫体生产异源蛋白出口国际市场；昆虫粪便是高档有机颗粒肥，沼液是有机肥，用于蔬菜、瓜果等有机观光农业，改良土壤①。

**2. 从分散化生产向标准化生产发展**

分散化生产是指农工一体化企业在不同的地区建有多个生产基地，这些基地的设施、人员配备和服务没有统一的标准。虽然农工一体化企业规

---

① 资料来源：［EB/OL］. http://news. sina. com. cn/o/2012 - 02 - 29/082524035123. shtml。

定了生产基地提供农产品的质量要求，但对每个生产基地的生产过程没有严格、统一的制度。标准化生产是指两个方面的标准化：生产基地标准化或工厂化和生产过程标准化。生产基地标准化是指在种植基地建立标准化大棚；生产基地工厂化是指在养殖基地建立标准化养殖场。生产过程标准化是指统一种子或饲料、同一种植或养殖、统一防疫、统一技术、统一运输等。

表2-7列示了山东省农工一体化企业标准化生产情况。从表2-7可以看出，样本中建有标准化或工厂化基地的农工一体化企业113家，占样本总数的58.25%。在统计过程中，只要建有或者已经投资在建标准化或工厂化基地的农工一体化企业，本书都将其视为建有标准化或工厂化基地。所以这一数据只是说明，有近六成的农工一体化企业建立了或正在建标准化或工厂化基地，但并不代表这些农工一体化企业所有的生产基地都是标准化或工厂化基地；实施标准化生产的农工一体化企业49家，占样本总数的25.26%。样本中的合同基地都是分散生产，没有采用标准化生产，采用标准化生产的是自有基地或企业以自有基地投资办合作社两种模式。从表2-7的数据可以看出，随着农工一体化企业投资建立标准化或工厂化基地，在对这些基地进行管理的过程中，必将有越来越多的农工一体化企业实行生产过程标准化管理，以便控制农产品成本和农产品质量。

表2-7　　　　　　　山东省农工一体化企业标准化生产情况

| 类型 | 企业数量 | 标准化/工厂化基地 | | 生产过程标准化 | |
| --- | --- | --- | --- | --- | --- |
| | | 企业数量 | 占比（%） | 企业数量 | 占比（%） |
| 自有基地 | 82 | 51 | 61.45 | 22 | 26.51 |
| 自有基地+合同基地 | 63 | 28 | 45.16 | 7 | 11.29 |
| 自有基地+合作社 | 32 | 25 | 78.13 | 13 | 40.63 |
| 自有基地+合作社+合同基地 | 12 | 5 | 41.67 | 3 | 25.00 |
| 企业办合作社 | 5 | 4 | 80.00 | 4 | 80.00 |
| 合计 | 194 | 113 | 58.25 | 49 | 25.26 |

资料来源：根据194家山东省重点龙头企业数据整理。

### 3. 从产成品的质量控制向产品全过程的质量溯源控制发展

随着消费者对农产品质量要求越来越高，媒体对农产品质量关注度也越来越高，农工一体化企业仅对产成品进行质量监测已经不能满足企业和消费者对农产品质量控制的要求。众多食品安全事件也说明，产品质量不合格往往是从"源头"开始的，例如不合规的饲料添加剂、果蔬农药残留超标等。农工一体化企业也开始认识到，要想控制产品质量就必须对生产的全过程（即源头、加工过程、出厂产品）进行质量监控，并且建立产品质量可追溯体系。一旦出现质量问题，都可追溯到原材料的来源、加工过程的历史、产品交付后的分布和场所、出现产品质量问题的环节乃至责任人等，从而减少和避免质量问题的发生。样本中建立全过程质量溯源控制体系的农工一体化企业23家，占样本的11.86%。例如，潍坊三涛食品有限公司建立了种植、收获、库存、前处理、漂烫、速冻、半成品、入库、出库、包装、成品、入库、出库全过程的质量控制；通过产品包装打印信息（产品批次号）、产品包装记录表（生产编号）、产品加工记录表（生产编号）、原料验收（原料编号）、原料收获（基地备案号）和原料种植（基地备案号）建立了产品质量追溯体系。虽然实施全过程质量溯源控制的农工一体化企业还不多，但随着农业生产标准化程度的提高、农工一体化企业管理信息系统的建立和完善，全过程质量溯源控制将会成为农工一体化企业提高产品质量的有力保障。

**4. 运用科技创新促进农工一体化企业发展的趋势明显**

农工一体化企业需要运用科学研究促进农产品产量和质量的提高，运用科技创新研发新产品，所以很多农工一体化企业都是高新技术企业，有的农工一体化企业与高校等科研机构联合研发，有的农工一体化企业设立研究中心，拥有自主知识产权。随着市场竞争越来越激烈，农工一体化企业增加研发经费，将科研成果转化为企业新的利润增长点，实现企业价值增值的趋势会越发明显。样本中或与高校等科研机构产学研结合，或自设研究中心的农工一体化企业66家，占样本总数的34.02%，其中既与高校等科研机构产学研结合，又自设研究中心的农工一体化企业13家。有些农工一体化企业拥有一支高素质的科研队伍，具有一定的科研能力，还独立承担了省级、国家级的科研项目。例如，寻山集团于1999年成立了山东省海洋生物技术研究中心，拥有300多名专业技术人员为骨干的科技创新团队，到2012年累计实施"863"计划项目18项，"973"计划1项，其他国家级重大课题11项，省级重大课题2项，累计获得各类科技奖励近20多项，申请专利14项，其中发明专利10项。

**5. 纵深化、一体化、集团化、跨区域发展的趋势明显**

样本中从事农产品初加工的农工一体化企业18家，占样本总数的

9.28%；从事农产品深加工的农工一体化企业 176 家，占样本总量的
90.72%。由于绝大多数农工一体化企业从事农产品深加工，所以农工一
体化企业大都涉足农林牧副渔业和制造业，且从事一体化经营。例如，青
岛万福集团股份有限公司主营蔬菜制品、肉制品、调理食品、花生制品、
优质饲料等系列 300 多个品种的生产和优良品种猪、优良品种鸡的繁育、
饲养、宰杀、深加工。55 家农工一体化企业除了从事农林牧副渔业和制
造业，还从事其他行业，主要有房地产业、商务服务业、住宿和餐饮业、
电热燃气供应业等，占样本总数的 28.35%。随着农工一体化企业纵深化、
一体化发展，农工一体化企业的规模也在不断扩大，呈现了集团化发展的
趋势。样本中企业集团 59 家，占样本总数的 30.41%。农业生产往往易受
自然条件的制约，所以农工一体化企业会在适合农产品生产的地域从事农
业生产。例如，山东华康蜂业有限公司的有机蜂场就位于河南王屋山和太
行山上，山东威龙葡萄酒股份有限公司在盛产葡萄的新疆霍尔果斯、甘肃
武威和山东龙口建有有机庄园。样本中跨区域经营的农工一体化企业 35
家，占样本总数的 18.04%。

**6. 树品牌，运用网络自我营销的趋势明显**

农产品具有同质性的特征，所以农工一体化企业非常重视企业品牌运
营，194 家农工一体化企业生产的产品都有自己的品牌，而且很多品牌在
同类产品中已经具有一定的知名度，获得了市级、省级甚至国家级驰名商
标称号。例如，济南的"佳宝乳业"、青岛的"波尼亚"、烟台的"张
裕"、威海的"好当家"、临沂的"金锣"、德州的"鼎力枣业"。样本中
建有网站的农工一体化企业 157 家，占样本总数的 80.93%。虽然部分农
工一体化企业网站信息较简略，但有些农工一体化企业网站的内容全面，
较详细地介绍了企业发展概况、生产情况、产品种类、品质优势、售后服
务、社会责任等信息。农工一体化企业的产品大都与人们生活息息相关，
如今网络购物已经成为中青年普遍的购物方式。样本中有 21 家农工一体
化企业在网站上专门设置了网上订购服务，消费者只要打开网页，填上产
品的名称、数量和邮寄地址等信息就可以购买到所需的产品。农工一体化
企业树立了自己的品牌，在市场中具有一定知名度之后，通过网络销售，
不仅可以节约销售费用，而且有利于开拓异地市场，提高产品市场占有
率，提高企业销售收入。所以必将会有更多的农工一体化企业运用网络进
行品牌运营，实现自我营销。

# 3.

# 价值链会计基本框架

自波特（1980，1985）提出通过价值链分析评价企业自身竞争优势和发展战略的观点之后，国外管理会计研究文献开始探索企业如何把竞争优势与管理者面临的决策相联系，以及管理会计如何为决策提供有益的帮助。在波特（1985）价值链理论的影响下，西方管理会计理论产生了两个新兴概念：一是西蒙兹（Simmonds，1981；1982）提出的"战略管理会计"的概念；二是尚克（Shank，1989）提出的"战略成本管理"的概念。我国著名会计学家阎达五将价值链理论和会计理论结合，于 2003 年提出了"价值链会计"的概念。虽然国内外研究文献都认为，现有的会计体系不能为企业价值链提供成本习性、成本差异以及影响企业战略的会计数据，应建立一套适用于企业价值链战略管理的会计体系。但到目前为止，仍然没有研究文献对价值链如何成为成本会计和管理会计的工具进行系统、全面的研究。本章在分析价值链会计的定义及其学科归属的基础上，解释了财务会计数据应用于价值链会计可能存在的障碍，提出了本书构建的价值链会计基本框架，即由识别企业价值链模型，价值链会计分析，价值链成本分析和价值链绩效评价 4 个部分组成。

## 3.1　价值链会计的定义及其学科归属

"价值链会计"的提出已有十多年。这期间，我国会计学界围绕价值链会计相关理论展开了一系列研究和探讨。虽然我国学术界赞同价值链会计属于管理会计分支的观点（綦好东等，2005），但已有研究尚未厘清价值链会计的研究内容是什么？为什么价值链会计是管理会计的分支？价值链会计与战略管理会计、战略成本管理之间的联系和区别是什么？本节将对这些问题展开讨论，期望能为价值链会计的理论研究和实践应用辨明方向。

### 3.1.1 价值链的定义和分类

**1. 价值链的定义**

1980 哈佛商学院教授迈克尔·波特出版了《竞争战略》，随后展开了对"战略"的讨论。1985 年波特在他的著作《竞争优势》中首次提出了价值链的概念，认为价值链是企业为了识别可持续竞争优势的来源而剖析企业各种活动以及活动之间相互影响的基本工具。他把企业各种活动分割成按相继顺序的一系列连续流程，并把价值链用于分析和识别在企业各种活动中提供产品给最终消费者的重要活动，以帮助企业识别价值增值的基本活动和辅助活动，为企业分析竞争优势的战略活动提供了框架。波特（1985）的价值链概念可以用图 3 –1 表示。

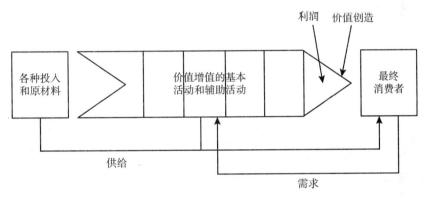

**图 3 –1 波特的价值链概念**

尚克和戈文达拉杨（Shank & Govindarajan，1992a，1992b）认为，"一个行业中任何企业的价值链都是一系列相互联系的活动——从原材料到最终产品或服务配送给顾客"①②。埃文和沃斯特（Evan & Wurster，1997）指出：价值链不仅是产品实物形态的流动，还包括企业内部以及企业与其供应商、配送商、现有顾客或潜在顾客之间的信息流动。凯布林斯基和莫里斯（Kaplinsky & Morris，2000）认为，价值链是"产品和服务从概念开始，经过不同的生产阶段，到达最终消费者，直到消费者使用后最终处置的整个过程发

---

① Shank J. K. & Govindarajan V. Strategic cost management：the value chain perspective. Journal of Management Accounting Research，1992a，4（1）：179 – 197.

② Shank J. K. & Govindarajan V. Strategic cost management and the value chain. Journal of Management Accounting Research，1992b，6（4）：5 – 21.

生的活动"①。希尔和琼斯（Hill & Jones，2001）认为，价值链是指"企业为了把价值传递给顾客而将投入转换成产出的一系列活动的链条"②。从价值链的这些定义可以看出，对价值链外延的认识在不断扩展：波特（1985）的价值链主要是指企业内部价值链，尚克和戈文达拉杨把价值链扩展到企业的供应商和顾客，埃文和沃斯特把价值链扩展到整个行业，凯布林斯基和莫里斯的价值链概念则包含了产品的整个生命周期。

波特（1985）认为，"价值链把总价值展开，由价值活动与利润组成"，"利润是总价值与执行各种价值活动的总成本之差"③，企业的获利能力不仅取决于企业所处的行业，还取决于企业相对于他的竞争对手所能创造的价值（Porter，1985；Besanko et al.，1996；McGuffog & Wadsley，1999）。如果一个企业具有不仅能创造正常价值，而且还能创造出比他的竞争对手更多的额外价值的能力，这个企业才能取得竞争优势（Porter，1985；Hooley et al.，2004）。了解企业为什么能创造价值以及将来是否能继续创造价值是判断企业是否具有在市场中赢得竞争优势的第一步（Spanos & Lioukas，2001；Hitt et al.，2007）。因此，企业必须认识到其产品如何根据顾客需要，提供了比潜在替代产品更好的性能和服务，产品技术，配送和销售（Porter，1985）。

企业要赢得竞争优势，其竞争战略应聚焦企业最高层战略目标，应让企业所有管理层和员工都知道企业的战略目标是什么，这样才能使决策和行动与企业战略目标相一致，才能将战略目标付诸企业实践。价值链是各种对战略产生影响的所有经营活动的逻辑方式（Porter，1985），价值活动之间系统相关并能创造价值（Sanchez & Heene，2004）。所以，企业通过生产成本比竞争对手更低的产品（低成本战略）或以其特有方式（产品差异化战略），执行为顾客创造价值、获得增值的活动来赢得竞争优势。

从本质上看，为了了解成本习性以更好地控制和实施有效管理，价值链把企业分解成与其战略相关的各种活动（Anandarajan et al.，1998）。价值活动假设企业是执行设计、生产、营销、配送产品的各种活动的集合。有关的"价值"活动是指企业为了达到目标而执行的各种不同的活动（Anandarajan et al.，1998）。价值链是能带给顾客产品和服务的提供价值

①　Kaplinsky R. & Morris M. A handbook for value chain research. Prepared for International Development Research Center, 2000 [EB/OL]. http：//www. prism. uct. ac. za/papers/vchnov01. pdf.

②　Charles W. L. Hill & Gareth R. Jones. Strategic management：an integrated approach. Boston：Houghton Mifflin，2001.

③　[美] 迈克尔·波特. 竞争优势. 陈小悦译. 北京：华夏出版社，1997：38.

创造的相互联系的链条，价值链始于从供应商购入的原材料，经过一系列产品或服务的加工和销售等价值增值活动，终于批发商将最终产品或服务销售到最终消费者手中，价值链是帮助企业分析成本结构和识别竞争优势的一种工具（Porter，1980，1985）。

但是，波特（1985）的价值链思想也遭到了学术界的批评。这些批评的观点主要有：（1）应从价值链基本活动中排除市场创造、市场战略、顾客服务和配送（Morden，1999）；（2）忽略了获取相关数据进行价值链分析的困难（Partridge & Perren，1994；Hergert & Morris，1989）；（3）对企业来讲，要求企业调查其竞争对手的价值链是一项复杂的任务，因为企业搜集自身价值链分析所需要的内部数据就很困难，分析竞争对手的价值链需要搜集外部数据和信息，可以设想调查竞争对手的价值链就更困难了（Partridge & Perren，1994；Hergert & Morris，1989）。

需要说明的是，价值链思想与供应链思想是不同的。价值链思想与供应链思想之间的比较见表3-1。价值链为企业提供了可持续的竞争优势（Hopkins，2009），这是因为价值链之间的信息共享越有效，越能有助于决策制定和资源分配，当价值链参与者发展为伙伴关系，产品按照顾客偏好生产设计，竞争对手就更难以模仿（Fearne，2009）。价值链思想是通过价值链管理实施的。价值链管理的特点是通过战略联盟、结构和流程、信任、沟通、不断改进、了解产品的顾客价值和价值链的价值创造，追求共同愿景（Bonney et al.，2007），通过价值链价值创造，实现价值链参与各方的互惠互利。

表3-1　　　　　　　　　价值链思想与供应链思想的比较

|  | 目标 | 实物流 | 信息流 | 关系 |
|---|---|---|---|---|
| 供应链思想（适用于商品和商品市场） | 减少成本、增加利润、提高市场份额 | 聚焦效率、市场准入，提高配送速度 | 信息保护，信息是套利来源，限制交换交易数据 | 保持距离。聚焦供应链效率、规模、市场支配力，确保交易条件 |
| 价值链思想（适用于差异化产品和细分市场） | 增加价值、细分差异化产品市场 | 注重顾客需要而不是产能利用，聚焦配送的质量、服务和灵活性 | 信息共享，信息是竞争优势的来源，与信任的合作伙伴分享战略信息 | 合作。聚焦供应链弹性、共享资源、共担风险、共享收益 |

资料来源：根据 Fearne A. Sustainable food and wine value chains. Government of South Australia, 2009 [EB/OL]. www. pir. sa. gov. au/_data/assets/pdf_file/0017/120419/ Fearne_Final_Report. pdf 整理。

## 2. 价值链的分类

价值链管理强调，成本不仅发生在制造环节，而是发生在整个经营过程中。因此，需要理解企业所处的行业价值链，通过了解行业价值链，企业可以决定哪个价值活动的成本能够最小化（成本领先战略），哪个价值活动能增加顾客价值（产品产异化战略）。企业价值链关注从供应商取得原材料，产品和流程的研究和开发，直到产品销售给顾客和提供客户售后服务的一系列价值创造活动。

唐兰和卡普兰（Donelan & Kaplan，1989）认为，价值链包括两个部分，即行业价值链和企业内部价值链。行业价值链是由行业内所有价值创造活动组成，始于基本原材料，终于产品配送给最终消费者；企业内部价值链由特定企业内所有价值创造活动组成。唐兰和卡普兰（Donelan & Kaplan，1989）以轴承制造业为例，绘制了行业价值链、企业内部价值活动以及价值流程之间的关系，如图 3－2 所示。轴承制造业的行业价值链由

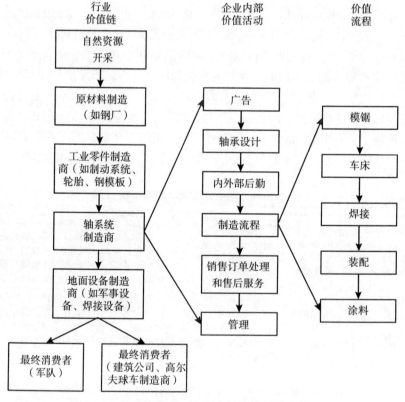

**图 3－2　行业价值链、企业内部价值链和价值流程**

资料来源：Donelan J. G. & Kaplan E. A. Value chain analysis：A strategic approach to cost management. Journal of Cost Management，1998，12（2）：7－15.

自然资源开采、原材料制造、工业零件制造商、轴系统制造商、地面设备制造商 5 个环节组成；轴系统制造商内部价值活动由广告、轴承设计、内外部后勤、制造流程、销售订单处理和售后服务及管理 6 个活动组成；轴系统制造商的制造活动由模锯、车床、焊接、装配和涂料 5 个流程组成。

价值增值分析把价值活动分成了价值增值活动和非价值增值活动。这个概念用来识别哪些活动应该保留，哪些活动应该废止。企业中有些活动不能给战略活动带来价值增值，如准备时间、等待时间、不必要的工序、生产过剩、残次品、建立时间、运输或配送、制造过程产生的废物、原材料浪费、沟通、管理或决策、不整齐、瓶颈、时机（Morgan & Murgatroyd，1994），企业应该尽量减少或废止这些活动。

### 3.1.2 价值链会计的定义

自我国著名会计学家阎达五（2003，2004）将价值链理论和会计理论结合，提出"价值链会计"的概念以来，我国学者围绕价值链会计相关理论和实践展开了一系列研究。现有研究文献对"价值链会计"基本概念的理解具有代表性的观点主要有以下三种：

阎达五（2004）认为，价值链会计是"对企业价值信息及其背后深层次关系的研究，亦即收集、加工、存储、提供并利用价值信息，实施对企业价值链的控制和管理，保证企业的价值链能够合规、高效、有序运转，从而为企业创造最大化的价值增值和价值分配的一种管理活动。它包括价值信息的收集、价值信息的加工、价值信息的存储、价值信息的提供和价值信息的利用等"①。

李百兴（2003）将价值链会计等同于价值链会计管理，认为它是"以市场和客户需求为导向，以核心企业为龙头，以价值链的整体增值为根本目标，以提高价值链竞争力、市场占有率、客户满意度和获取最大利润为具体目标，以协同商务、协同竞争和多赢原则为运作模式，通过运用现代信息技术和网络技术，从而实现对价值链上物流、信息流和资金流有效规划和控制的一种管理活动"②。

李晓静和张群（2007）认为，价值链管理会计是"以战略目标为导向，以价值增值为目的，以成本动因分析为根本，以作业和作业之间的联

---

① 阎达五. 价值链会计研究：回顾与展望. 会计研究，2004（2）：3 - 7.
② 李百兴. 价值链会计研究的几个理论问题. 财会通讯，2003（7）：8 - 10.

系为分析对象的复杂的企业管理活动，搜集、加工、存储、提供与企业管理决策高度相关的成本信息，并参与企业直线决策，使企业实现既定战略目标"①。

从三位学者对"价值链会计"概念的表述可以看出，我国学者对价值链会计的名称有三种不同的提法。阎达五（2003）提出"价值链会计"的概念之后，李百兴（2003）将"价值链会计"等同于"价值链会计管理"；李晓静和张群（2007）认为，"'价值链管理会计'比'价值链会计'的描述更直观，'价值链会计'容易误认为包含财务会计的内容，而'价值链管理会计'的表述更清晰到位，与'战略管理会计'的词句结构相对应"。本书认为，三个提法的具体名称虽不相同，但对价值链会计本质的认识并没有区别，都认为价值链会计是一种管理活动，属于管理会计的范畴。阎达五最早使用"价值链会计"一词，我国现有研究文献也基本都使用"价值链会计"这一表述，所以本书仍沿用"价值链会计"的提法。

**1. 价值链会计的目标**

阎达五（2004）和李百兴（2003）认为，价值链会计的目标是价值链的价值增值。李晓静和张群（2007）认为，价值链会计的目标是以战略目标为导向，通过价值增值分析，使企业实现既定战略目标。其实，不论企业战略目标是低成本还是差异化战略，都需要价值活动来实现，并通过价值链会计判断哪些活动是战略性价值活动，哪些活动是非战略性价值活动，所以战略目标是价值链会计的目标导向。企业通过执行战略性价值活动，为顾客创造价值，获得价值增值，并赢得竞争优势。虽然企业赢得竞争优势的前提是获得价值增值，但企业获得价值增值并不一定能赢得竞争优势，或者价值增值的取得给企业带来的不一定是可持续竞争优势。例如，企业通过偷工减料、劣质原材料等方法降低成本，获得暂时的价值增值，这种价值增值不能使企业赢得竞争优势，更不可能使企业赢得可持续竞争优势。所以本书赞同李晓静和张群（2007）的观点，认为价值链会计的最终目标不是实现价值链的价值增值，实现价值链的价值增值只是实现企业可持续竞争优势的前提条件，价值链会计的目标应是以战略目标为导向，实现企业可持续竞争优势。

**2. 价值链会计的主体**

阎达五（2004）、李晓静和张群（2007）认为，价值链会计的主体是

① 李晓静，张群. 价值链分析与价值链管理会计. 经济问题，2007（1）：114-116.

企业。李百兴（2003）认为，价值链会计的主体是以核心企业为龙头，考虑整体（行业）价值链。前已述及，价值链可以分为企业内部价值链和行业价值链。波特（1985）也提出，除了企业内部价值链之间的联系，还要考虑企业价值链与供应商和顾客价值链之间的联系，但企业要取得行业价值链其他参与主体的相关信息是困难的。企业价值链是行业价值链的组成部分，如果仅仅考虑企业价值链，会导致价值链分析"开始的太晚"、"结束的太早"（Shank& Govindarajan，1992a，1992b），不能考虑企业内部价值链成本所有可能降低的途径。因此，本书认为，价值链会计的主体是以企业内部价值链为核心价值链，最大限度地考虑企业所处行业价值链及其所涉及的所有经济联系。

### 3. 价值链会计的方法

阎达五（2004）认为，价值链会计的方法是收集、加工、存储、提供并利用价值信息。李百兴（2003）认为，价值链会计的方法是以协同商务、协同竞争和多赢原则为运作模式，同时运用现代信息技术和网络技术。李晓静和张群（2007）认为，价值链会计的方法是成本动因分析。波特（1985）认为，"分析竞争优势的来源需要一种研究企业所进行的一切活动及其如何相互作用的系统方法"，建议采用"价值链作为这一系统方法的基本工具"①，即价值链分析法。企业要想识别价值链模型、进行价值链会计分析和价值链成本分析，同样也需要采用价值链分析作为价值链会计的基本工具。所以，本书认为，价值链会计的方法是价值链分析法。

### 4. 价值链会计的对象

阎达五（2004）认为，价值链会计的对象是企业价值信息及其背后深层次关系。李百兴（2003）认为，价值链会计的对象是价值链上物流、信息流和资金流。李晓静和张群（2007）认为，价值链会计的对象是以成本动因分析为根本，分析作业和作业之间的联系。价值链由价值活动组成，但价值链"却不是一堆相互独立活动的集合"，价值活动是由"价值链内部的联系而联结起来的"，是"一个由相互依存的活动组成的一个系统"，"联系是一项价值活动进行的方式和另一种价值活动的成本或效益之间的关系"（Porter，1985）②。价值链会计要分析价值活动成本或效益之间的

---

① ［美］迈克尔·波特. 竞争优势. 陈小悦译. 北京：华夏出版社，1997：33.
② ［美］迈克尔·波特. 竞争优势. 陈小悦译. 北京：华夏出版社，1997：48.

联系，包括企业内部价值活动之间的联系和企业内部价值链与行业价值链之间的联系。"对联系的利用通常需要信息或信息系统，以使最优化或协调能够实现"，"因此信息系统对于从联系中获取竞争优势常常是至关重要的"（Porter，1985）①。波特（1985）提到的"信息"是指与价值链的实物流、信息流和资金流相关的信息，"信息系统"是指价值链成本分析系统，这些信息最终通过价值链成本分析提供给企业内部管理者。所以，本书认为，价值链会计的对象是价值链的实物流、信息流和资金流及其内在联系，以价值链成本分析为重心。

**5. 价值链会计的职能**

阎达五（2004）认为，价值链会计的职能是控制和管理。李百兴（2003）认为，价值链会计的职能是规划和控制。李晓静和张群（2007）认为，价值链会计的职能是参与企业直线决策。价值链会计的目的之一是，通过为企业内部管理者提供反映价值链实物流、信息流和资金流的信息，让企业充分了解自身价值链的当前状态。随着信息技术和网络技术的发展，价值链会计可以实现对价值链实物流、信息流和资金流信息的实时反映。实时反映企业价值链当前状态之后，更重要的是发现企业价值链当前状态存在的问题，通过分析问题产生的原因，提出改进企业价值链的措施，这正是价值链会计控制职能的体现。价值链概念把企业分成了不同价值创造功能的价值活动，价值活动又可以细分为价值流程、作业和任务。所以，价值链会计控制要确保企业价值活动、流程、作业和任务的目标与企业战略目标相一致。因此，价值链会计是多维控制。此外，价值链是各种对战略产生影响的所有经营活动的逻辑方式（Porter，1985），价值链会计提供数据并判断哪些价值活动是战略性价值活动，哪些价值活动是非战略性价值活动，更重要的是根据价值链会计提供的数据不断改进企业战略规划。所以，本书认为，价值链会计的职能是实时反映、多维控制和战略规划。

由上可见，三位学者对"价值链会计"概念认识的共同之处是，认为价值链会计是一种管理活动。会计就是一种管理活动，所以价值链会计同样是管理活动，因此本书赞同三位学者对价值链会计本质是管理活动的观点。但本书对价值链会计具体内容的理解与三位学者有所不同。本书认为，价值链会计是以企业战略目标为导向，以企业内部价值链为核心价值

① ［美］迈克尔·波特.竞争优势.陈小悦译.北京：华夏出版社，1997：50.

链，运用价值链分析方法，以价值链的实物流、信息流和资金流及其联系为分析对象，以价值链成本分析为重心，搜集、加工、存储、提供、利用价值增值信息进行实时反映、多维控制和战略规划，从而实现企业可持续竞争优势的一种管理活动。

三位学者对"价值链会计"概念的理解和本书提出的"价值链会计"基本概念的界定比较总结如表 3-2 所示。

表 3-2    "价值链会计"基本概念界定比较

|  | 阎达五（2004） | 李百兴（2003） | 李晓静等（2007） | 本书的观点 |
|---|---|---|---|---|
| 价值链会计本质 | 管理活动 | 管理活动 | 管理活动 | 管理活动 |
| 价值链会计目标 | 为企业创造最大化的价值增值和价值分配 | 以市场和客户需求为导向，实现价值链的整体增值 | 以战略目标为导向，使企业实现既定战略目标 | 以战略目标为导向，实现企业可持续竞争优势 |
| 价值链会计主体 | 企业 | 核心企业为龙头，考虑整体（行业）价值链 | 企业 | 以企业内部价值链为核心价值链，最大限度考虑企业所处行业价值链及其所涉及的所有经济联系 |
| 价值链会计方法 | 收集、加工、存储、提供并利用价值信息 | 以协同商务、协同竞争和多赢原则为运作模式，运用现代信息技术和网络技术 | 成本动因分析 | 价值链分析法 |
| 价值链会计对象 | 企业价值信息及其背后深层次关系 | 价值链上物流、信息流和资金流 | 成本动因分析为根本，作业和作业之间的联系为分析对象 | 价值链的实物流、信息流和资金流及其内在联系，以价值链成本分析为重心 |
| 价值链会计职能 | 控制和管理 | 规划和控制 | 参与企业直线决策 | 实时反映、多维控制和战略规划 |

### 3.1.3  价值链会计的学科归属

**1. 价值链会计是管理会计的分支**

会计研究文献通常将会计分为三个分支：财务会计、成本会计和管理会计。

财务会计是会计三个分支中最早出现的，主要目的是为外部会计信息使用者提供企业财务状况和经营成果的数据。由于财务会计采用应计制会计数据对外报告，财务会计准则和准则解释决定了财务会计报告的内容和形式，致使财务会计数据完全不适合战略决策的制定，因为是现金流量创造了经济价值，而不是会计惯例。

成本会计最初有两个任务：一是用于对外报告的产品成本核算；二是用于内部控制的责任会计（Kaplan，1984）。管理人员认为成本会计数据是"真实的成本"，但当他们用这些数据进行决策时就出现问题了，因为"不同目的应使用不同的成本"（Parker，1969）①。为了补救这一缺陷，出现了成本会计的第三个任务——为决策制定提供成本信息。希林洛（Shillinglaw，1982）认为，成本会计的数据可以用于以下决策：（1）管理规划和控制；（2）提供给外部信息使用者的财务报告；（3）企业所得税纳税申报表；（4）基于成本的合约、定价和资金安排的可收回金额②。战略规划特别地作为规划活动之一被提到，但是仔细查看成本会计研究文献会发现，很少或者几乎没有关于如何用成本会计数据制定战略规划的研究。卡普兰（Kaplan，1984）在对管理会计演进的回顾中提到了传统成本会计和管理控制系统："实际上，目前被企业在实践中应用的，以及在权威成本会计教科书中阐述的内容都是自 1925 年发展起来的。但在过去 60 年的时间里，成本会计和管理控制系统的设计和实施几乎没有革新"③。然而，自从 20 世纪 70 年代和 80 年代以来，战略规划框架已经发生了改变，企业内部管理者用会计数据进行战略规划时很可能遇到卡普兰所说的"会计滞后（accounting lag）"（Kaplan，1986）的问题。传统会计数据不适合价值链会计的主要原因是成本构成、归集方法和驱动因素的不同。因此，不是探寻传统会计系统如何为战略规划提供数据，而是需要专门为战略规划设计一个会计系统，实施战略成本分析。

霍恩格伦（Horngren，1981）给出了管理会计的定义："管理会计的主要特征是侧重（会计系统的）规划和控制"④。他认为有两类规划决策：例行性决策和战略性决策（包括特殊决策）。战略性决策需要的数据与其他内部数据不同，不能直接从为外部报告和例行性决策制定而设计的财务

---

① Parker R. H. Management Accounting. New York：Macmillan，1969.

② Shillinglaw G. Managerial Cost Accounting. Irwin：Homewood，Ill，1982：3.

③ Kaplan R. S. The evolution of management accounting. The Accounting Review，1984，59（3）：390.

④ Horngren C. T. Introduction to management accounting. Englewood Cliffs：Prentice – Hall，1981：5.

会计系统中提取数据，传统成本会计数据也很难用于战略性决策的制定。尽管管理会计从名称上显示了与成本会计的不同，西蒙兹（Simmonds，1981）认为，"管理会计名不副实，过多地用成本会计数据进行分析，仍注重早期的、难懂的方法分析管理决策制定和提供会计信息"①。

通过以上分析可以看出，按用途可以将会计数据分为用于两个目的完全不同的数据：一是为外部信息使用者提供反映财务状况和经营成果的财务会计数据；二是为内部信息使用者提供与决策制定和管理控制相关的数据。尽管财务会计数据用于向外部信息使用者说明战略实施之后企业的财务状况和经营成果，但财务会计数据既不适用于评估既定战略的经济价值，也不适用于制定成本领先战略或差异化战略。虽然成本会计同时为这两个目的提供数据，但成本会计最初的目的是计量"真实成本"，已经不能为 20 世纪 70 年代、80 年代以来产生的战略规划框架提供所需的数据。管理会计研究文献虽然强调"特定用途"的会计数据，但鲜有专门涉及会计数据如何支持更多战略规划的研究。"尽管会计系统也包含成本分析有用的数据，但这些数据常常会成为战略成本分析的绊脚石"（Porter，1985）②。因此，需要价值链会计专门为企业战略规划和保持竞争优势提供会计数据，弥补管理会计不能为战略规划提供会计数据的缺陷。所以，从价值链会计提供数据的用途分析，价值链会计是管理会计的一个分支。

**2. 战略管理会计、战略成本管理和价值链会计的联系和区别**

波特（1980，1985）提出了通过价值链分析评价企业自身竞争优势和发展战略的观点之后，国外管理会计研究文献开始探索企业如何把竞争优势与管理者面临的决策相联系，以及管理会计如何为决策提供有益的帮助。

西蒙兹（Simmonds，1981，1982）首次提出了"战略管理会计"（strategic management accounting）的概念，认为战略管理会计为战略决策制定提供会计信息。汤姆金斯和卡尔（Tomkins & Carr，1996）认为，战略管理会计缺乏一个通用的概念框架。几年之后，罗斯兰达和哈特（Roslender & Hart，2003）认为，学术界仍然没有对战略管理会计的内容达成一致，不同研究流派使用"战略管理会计"的术语只是增加了对这一概念的混淆。

① Simmonds K. Strategic management accounting. Management Accounting (UK)，1981（4）：26-29.

② [美] 迈克尔·波特. 竞争优势. 陈小悦译. 北京：华夏出版社，1997：62.

另一个将价值链理论应用于管理会计而产生的新概念是战略成本管理（strategic cost management）。尚克（Shank，1989）认为，战略成本管理是"成本信息明确地在战略管理四个阶段中的一个或多个阶段的管理运用"①，价值链分析（value chain analysis）、战略定位分析（strategic position analysis）和成本动因分析（cost driver analysis）是战略成本管理研究的三个方向。战略成本管理三个研究方向中的任何一个都不能代表战略成本管理，三个研究方向共同构成战略成本管理。除此之外，还有一些相关研究为战略成本管理提供了有力的支持，包括：所有权总成本分析（Ellram & Siferd，1998；Dubois，2003）；目标成本（Cooper & Slagmulder，1999；Ewert & Ernst，1999）；作业成本管理（Cooper and Kaplan，1998）；供应链成本管理（Cooper & Slagmulder，1999，2003；Seuring，2002；Slagmulder，2002）。

洛德（Lord，1996）把冠以"战略管理会计"头衔的研究划分了 4 个流派：第一个研究流派将管理会计延伸到收集竞争对手的数据，即研究"竞争对手在做什么"；第二个研究流派关注企业选择的特定战略与管理会计系统结构之间可能存在的关系，即"战略定位会计"；第三个研究流派通过发现价值链的联系和优化成本驱动，分析企业成本降低和（或）增加产品差异化的方法，即"赢得竞争优势"；第四个研究流派假定战略是突然的决定而不是经过深思熟虑的决定，即"战略能否被规划"②。其中，洛德把第三个研究流派又细分了两个研究方向：一个研究方向是企业能否以及如何生成会计数据支持波特（1985）提出的价值链分析（如 Hergert & Morris，1989；Shank，1989；Shank & Govindarajan，1992a，1992b；Tomkins & Carr，1996 的研究）；另一个研究方向是企业战略、成本结构和活动与所需资源的因果关系，即成本驱动因素（如 Anderson，1995；Banker & Johnston，1993；Ittner et al.，1997；Maher & Marais，1998 的研究）。

从洛德（Lord，1996）对战略管理会计研究划分的四个流派中可以发现，洛德描述的第二个流派——战略定位会计和第三个流派——赢得竞争优势（包括价值链分析和成本动因分析）与尚克（Shank，1989）提出的

---

① Shank J. K. Strategic Cost Management: New Wine, or Just New Bottles. Journal of Management Accounting Research, 1989, 1 (3): 47 – 65.

② Lord B. R. Strategic management accounting: the emperor's new clothes? Management Accounting Research, 1996, 7 (3): 346 – 366.

战略成本管理的三个研究方向基本一致。可以看出战略成本管理是战略管理会计的重要、核心部分。

战略成本管理的第一个研究方向——价值链分析关注生产或提供产品或服务给最终消费者的所有活动。这些活动始于原材料的供应商，终于运送到最终消费者的产品（Shank & Govindarajan，1992a，1992b，1993），目的是通过洞悉价值链之间的联系，提供价值链价值和成本的会计数据。可以看出，战略成本管理更注重企业所处行业价值链的分析，而价值链会计是以企业内部价值链为核心价值链，最大限度考虑企业所处行业价值链及其所涉及的所有经济联系。

战略成本管理的第二个研究方向是战略定位分析。主要研究企业价值传递给顾客的过程中成本管理所起的作用，成本管理的重心根据企业在市场中战略定位的调整而变化，如成本领先战略、差异化战略等。价值链会计的职能之一是保证企业价值链、价值活动和流程的目标与企业战略目标一致。价值链会计一方面注重企业价值活动、流程、作业和任务中成本管理目标随企业战略定位的调整而变化；另一方面还强调通过价值链成本管理，识别哪些价值活动是战略性价值活动，哪些价值活动是非战略性价值活动，并根据价值链会计提供的数据制定企业战略规划。所以，战略成本管理注重根据战略定位制定和调整成本管理目标，价值链会计还注重通过成本管理制定战略规划。

成本动因分析是战略成本管理的第三个研究方向，关注成本如何在价值活动、流程和决策过程中发生。主要有两类成本驱动因素：即源自企业基本经济结构选择的结构性成本驱动因素（structural cost drivers）和决定战略能否成功执行的执行性成本驱动因素（executional cost drivers）。由于"以结构性成本驱动因素为基础的分析视角已经过时，经常是无效的，所以应该加快从结构性成本驱动因素分析向执行性成本驱动因素分析的转变（Shank & Govindarajan，1992a，1992b）"[1][2]。价值链会计以价值链成本分析为重心，通过识别企业价值活动、流程、作业和任务的执行性成本驱动因素，提供执行企业战略的价值活动、流程、作业和任务相关的财务信息和非财务信息。

---

① Shank J. K. & Govindarajan V. Strategic cost management: the value chain perspective. Journal of Management Accounting Research，1992a，4（1）：179-197.

② Shank J. K. & Govindarajan V. Strategic cost management and the value chain. Journal of Management Accounting Research，1992b，6（4）：5-21.

通过以上分析可以看出，同是把波特（1985）的价值链理论与会计理论相结合，价值链会计把价值链分析的范围从战略成本管理的行业价值链聚焦到企业内部价值链；把战略定位分析的重心从战略成本管理的根据战略定位制定成本管理目标聚焦到通过成本管理制定战略规划；把成本动因分析从战略成本管理的结构性成本驱动因素和执行性成本驱动因素聚焦到执行性成本驱动因素。表3-3列出了传统管理会计、战略成本管理和价值链会计在成本分析方法、成本分析目标和成本习性三个方面的范式。从表3-3可以看出，价值链会计是战略成本管理重要、核心的组成部分，更是在战略成本管理基础上的进一步发展和深化；同时，价值链会计必将引起管理会计范式的变迁。

表3-3　　　传统管理会计、战略成本管理和价值链会计的范式

| | 传统管理会计范式 | 战略成本管理范式 | 价值链会计范式 |
|---|---|---|---|
| 学科 | 管理会计 | 管理会计 | 管理会计 |
| 成本分析方法 | 产品、顾客、功能聚焦企业内部"价值增值"是核心概念 | 企业所处的行业价值链聚焦企业外部"价值增值"概念太狭隘 | 企业内部价值链为核心，最大限度地考虑企业所处行业价值链聚集企业内部"价值增值"概念太狭隘 |
| 成本分析目标 | 三个目标（没考虑战略）：记录业务（提供数据）找出问题（分析数据）解决问题 | 除了三个传统目标，注重企业价值在传递给顾客的整个过程中成本管理目标随企业战略定位的变化 | 注重企业价值流程、作业和任务中成本管理如何随企业战略选择而变化，最终目标是通过成本管理制定战略规划 |
| 成本习性 | 成本是产量的函数：变动成本 固定成本 混合成本 | 成本是经济结构战略选择和执行战略选择的函数：结构性成本驱动因素执行性成本驱动因素 | 成本是企业价值流程、作业和任务的函数：执行性成本驱动因素 |

资料来源：根据 Shank J. K. Strategic Cost Management：New Wine，or Just New Bottles. Journal of Management Accounting Research，1989，1（3）：47-65整理。

## 3.2　传统会计数据用于价值链会计分析的缺陷

传统管理会计的分析数据大都来源于财务会计系统。从前面的分析可以看出，传统管理会计的范式与价值链会计的范式具有显著的区别，"尽管会计系统也包含成本分析有用的数据，但这些数据常常会成为战略成本分析的绊脚石"（Porter，1985）①。因为价值链会计与传统会计在目标、

① ［美］迈克尔·波特. 竞争优势. 陈小悦译. 北京：华夏出版社，1997：62.

主体范围、核算方法、对象、职能、成本归集、信息分享、计量单位、会计分期和服务对象等方面的不同，导致传统会计提供的数据与价值链会计分析所需的数据在内容和形式上有显著差异，将传统会计数据用于价值链会计分析会带来一些障碍。

### 3.2.1 传统会计与价值链会计的区别

虽然价值链会计与传统会计都为企业决策提供有用数据，但需要注意的是，与传统会计相比，建立在价值链理论基础之上的价值链会计在目标、主体范围、核算方法、对象、职能、成本归集、信息分享、计量单位、会计分期和服务对象等方面是不同的。传统会计与价值链会计的区别如表 3-4 所示。

表 3-4　　　　　　　　传统会计与价值链会计的区别

| | 传统会计 | 价值链会计 |
|---|---|---|
| 目标 | 提供会计信息和提高经济效益 | 以战略目标为导向，实现企业可持续竞争优势 |
| 主体范围 | 以单个企业或企业集团为会计主体，核算范围只限于企业或企业集团内部发生的经济事项 | 以企业内部价值链为核心价值链，最大限度地考虑企业所处行业价值链及其所涉及的所有经济联系 |
| 核算方法 | 企业会计准则和会计制度 | 价值链分析法 |
| 对象 | 企业生产经营过程中的资金运动 | 价值链的实物流、信息流和资金流及其内在联系，以价值链成本分析为重心 |
| 职能 | 核算和监督 | 实时反映、多维控制和战略规划 |
| 成本归集 | 责任中心 | 价值流程、作业和任务 |
| 信息分享 | 管理会计所需资料多来源于财务会计 | 财务会计不能为价值链会计分析提供所需资料 |
| 计量单位 | 货币计量和财务数据为主 | 货币计量与非货币计量并重，财务数据与非财务数据并重 |
| 会计分期 | 受严格的会计分期限制 | 不受会计期间限制，要求实时反映信息 |
| 服务对象 | 企业内部管理者和外部利益相关者 | 企业内部管理者 |

传统会计的目标是提供会计信息和提高经济效益，价值链会计的目标是以战略目标为导向，实现企业可持续竞争优势。前已述及，价值链是帮助企业分析成本结构和识别竞争优势的一种工具 (Porter，1980，1985)。价值链会计是以企业战略目标为导向，通过协调和优化企业价值链，赢得和保持企业可持续竞争优势。

传统会计以单个企业或企业集团为会计主体，核算范围只限于企业或企业集团内部发生的经济事项，价值链会计以企业内部价值链为会计主体，核算范围是企业所处行业价值链及其所涉及的所有经济联系。价值链可以分为行业价值链和企业价值链，所以价值链主体范围具有层次性：价值链会计第一层次的主体，也是核心主体，是企业内部价值链；价值链会计第二层次的主体是企业所处的行业价值链。之所以这样划分，是因为价值链会计的视角不仅立足于企业内部价值链，而是扩展到范围更广的行业价值链及其所涉及的所有经济联系。

企业会计准则和会计制度是传统会计的基本方法，价值链分析是价值链会计的基本方法。价值链会计不受公允的或国家统一的会计准则、会计制度的约束，而是通过价值链分析法，识别企业价值链模型，进行价值链会计分析和价值链成本分析，根据企业内部管理者的需要，搜集、加工、存储、提供、利用价值增值信息，判断哪些价值活动是价值增值活动，哪些价值活动是非价值增值活动。

传统会计的对象是企业生产经营过程中的资金运动，价值链会计的对象是价值链的实物流、信息流和资金流及其内在联系。价值链管理中的价值活动是以实物流、信息流和资金流为载体来表现的，价值链会计研究对象的实质是价值活动及其之间的内在联系，核心是价值链成本分析，区分财务数据与非财务数据，包括对企业价值链价值增值信息的搜集、加工、存储、提供和利用。

传统会计的职能是核算与监督，价值链会计的职能是实时反映、多维控制和战略规划。实时性是价值链会计反映职能的主要特点，它不受传统会计会计分期的限制，而是要以最快的速度反映价值链实物流、信息流和资金流信息。价值链会计的第二个职能是在控制价值活动、流程、作业和任务的基础上，保持价值活动、流程、作业和任务的目标与企业战略目标一致，所以说，价值链会计是多维控制。价值链会计的第三个职能是根据价值链会计提供的数据制定企业战略规划。

传统会计按照责任中心归集成本，而价值链会计按照价值活动、流程、作业和任务归集成本。不论企业组织机构如何划分，价值链会计通过识别企业价值链模型，运用价值链分析把企业价值链划分为价值活动、流程、作业和任务，再按照价值任务、作业、流程、活动和产品的顺序进行价值链会计核算和分析。

传统管理会计所需资料多来源于财务会计数据，而财务会计数据不能为价值链会计分析提供所需资料。波特（1985）提出价值链概念的同时也指出："尽管会计系统也包含成本分析有用的数据，但这些数据常常会成为战略成本分析的绊脚石"[①]，因为传统财务会计提供的数据与价值链会计分析所需数据是不同的，如财务会计按照责任中心归集成本，而价值链会计要求按照价值活动、流程、作业和任务归集成本；财务会计按照直接材料、直接人工和制造费用归集产品成本，而价值链会计要求把与价值活动有关的非制造成本也计入产品成本；财务会计数据假设企业内各机构是独立的，而价值链会计要求提供价值链之间相互联系的数据。

传统会计以货币计量为主，提供的数据以财务数据为主，价值链会计以货币计量与非货币计量并重，财务数据与非财务数据（经营数据）并重。价值链会计主要服务于企业战略决策，一切有助于战略决策的信息都被纳入价值链会计体系，既包括货币计量的财务数据，也包括不能用货币计量的非财务数据，如存货的流转时间、产成品残次率、供货及时率等。这些不能用财务数据来表达的非财务性因素同样要引起管理人员的时刻关注。

传统会计受严格的会计分期限制，价值链会计不受会计期间限制，要求实时反映信息。价值链会计的基本职能之一是实时反映，即"要以最快的速度揭示价值创造的过程，并对细分的价值活动作出评判"（綦好东、杨志强，2004）[②]。"价值链会计的生命力在于为决策制定提供这种实时的信息，会计信息的呈报模式已由传统的年报、季报和月报转化为实时呈报，从这一角度来说，价值链会计模式下不存在严格意义上的会计分期问题"（王淑君等，2008）[③]。

传统会计的服务对象是企业内部管理者和外部利益相关者，价值链会计的服务对象是企业内部管理者，即向企业管理者提供价值链的实物流、信息流和资金流及其联系的价值增值信息，为协调和优化价值活动、实现企业战略目标、赢得和保持企业可持续竞争优势服务，它没有向外部提供相关信息的职责。

### 3.2.2 传统会计提供的数据与价值链会计分析所需数据的差异

由于传统会计与价值链会计在诸多方面的不同，所以传统会计提供的

---

① ［美］迈克尔·波特. 竞争优势. 陈小悦译. 北京：华夏出版社，1997：62.

② 綦好东，杨志强. 价值链会计的目标确定与职能定位. 会计研究，2004（2）：71－74.

③ 王淑君，张胜，于富生. 价值链会计理论框架研究. 管理世界，2008（3）：179－180.

数据与价值链会计分析所需数据之间必然也存在差异，这些差异主要表现在以下六个方面：

**1. 传统会计划分的组织结构与价值链会计划分的组织结构不同**

波特（1985）认为，企业的通用价值链主要由基本活动、辅助活动和利润构成。基本活动是与产品价值创造有关的活动，辅助活动是支持基本活动并提供相互协作的活动。辅助活动中的采购、技术开发、人力资源管理可以与具体的基本活动相联系，但企业的基础设施支持整个价值链。"竞争优势来源于企业在设计、生产、营销、配送等过程及辅助过程中所进行的相互分离的活动"（Porter，1985）①，企业的不同价值活动有不同的竞争优势来源。所以，价值链会计的第一步是划分企业价值活动的边界，构建企业价值链模型。这就需要按照企业战略决策制定的要求，结合企业价值链驱动因素、价值链特点和价值链目标，把企业划分成若干个不同的价值活动。

当然，企业根据自身价值链的特点和战略目标确定的价值链模型应比通用价值链模型更详细。识别价值活动"需要把在技术上和战略上毫无联系的活动区分开来"（Porter，1985），区分的基本原则是："（1）具有不同的经济意义；（2）对差异化能产生较大的潜在影响；（3）在成本中占有较大比重或在成本中的比重不断增长"（Porter，1985）②。价值链会计分析的任务是识别价值活动的成本和价值，这就要求企业组织结构的划分应该与价值活动相符。

"一种与价值链一致的组织机构，可以增强企业创造和保持竞争优势的能力"（Porter，1985）③。波特（1985）探讨了在实践中协同价值活动之间的相互关系，获得协同管理的方法。但要理解这些相互关系，并利用这些关系实施有效的战略是非常复杂的，组织边界可能会对经营业务的协调制造阻碍（Lawrence and Lorsch，1967；Kilmann，1983）。而且企业的"组织边界往往并不是按照经济意义上最相似的活动组合来确定的"（Porter，1985）④，组织划分可能不能识别和反映价值活动，这就使得在企业价值活动之间获取更高程度的协同变得格外困难。企业的组织结构不可能与实施战略规划所采用的价值活动的定义完全一致。因此，价值链会计所

---

① ［美］迈克尔·波特. 竞争优势. 陈小悦译. 北京：华夏出版社，1997：33.
② ［美］迈克尔·波特. 竞争优势. 陈小悦译. 北京：华夏出版社，1997：45.
③ ［美］迈克尔·波特. 竞争优势. 陈小悦译. 北京：华夏出版社，1997：59.
④ ［美］迈克尔·波特. 竞争优势. 陈小悦译. 北京：华夏出版社，1997：59.

要求的价值活动经常不能清晰地与企业组织结构相对应，导致传统会计系统搜集产品和组织部门成本的一般方法也很难为价值链会计定义的价值活动提供所需的会计数据。会计数据用于价值链会计分析的第一个障碍是，如果企业不能够清晰地将组织划分为价值活动，那么会计系统也不能按照价值活动搜集和提供数据。

**2. 传统会计按责任中心归集成本，价值链会计要求按价值活动归集成本**

划分价值链活动之后，接下来就要归集价值活动成本。传统会计按照责任中心归集成本（Garrison, 1982），也是按照责任中心来计量资产、评价管理者业绩，这些都是通过对责任中心的管理和控制来完成。价值链会计要求按照价值活动归集成本，按照价值活动计量资产、评价管理者业绩，这些则是通过对价值活动的管理和控制来完成。

在理论和实践中，责任中心和价值活动的区别主要有四点：（1）有些价值活动本身就很难识别，他们的贡献被分在了企业不同的部门中，因此，价值活动可能没有相对应的企业组织（Porter, 1985）；（2）价值活动不是存在于某个独立部门中，经常会渗透到企业组织的相关部门；（3）一个部门会包含多个价值活动，但这个部门被细分的多个责任中心并不能识别价值活动；（4）不同部门的界定很难区分基本活动和辅助活动。如果企业组织结构不是按照价值活动划分，现有的传统会计就不可能按照价值活动来归集成本、收入和资产。会计数据用于价值链会计分析的第二个障碍是，传统会计的责任中心与价值链会计的价值活动不一致。

**3. 传统会计几乎不收集协调和优化不同价值活动的数据，价值链会计要求提供价值链之间相互联系的数据**

虽然价值链由价值活动组成，但价值链"却不是一堆相互独立活动的集合"，价值活动是由"价值链内部的联系而联结起来的"，是"一个由相互依存的活动组成的一个系统"。波特（1985）认为，"联系不仅存在于一个企业价值链内部，而且存在于企业价值链与供应商和顾客的价值链之间"①。某一价值活动的执行方式和成本常常会受到其他价值活动执行方式和成本的影响。因此，在同一个经营单位内的价值活动、与其他经营单位的价值活动之间以及企业价值链与供应商和顾客都可能会对价值活动的成本产生潜在影响，他们之间的联系和相互关系如图3-3所示。

---

① ［美］迈克尔·波特. 竞争优势. 陈小悦译. 北京: 华夏出版社, 1997: 50.

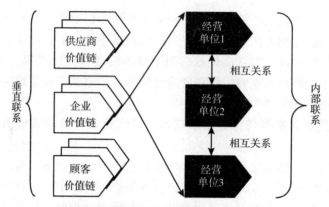

**图 3 - 3　价值链之间的联系和相互关系**

大多数会计理论和方法都假定企业内部组织机构是独立的（Kilmann，1983），而且企业与供应商和顾客之间也是独立的。因此，现有传统会计系统不可能为企业内部两个或多个价值活动之间、企业与供应商和顾客之间的协同优化收集和提供所需的数据。

在价值链中，如果一个企业延长价值活动的收益（避免市场成本、增加价值创造、改进产量安全、优化协调价值活动）要高于其成本（降低战略灵活性、增加制造费用、增加现金支付成本），那么垂直一体化战略就是可行的。可以用内部联系的例子来说明联系和相互关系的重要性和难度。例如，肉鸡生产企业的质量驱动会导致鸡肉制品质量的提高，从而减少服务组织成本和创造顾客价值。尽管可以要求传统会计系统提供特定战略决策的数据，但考虑到成本和收益原则，传统会计系统按照会计惯例来量化这些决策是不合理的。

一旦企业价值活动之间存在联系和相互关系，价值活动之间就会通过分配（服务）和转移定价（零件或产品）相互影响。除了确定企业价值活动之间相互关系的影响外，企业还必须考虑企业与供应商和顾客之间相互联系的影响，降低成本并优化价值链。传统会计数据用于价值链会计分析的第三个障碍是，传统会计假设企业内各机构是独立的，几乎不收集协调和优化不同价值活动的数据（Porter，1985）。由于企业价值活动是相互联系的，应采用新的会计方法提供价值活动之间联系和相互关系的数据。

**4. 传统会计成本驱动因素是产量，价值链会计要求提供价值活动成本驱动因素**

波特（1985）认为，企业的成本定位源于价值活动的成本习性。每个价值活动都具有特定的成本结构和成本习性。波特（1985）把每个价值活动的成本决定因素称为"成本驱动因素"，若干个成本驱动因素可以结合起来决定一种既定活动的成本。波特（1985）总结了 10 个成本驱动的因素，即规模经济、学习和外溢效应、生产能力的利用、联系、相互关系、纵向一体化、时机、政策选择、地理位置和制度因素。由于同一产业的各个企业的价值链不同，所以它们之间重要的一个或多个成本驱动因素可能也各不相同。

一项价值活动的成本习性可能取决于多个成本驱动因素。尽管可能有一个因素对一项价值活动的成本产生最大的影响，但若干因素常常相互作用以决定成败本。"企业必须试图在一切可能的情况下把成本驱动因素与一项价值活动之间的关系加以量化"波特（1985）①。无论企业选择哪种通用战略作为企业竞争优势的来源，成本驱动因素分析都是重要的。波特（1985）总结的 10 个成本驱动因素中，只有规模经济、学习和外溢效应可能较容易量化。即便如此，现在仍然没有很好地解决这两个驱动因素的量化问题。企业自身规模经济和学习的数据已很难收集，估计竞争对手的数据就更困难了。然而，价值链会计的一个动机是，企业能明确竞争优势是通过执行哪些比竞争对手更优的价值活动获得，所以，要想成功地运用价值链会计，就必须了解企业的成本驱动因素和竞争对手的成本驱动因素。

很多成本会计和管理会计的研究文献阐述了成本习性模型的不同方法（Kaplan，1982；Shillinglaw，1982）。这些方法主要有工时定额研究法、会计科目分类法、高低点法、多元回归法等。除了工时定额研究法，其他方法都试图用过去的数据建立过去行为的模型。虽然这是非常重要的一步，但价值链会计强调，除了了解过去的成本结构和成本习性外，管理者应把成本驱动因素作为赢得竞争优势的武器。通过控制和重构价值链，企业可以赢得可持续竞争优势（Porter，1985）。波特（1985）提出的 10 个驱动因素，没有一个成本驱动因素可以容易地用现有成本会计数据估计，而且成本驱动因素的估计因组织结构、会计科目、会计惯例的变化而更加困难。所以，会计数据用于价值链会计分析的第四个障碍是，传统会计很难取得价值链成本驱动因素的数据。

**5. 传统会计的产品成本结构与价值链会计的产品成本结构不同**

成本和收入归集的最后一个维度是产品。价值活动的成本都必须归集

---

① ［美］迈克尔·波特. 竞争优势. 陈小悦译. 北京：华夏出版社，1997：84.

到产品（或产品系列），传统会计核算的产品成本用于价值链会计可能会产生四个难题。第一，传统会计归集的产品成本只是实物产品生产环节的成本。当为顾客创造价值的产品不是主要来源于实物产品生产环节时，例如，耐克的产品质量和价格大大超过其他运动品牌，但耐克产品领先市场份额的原因是研发、广告和营销，而研发、广告和营销的费用并不计入传统会计的产品成本。但研发、广告和营销是企业价值活动，是价值链会计分析系统产品成本的组成部分，价值链会计分析要求将实物产品生产环节之外发生的成本计入产品成本。第二，传统会计没有把辅助活动成本计入产品成本。传统会计把成本分为产品成本和期间费用，这种划分的原因是产品成本最终构成了存货的价值，是确定收入的依据，期间费用不是产品成本的构成。而价值链会计把与产品有关的价值活动的成本都计入产品成本，包括价值链基本活动和辅助活动耗用的资产，所以价值链会计的产品成本除了制造成本，还包括非制造成本。因此，需提供价值活动中与产品有关的辅助活动成本数据、获得合理计算产品成本的方法。第三，传统会计的产品成本只核算产品生产耗费的资产，不核算产品成本耗费的非资产。传统会计体系的产品成本仅核算与产品生产耗费有关的直接材料、直接人工和制造费用，即仅提供与产品生产有关的财务数据。价值链会计要求除了提供产品成本的财务数据，还要核算与产品生产耗费有关的实物流、信息流和流程时间，即还要提供与产品成产有关的经营数据。第四，传统会计按照制造过程归集会计数据。价值链会计分析识别价值活动，构建价值链模型后，还需要将价值活动细分为价值流程，价值流程细分为价值作业，价值作业细分为价值任务。因此，价值链会计分析是按照价值任务、作业、流程和活动的过程归集会计数据。所以，价值链会计要求按照价值任务、作业、流程和活动归集会计数据。如果企业的制造过程是按照价值活动、流程、作业、任务划分的，那么传统会计可以为价值链会计分析提供数据，反之传统会计不能为价值链会计分析提供数据。

　　制造企业产品成本的价值链会计数据可能比非制造企业产品成本的价值链会计数据更易取得。这是因为：（1）制造企业的成本中心按制造企业不同生产工艺和流程设置，所以成本中心可能与价值流程一致，或者与价值流程相关；（2）制造企业一般都预先设定好了业务流程，所有的生产过程都严格限定在这些流程中，所以制造企业更容易计量价值流程耗费的资产；（3）制造企业通常按车间进行生产控制和成本会计的核算，所以可以收集价值链会计分析所需要的数据。

会计数据用于价值链会计分析的第五个障碍是，传统会计的产品成本结构与价值链会计的产品成本结构不同。如果实物产品不创造顾客价值，那么传统会计就不能提供价值链会计所需要的实物产品生产环节之外发生的产品成本数据；即使实物产品对顾客价值的构成是重要的，由于传统会计将成本分成了产品成本和期间费用，需要传统会计为价值链基本活动和辅助活动耗用的资产重新建立产品成本核算体系。另外，传统会计仅提供与产品生产有关的财务数据，不提供与产品生产有关的经营数据。最后，传统会计按照制造过程归集会计数据，不能按价值任务、作业、流程和活动的过程归集会计数据。所以，传统会计提供的产品成本结构与价值链会计产品成本结构不同，为了核算价值链产品成本，不是对传统会计提供的原始数据进行简单分解所能取得的。

**6. 传统会计难以为价值链会计提供价值活动价值增值的相关数据**

界定价值活动、流程和产品之后，最后一步是考核价值活动和流程的价值增值。价值链分析的一个基本理念是，产品经过价值活动（设计、生产、营销、配送、服务）获得价值，当价值活动创造的价值超过成本，就创造了价值增值。根据波特（1985）的思想，价值链价值增值是总价值减去价值活动成本的差额，即"价值增值 = 企业总价值 - 价值活动成本"。因此，价值链价值增值也可以分解为所有价值活动的价值减去价值活动成本差额之和，即价值链价值增值也是所有价值活动价值增值之和。价值是顾客对企业提供给他们的产品或服务所愿意支付的价格。因此，价值活动价值增值是价值活动的价值减去价值活动成本的差额。价值链分析的目的是识别哪些价值活动是价值增值活动，哪些价值活动是非价值增值活动，所以价值链分析要求提供价值活动价值增值的数据，即价值活动的价值和价值活动成本的数据。

首先，传统会计难以提供价值活动中间产品的价值。产品经过一系列价值活动创造价值，每个价值活动都为价值增值做出了贡献。当创造的价值超过成本，就创造了价值增值。价值创造的概念源于需求经济学。需求经济学认为，产品具有一系列属性，这些属性通过多种方式满足不同需求函数的消费者，为区分一个企业的产品和索取价格溢价提供了可能。因此，产品属性能满足一些消费者（细分市场）的需求，但不是所有的企业都能提供增加顾客价值的特定产品属性。当企业不能提供特定产品属性时，其他企业才会产生超额利润。假定企业是市场唯一的供给方，就意味着同一市场上企业的成本是不同的。

产品从上游价值活动传递到下游价值活动时，上游价值活动的产出价值是下游价值活动的投入成本。因此，要核算价值活动价值增值，首先要确定价值活动的产出价值。由于上游价值活动的中间产品通常不是完工产品，所以传统会计在确定价值活动中间产品价值时是困难的。价值是指生产过程的每个阶段，顾客为产品愿意支付的价格。价值活动中间产品的产出价值就是价值活动中间产品的价格。如果中间产品有活跃市场，企业可以根据价值活动每个阶段中间产品的活跃市场价格确定其价值。然而，并不是价值活动的所有中间产品都存在活跃市场，当不存在价值活动中间产品活跃市场时，其价值就难以观察，更难确定企业竞争优势之所在。

其次，传统会计责任中心的成本难以计量价值活动成本。与价值活动成本相对应的是成本会计的责任中心成本。但责任中心成本难以正确计量价值活动的成本，主要原因有两个：一是责任中心成本的类型与价值活动成本的类型不同；二是责任中心每类成本包含的项目与价值活动每类成本包含的项目不同。

责任中心负责三类主要成本：责任中心直接耗费的成本（如工资）、为责任中心提供支持的成本（如办公场所、计算机）和企业其他组织有关的成本（如总公司、人事部门）。传统会计对企业间接支持费用和其他间接费用并没有一致的分配方法，所以要正确计量价值活动成本，需要重新调整传统会计的数据。

调整的第一步要明确责任中心只对它所耗费的资源负责，不属于责任中心的费用都不计入责任中心。但是划分价值活动的目的不是成本归集，所以辅助活动成本应该计入价值活动成本（如人力资源管理）。此外，企业生产流程是从一个责任中心传递到另一个责任中心。但传统会计将责任中心视为一个整体记录数据，因此责任中心放弃或接受服务时很难识别相应的价值活动成本。传统会计报告的责任中心成本可能是正确的，但组成责任中心的价值活动的成本报告可能是错误的。通常来讲，价值活动的成本应该包括基本活动和辅助活动的所有耗费，如果组织结构按照责任中心划定，责任中心对企业可持续竞争优势的价值创造并不重要，责任中心的成本必须在价值活动中进行分配。

成本按照正确的成本类型归集之后，还要明确每类成本包含的内容。成本类型也称为会计科目，每个会计科目是对一类成本的归集。从传统会计的角度，会计科目表的划分可能是合理和有用的，但从价值链会计的视角可能缺少必要的同质性，需要企业核对会计科目表中的定义与价值活动成本的定义是否相符。虽然这不是一个主要的障碍，但如果会计科目表没有按照价值活动成本正确设定，可能会给会计人员带来大量冗长的工作。

会计数据用于价值链会计分析的第六个障碍是，传统会计难以为价值链会计分析提供价值活动价值增值的相关数据。这是因为传统会计难以提供价值活动中间产品的价值，传统会计责任中心成本难以计量价值活动成本。

## 3.3 价值链会计的基本框架

当企业为了赢得竞争优势，把组织理念转向顾客满意的外部导向时，会计也需要做出改变，转为战略导向。前已述及，传统管理会计因过于注重最大化购买和销售之间的差，即"价值增值"，已经不能提供与企业战略相关的会计数据。这就要求建立新的会计体系为企业发展战略规划、保持可持续竞争优势提供分析数据。因此，会计应面对这一挑战，从核算主导的"传统会计"转向战略导向的"价值链会计"。

### 3.3.1 价值链会计基本框架的设计思路

使用传统会计数据进行价值链会计分析的困难在于，价值链会计分析需要的数据与传统会计系统提供的数据不相同。传统会计的概念与价值链会计相应概念之间具有显著的区别，"尽管会计系统也包含成本分析有用的数据，但这些数据常常会成为战略成本分析的绊脚石"（Porter，1985）①。虽然价值链会计分析遇到难以从传统会计获取有用数据的问题，但价值链会计提供了制定战略规划、赢得和保持企业可持续竞争优势的方法。而且一旦找到传统会计数据不能用于价值链会计分析的原因，可以运用一定的方法建立价值链会计体系，为企业制定战略规划、赢得和保持企业可持续竞争优势提供分析数据。

即使价值链会计不能为企业制定战略规划、赢得和保持可持续竞争优势提供精确的数据，价值链会计也是企业战略规划、赢得和保持可持续竞争优势很有用的工具；即使价值活动的边界、价值活动之间的联系、成本驱动因素和价值活动成本不能精确的划分和计量，价值链会计也可以帮助企业发现和解决一些日常管理和生产经营中存在的问题。所以，重要的是价值链会计的整个实施过程，而不是价值链会计一定要提供对战略决策有

---

① ［美］迈克尔·波特．竞争优势．陈小悦译．北京：华夏出版社，1997：62.

用的精确数据。价值链会计的优势之一是，让管理者思考企业哪些价值活动能创造价值，为每个产品选择正确的通用战略，向每个费用项目询问如何为顾客增加价值。此外，价值链会计还可以帮助生产经营者了解执行的任务是否有助于形成企业可持续竞争优势。

考虑价值链会计的优势之前，还要权衡使用传统会计数据进行价值链会计分析的困难。这些困难的产生是由于传统会计和价值链会计归集会计数据的维度不同。表3-5列示了价值链会计相关概念与相应传统会计概念的对比。

表3-5　　　　价值链会计相关概念与相应传统会计概念的对比

|  | 价值链会计 | 传统会计 |
|---|---|---|
| 1 | | 结构 |
| | 组织结构 | 如果企业不按价值活动创建组织结构，那么传统会计系统就难以按价值活动归集数据。 |
| | 价值活动 | 如果企业组织结构与价值活动不一致，会计数据就难以按价值活动归集。 |
| | 产品 | 传统会计产品成本不包括辅助活动成本，应建立辅助活动产品成本核算体系。传统会计不提供产品成本的经营数据，应建立产品成本经营数据核算体系。 |
| 2 | | 联系和相互关系 |
| | 垂直联系 | 传统会计系统假设企业各部门之间是独立的，产品和服务的转移通过转移定价和分配确定价值。这样做，既不能为同一个经营单位内两个或多个价值活动、同一个企业不同经营单位之间，也不能为企业与供应商和顾客之间的价值链优化提供决策数据。 |
| | 相互关系 | |
| 3 | | 成本和价值 |
| | 成本驱动 | 传统会计系统不能收集成本驱动因素的数据，因为成本驱动因素既不是产品成本也不是期间费用的组成部分。 |
| | 成本 | 责任中心的成本与执行价值活动的成本很可能不一致，传统会计成本类型划分和会计科目都可能不正确。 |

通常，企业的组织结构与价值链的价值活动不一致。这就要求价值链会计首先要按照波特1985年建立的价值链通用模型，结合企业价值链特点识别企业价值链模型，划分企业价值链的基本活动和辅助活动，以及价值流程。在识别企业价值链模型的基础上，进行价值链会计分析，找出企业核心产品价值链，绘制企业价值链当前状态图。当前状态图除了包括核

心产品主要价值流程外，还要描述每个价值流程的基本数据（成本、工时、运送距离等）。通过分析价值链当前状态图，可以发现企业价值链存在的问题，找到解决问题的途径。价值链会计分析需要运用价值活动有关的数据，而传统会计不能为价值链会计提供包括期间费用和非制造产品成本的数据，也不能提供成本驱动因素数据，以及价值活动成本的数据，所以还要建立价值链成本分析体系。价值链成本分析体系应该包括两部分内容：一是专门为价值链会计重新设置会计科目、进行价值链会计核算的财务会计记录系统；二是记录价值任务、作业、流程和活动等经济业务资产耗费的经营分析记录系统。

根据价值链成本分析体系提供的财务数据和经营数据，绘制企业价值链当前状态图、未来状态图和行动计划外，还要判断企业价值链是否达到既定目标，识别通过实施未来状态图提出的价值链改进建议之后，企业价值链业绩是否有效提高。这都需要建立价值链会计绩效评价体系。绩效评价指标和绩效评价方法是构建价值链会计绩效评价体系的难点。价值链绩效评价指标应既包括评价整个价值链绩效的指标，也包括评价价值活动、流程和作业绩效的指标；既包括财务指标，也包括非财务指标。价值链绩效评价方法应既能评价整体价值链绩效，也能评价价值链参与部门的绩效。

尽管在实践中实施价值链会计看似较简单，但传统会计数据是其固有的限制。如果企业经常重新评估其战略规划，就需要为战略规划创建价值链会计系统。建立价值链会计系统主要有两个目的：一是避免价值链会计数据受对外报告要求的影响；二是不需重新整理传统会计数据来获取价值链会计分析所需要的数据。

### 3.3.2　价值链会计的基本框架

洛德（Lord，1996）概括的战略管理会计四个研究流派都假定组织战略和组织结构是已定的，这些流派的区别仅仅是会计记录能否反映或洞察既定战略和既定结构。洛德（Lord，1996）认为，现代成本管理应致力于建立组织战略和组织结构的选择。与洛德的观点一致，本书认为，目前企业的战略规划都是由高层管理者而不是会计人员制定的，传统会计很少涉及如何让会计人员参与战略决策制定的研究。

汤姆金斯和卡尔（Tomkins & Carr，1996）的战略投资模型（利用Shank & Govindarajan，1992a，1994 的研究成果）为战略制定、价值链分析和成本驱动分析之间建立了重要的联系，如图3-4所示。在汤姆金斯和卡尔的模型中，首先是市场和竞争对手分析，其次根据顾客要求和市场要求运用价值链分析，设计企业价值链，最后进行成本驱动分析。成本驱动分析是成本管理的促进因素，成本管理采用两种形式中的一种——降低成本或再造价值链，生产成本结构不同的产品。

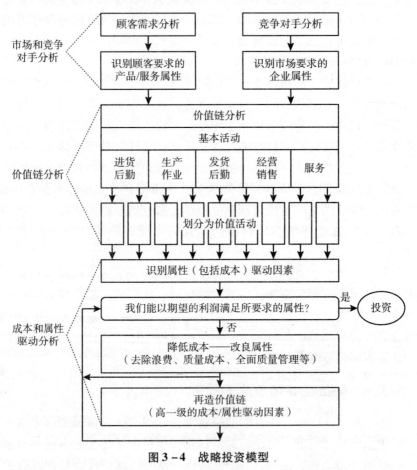

**图3-4　战略投资模型**

资料来源：Tomkins C. & Carr C. Reflections on the papers in this issue and a commentary on the state of strategic management accounting. Management Accounting Research，1996，7（2）：271-280.

根据汤姆金斯和卡尔的战略投资模型，本书构建了价值链会计基本框架，如图3-5所示。价值链会计基本框架由识别企业价值链、价值链会计分析、价值链成本分析、价值链绩效评价四个部分组成。

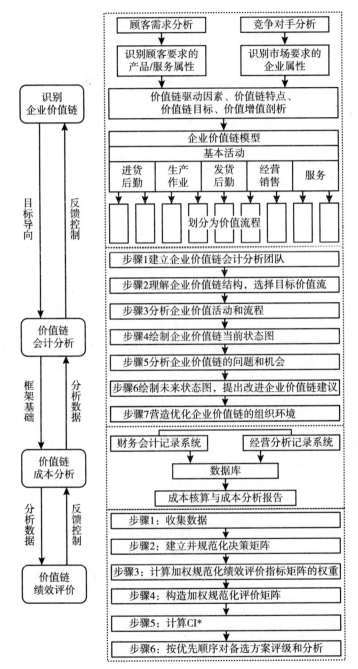

**图 3 - 5　价值链会计基本框架**

### 1. 识别企业价值链

识别企业价值链是价值链会计分析的基础。通过识别企业价值链，规划企业战略，设定企业价值链战略目标。识别企业价值链要求企业根据顾客需求识别顾客所要求的产品或服务属性，同时通过竞争对手分析识别市场所要求的企业属性。在此基础上，结合企业所处行业和企业自身发展现状，分析企业价值链驱动因素，明确企业价值链特点，设定企业价值链目标，剖析价值增值机理。最后根据上述分析描绘企业价值链基本模型，包括划分企业价值链基本活动和辅助活动，厘清企业价值流程，判断价值流程中的关键作业。

### 2. 价值链会计分析

在企业价值链基本模型的基础上，进一步剖析企业价值链结构和目标价值流，分析企业价值链的实物流、信息流和资金流现状，发现企业价值链可能存在的问题并提出解决措施。价值链会计分析的步骤有：（1）建立企业价值链会计分析团队；（2）理解企业价值链结构，选择目标价值流；（3）分析企业价值活动和流程；（4）绘制企业价值链当前状态图；（5）分析企业价值链的问题和机会；（6）绘制企业价值链未来状态图，提出改进企业价值链的建议；（7）营造优化企业价值链的组织环境。

### 3. 价值链成本分析

价值链成本已经引起了许多管理会计研究者的关注。尚克和戈文达拉杨（Shank & Govindarajan，1988）研究了 Baldwin Bicycle Company 之后认为，从传统会计系统（例如标准成本）向能更好地与组织战略相匹配的会计系统改变是有利的。传统会计体系不能为价值链会计提供战略规划所需的数据，所以必须建立价值链成本分析体系，为战略规划提供财务数据和经营数据。价值链成本分析体系由四部分组成：第一部分是财务会计记录系统，主要任务是定义价值链成本和价值链收入账户，并提供价值活动的财务会计数据；第二部分是经营分析记录系统，主要任务是定义产品结构，定义产品、价值活动、流程、作业和任务代码，定义经营分析报告，并提供价值活动的经营分析数据；第三部分是数据库，主要任务是根据财务会计记录系统和经营分析记录系统的要求设置程序，记录价值链成本、价值链收入和经营数据；第四部分是价值链会计核算和分析报告，主要任务是核算产品成本，并按照企业要求的分析报告和分析项目进行价值链成本和收入项目分析，解释分析结果。

### 4. 价值链绩效评价

传统会计运用的绩效评价体系方法，如边际贡献分析、本量利分析、标准成本分析等, 不能满足价值链绩效评价的需求, 这就需要运用专门的方法建立企业价值链绩效评价系统。由于企业价值链的目标就是企业战略目标, 而战略目标通常是定性指标, 所以需要把战略目标进一步分解为企业价值链绩效属性目标, 然后再把企业财务数据和经营数据按企业价值链绩效属性归类。因此, 参照供应链运营参考模型建立企业价值链绩效评价指标层级结构, 运用层次分析法和逼近理想排序法实现对企业价值链不同时期数据和同一时期同种产品生产的不同成本中心数据进行评价。具体步骤是: (1) 收集数据; (2) 建立并规范化决策矩阵; (3) 计算加权规范化绩效评价指标矩阵的权重; (4) 构造加权规范化评价矩阵; (5) 计算每个决策方案到理想解的贴近度 CI*; (6) 按优先顺序对备选方案评级和分析。

价值链会计框架的四个组成部分虽然各成体系, 但四个组成部分是相互联系、相辅相成、循环往复的系统。识别企业价值链, 通过考虑企业价值链形成的内外部需求, 分析企业价值链驱动因素、特点和价值增值机理, 确定企业价值链的战略目标和企业价值链基本模型, 为价值链会计分析提供目标导向。根据企业价值链战略目标和企业价值链基本模型, 价值链会计分析运用价值链分析方法, 进一步分解企业价值链结构和目标价值流, 在目标价值流的基础上分析每个产品的价值链结构和价值流, 为价值链成本分析定义价值链成本中心, 定义产品、所有中间产品以及产品结构, 定义产品生产的价值活动、流程、作业和任务提供了基础。按照企业价值链战略规划的需求, 价值链成本分析建立了不同于传统会计的财务数据记录系统和经营数据记录系统, 以及价值链会计核算体系, 为价值链会计分析和价值链绩效评价提供了财务数据和经营数据。价值链绩效评价运用专门方法以及价值链成本分析的数据对企业价值链和价值链成本中心的绩效进行评价, 把评价的结果反馈给价值链成本分析体系。价值链成本分析体系结合价值链绩效评价和成本分析数据形成分析报告, 汇总后用于价值链会计分析。价值链会计分析运用这些数据, 绘制企业价值链当前状态图, 发现企业价值链存在的问题, 绘制企业价值链未来状态图, 并提出企业价值链改进的措施。根据价值链会计分析发现的价值链问题、未来状态图和改进措施再次识别企业价值链, 规划企业价值链战略目标。因此, 价值链会计框架的四个组成部分不断发现企业价值链的问题和机会、提出解决企业价值链的改进措施、实施措施优化企业价值链、评价企业价值链绩效, 以此往复, 实现运用价值链会计数据制定价值链战略目标, 根据价值链战略目标的变化调整企业价值链会计目标的动态循环。

**4.**

# 农工一体化企业价值链模型

识别企业价值链是实施价值链会计基本框架的第一步，也是进行价值链会计分析的基础。通过识别企业价值链，可以制定企业战略规划，设定企业价值链战略目标和企业价值链基本模型。识别农工一体化企业价值链，首先要求企业根据顾客需求识别顾客所要求的产品或服务的属性，同时通过竞争对手分析识别市场所要求的企业属性。在此基础上，结合农工一体化企业所处行业和企业自身发展现状，分析企业价值链驱动因素，明确企业价值链特点，设定企业价值链目标，剖析价值增值机理。最后根据上述分析描绘企业价值链基本模型，包括划分企业价值链基本活动和辅助活动，厘清企业价值流程，判断价值流程中的关键作业。

## 4.1 农工一体化企业价值链驱动因素

不同行业或同一行业不同企业价值链的特点各不相同，而价值链的特点是由一个或多个驱动因素导致的（Snoek，2007）。所以，在分析农工一体化企业价值链特点之前，首先要分析农工一体化企业价值链驱动因素。只有明确了企业价值链的决定因素，企业才能准确进行战略定位。

### 4.1.1 价值链驱动因素研究文献回顾

波特（Porter，1985）从企业内部价值链的角度分析了如何确定两种竞争优势，即成本领先或产品差异化。波特（1985）认为，价值链的关键驱动因素依赖于生产、加工和零售等企业主要活动之间的相互联系。他指出的 10 个保持竞争优势的价值链驱动因素是规模经济、学习和外溢效应、生产能力的利用、企业内部价值链之间和企业价值链与供应商和顾客价值链之间的联系、与企业其他经营单位的相互关系、纵向一体化、时机（率先行动者或迟后行动者）、政策选择（例如，产品设计和产品组合、服务水平、交货时间、销售渠道、工艺技术、原材料质量）、地理位置和制度因素（例如，政府管制、关税制度）。斯帕林（Sparling et al.，2000）认为，价值链驱动因素有政治、资源、战略因素，政治因素包括新的规章、法律的实施或政治压力；资源因素指为获得"满足战略目标"的必要资产，这些资产包括原材料、技术知识和能力；战略目标包括追求组织计划所必需的活动。汉德菲尔德和尼克尔斯（Handfield & Nichols，2002）认为，价值链的驱动因素包括新竞争者的进入，现有产业的联合，运输或零售方法的发展和技术变化。

桑克和戈文达拉杨（Shank & Govindarajan，1992a；1992b）认为，企业价值链是从供应商取得原材料到最终产品或服务配送给消费者的价值生产活动全过程，企业仅是价值生产全过程中的一个组成部分。桑克和戈文达拉杨（Shank & Govindarajan，1992a；1992b）从价值链视角分析发现，产量并非是最重要的成本驱动因素。他将成本驱动因素分为结构性驱动因素和执行性驱动因素，前者包括规模、范围、经验、价值链每个阶段的工艺技术和企业产品生产线的复杂性；后者包括员工参与管理、质量管理、生产能力利用、工厂布局效率、产品设计和与供应商及客户的关系。

雷鲍特和斯维奥克拉（Rayport & Sviokla，1995）提出，企业是在两个不同世界中进行竞争：一是管理者能看见和摸到的实体世界（physical world）；二是由信息构成的虚拟世界（virtual world）。两个世界的价值创造活动不同，实体价值链把信息看作是价值增值过程的支持要素，而不是价值创造的来源，虚拟价值链认为信息可以创造价值，是虚拟价值链的驱动因素。

格里菲（Gereffi，1999）提出了产品链（commodity chain）的概念，即包括产品设计、生产、销售等所有价值创造的活动范围。按照价值链模式和驱动者力量对比，将全球产品链划分为生产者驱动（producer-driven）产品链和购买者驱动（buyer-driven）产品链。生产者驱动产品链主要是由大型、跨国生产者以其资本和技术居于主导地位，如汽车、飞机、计算机、半导体和大型机器等；购买者驱动产品链主要由大型零售商、品牌营销商和品牌制造商建立分散生产网以其品牌营销居于支配地位，主要是劳动密集型的消费品，如服装、鞋帽、玩具家用电器等。同时指出，购买者驱动产品链竞争性较强，其利润驱动不像生产者驱动产品链那样来自规模、产品和先进的技术，而是来自高价值的研究、设计、营销和财务服务。张辉（2006）提出有些产品价值链同时存在生产者驱动和购买者驱动的特征，称为混合性驱动产品链。

陈柳（2012）提出了品牌驱动商品价值链的观点，认为产业特征的差异使自主品牌的驱动因素不同，资本品行业的品牌驱动力主要来源于技术因素，消费品尤其是快速消费品行业的品牌驱动力主要来源于文化因素。

从上述有关价值链驱动因素研究文献的结论可以看出，有些研究文献从企业角度研究价值链驱动因素，有些研究文献从行业角度研究价值链驱动因素。但不管从哪个角度研究，影响企业价值链的驱动因素既有微观层面的企业价值链自身因素，也有宏观层面的行业价值链因素，企业在考虑内部价值链驱动因素的基础上，应更注重从行业发展的趋势分析企业价值链驱动因素。

### 4.1.2 农工一体化企业价值链驱动因素

从本书第2章描述的农工一体化企业产生、发展现状来看，农工一体化企业是由农产品加工制造企业向农业产业链产前延伸，把农业生产变成企业的"车间"或"子公司"而形成的一种农业产业化经营模式。有些学者也称其为"工业反哺农业"（洪银兴等，2009；张益丰等，2010）。从价值链角度来看，农业产业（行业）价值链包含两个方面：一是农业产业价值链各环节不同企业的价值链；二是农业产业链各环节组成的农业产业价值链。与其他农业产业化经营模式相比，农工一体化企业的特征之一是农业产业链各环节的外部微观农业经济组织纳入农工一体化企业内部价值链，成为农工一体化企业内部组织，即农业产业链企业内部组织一体化。为什么在专业分工越来越细，企业从自定义规格和大批量生产的规模经济向主要提供定制产品获得灵活制造的范围经济转换（Zokaei & Simons，2006），企业内部价值链在逐渐缩短的情况下，农工一体化企业价值链却在不断向农业产业链的上游或下游链条延伸，本书认为，主要有以下几个方面的因素驱动农工一体化企业价值链的形成和发展：

**1. 农产品零售市场销售额的集中**

在欧洲，五大零售连锁店的食品营业额占比已经从1990年的13%增加到2000年的26%，10年间翻了一番；在美国，最大的五个食品零售商在美国市场营业额占比已经从1992年的27%增加到2000年的43%

（Humphrey，2006）①。农产品零售业的集中导致农产品价值链重组，主要表现在农产品零售商与农产品生产、制造商之间均势的转变。传统上，制造商驱动价值链，再由批发和零售商的网络销售商品给消费者，现在已成为主要由零售商驱动价值链（Dobson et al.，2003）。汉弗莱（Humphrey，2005）通过统计欧洲农产品生产、销售组织方式发现，农产品生产和销售的产业链由农产品生产和加工企业依靠其品牌和销售体系驱动逐渐转向由农产品生产和销售的大型零售商驱动。

洪银兴等（2009）发现，在"农产品价格、质量与安全标准得到了全面稳定和控制，价值链各环节企业之间的纵向联系在质量监管组织和制度'粘合'交易成本得到有效控制，合约实施更加稳定的前提下，随着工业化、城市化和人们收入水平提高，消费升级，我国农产品从田头到餐桌的产业链驱动方式发生从农产品生产者或加工者驱动向由农产品大买家（超市）驱动转变"②。

从以上研究数据和结论可以看出，农产品零售商已经从转售其他厂家产品转变成寻找能提供满足消费者需求的产品供应商。这种转变促使零售商，特别是大型超市的农产品竞争战略发生了两个主要变化：一是提供种类多、质量高、全年供应的农产品。由于农工一体化企业之间的竞争，使得差异化产品易被竞争对手模仿，消费者更关心食品安全、农产品生产对环境和社会的影响，要求农工一体化企业不断创新产品，开发具有独特性的新产品，如有机食品、有利于环境保护的食品。二是进行品牌运营，通过消除不安全食品、恶劣工作环境和对环境的负面影响降低品牌损失的风险。在这样的战略目标下，零售商要求农工一体化企业减少农产品的农药残留，注重环境保护；详细说明农产品的生长、收获、运输、加工、储藏过程；与农工一体化企业一起进行产品创新，直接控制农业价值链的食品安全、环境标准。农工一体化企业为了满足零售商的战略目标，必然要整合企业价值链，控制食品质量和食品安全。

### 2. 农产品加工环节的集中

零售业不是农产品价值链集中的唯一环节。农产品价值链的上游，如种子供应；农产品价值链的中游，如农产品加工；农产品价值链的末端，如快餐业，都出现了集中的趋势。尤其是农产品加工环节集中的趋势更为

---

① Humphrey J. Policy implications of trends in agribusiness value chains. The European Journal of Development Research，2006，18（4）：572-592.

② 洪银兴，郑江淮. 反哺农业的产业组织与市场组织. 管理世界，2009（5）：67-79.

明显，如美国猪肉业呈现出较强的集中和一体化趋势：产量在 1000 头以上的企业占总产量的比例从 1987 年的 37% 增加到 1992 年的 47%，到 1997 年，这一比例已经达到了 71%①。

农产品加工环节集中的主要驱动因素是规模经济。随着农产品加工企业规模的不断扩张，要求企业内部价值链向农产品生产环节延伸，主要原因有：

一是农产品加工企业需要按时供应农产品以确保机器设备的充分使用。农产品加工企业通过"订单农业"②的形式与农户签订合同，存在农户违约的风险。如果建立自有农产品生产基地，将从外部供应农产品变成由企业的生产车间从内部供应农产品，可以更好地满足机器设备充分使用的需求。

二是有助于提高农产品质量。即使"订单农业"中农户能够按时履约，仍然存在农户生产的农产品质量不符合订单质量要求的风险。农产品加工企业直接从事农业生产，可以确保农产品生产投入和生产过程的质量，从而提高农产品供应的质量。

三是有助于确保农产品加工企业管理的连贯性，提高生产率。"订单农业"中农产品加工环节与农业生产环节是脱节的，农产品加工企业不能直接参与农业生产过程的管理。农工一体化企业将农业生产变成企业的"车间"或"子公司"，通过对农业生产过程的直接管理，统筹规划农产品的生产和加工环节，提高农工一体化企业的生产率。

四是有利于农业产业价值链的技术推广和提升。随着现代农业的发展，科学技术在农业产业价值链中所起的作用越来越重要，很多农产品加工企业都是高科技企业。但农业技术的推广显然不能仅限于农产品加工环节，农产品加工企业向农业生产环节的延伸，有助于农业技术在农业生产和农产品加工环节同时实施，提升农工一体化企业的科技创新水平。

五是农业生产者要求分享农业产业价值链的价值增值。随着农产品加工企业规模化发展，"订单农业"中的农户在契约中是定价的弱势群体，

---

① 资料来源：Martinez S. Vertical Coordination in the Pork and Broiler Industries：Implications for Pork and Chicken Products. Agricultural Economic Report No. 777，Washington，DC：Economics Research Service，US Department of Agriculture，1999.

② 订单农业，是指参与农业产业化经营的微观农业经济组织之间通过合同（契约）确定各方的权责利，也就是纵向一体化中的龙头企业、农民专业协会、农产品行业协会"＋"农户。因为通过合同约束交易双方，一方有可能不按照合同履约，所以也称其为半松散式结合型。

农产品的收购价格大都是由农产品加工企业确定。虽然合约条款规定，如果收购时农产品市价提高，农产品收购价格会根据农产品市场价格做出调整，但农户并不能享有农产品加工环节的价值增值。农业生产者成为农工一体化企业的员工，不仅可以按劳动量取得工资，还可以以奖金的形式分享农业产业价值链整个环节的价值增值。

**3. 农产品安全与质量标准**

近年来食品安全事件在全球有上升的趋势，如波及欧洲的疯牛病，德国"毒黄瓜"事件，瑞典"毒奶粉"事件，美国"沙氏门菌鸡蛋"事件等。食品安全事件引起了消费者的信任危机，政府和农产品生产企业也认识到了危机。政府开始颁布更严格的食品安全标准，以欧盟为例，食品安全标准包含更加严格的农药和兽药残留限制，重金属元素控制，农产品生产加工过程控制，如食品生产企业危害分析与关键控制点标准体系（HACCP）。除了政府颁布的强制性过程控制标准，还有农产品生产企业发起的标准，如欧洲零售商农产品集团的良好农业规范（EurepGAP）、英国零售商协会（BRC）的食品加工标准、食品质量安全（SQF）、全球水产养殖联盟（GAA）的海产品加工标准。

我国近十年重大食品安全事件更是频发，如"苏丹红"事件、"大头娃娃奶粉"事件，"三聚氰胺奶粉"事件，"瘦肉精"事件、"地沟油"事件、"毒胶囊"事件、"塑化剂"事件、"速成鸡"事件等。2013年，国家卫生计生委全面启动了食品标准清理工作，截至2014年年初，梳理出近5000项现行食用农产品质量安全标准、食品卫生标准、食品质量标准以及行业标准，拟定我国食品安全标准体系框架①。

农产品安全与质量标准主要有三个方面的趋势：一是更加注重对农产品生产加工过程的控制，而不是仅对农产品本身物理特征的控制。从产品控制向过程控制转换的一个例子是许多国家采用的食品加工环节HACCP标准。过程控制主要目标是更有效地确保农产品符合他们应有的特性。检测食品安全危害通常需要较高的费用，往往这些危害发生在农产品加工过程的几个关键点上。因此，记录生产过程以备检验食品安全危害的防治已成为食品安全维护最具成本效益的方法。

二是对农产品质量问题实行可追溯制度。可追溯制度是过程控制的补充，是应对食品安全问题的一个基本要求。保持过程控制的完整性是必要

---

① 资料来源：[EB/OL]. http：//bj. people. com. cn/n/2014/0111/c233086 - 20361016. html.

的，一旦发生食品安全问题，它建立了特定农产品与其整个生产过程链条向前追溯的联系，也是一种确保特定食物来源于已认证农场和加工厂的方法。

三是对整个农业产业链实施控制。食品安全系统正转向整个农业产业链，食品安全要求考虑"连续的食品生产链条所有方面，包括农产品生产、加工、销售等环节，因为每一个环节都有可能对食品安全产生潜在影响（CEC，2002）"①。

食品安全与质量标准给农产品加工企业带来了挑战。随着过程控制和可追溯制度对整个农业产业链的控制，意味着农产品价值链在不同企业和地区之间延长。由于农产品生产、加工和运输可能由不同地域的不同企业进行，如何按照过程控制和可追溯制度的要求，协调和控制农产品价值链上不同企业达到食品安全与质量要求，会遇到更大程度的挑战。农产品加工企业将企业内部价值链向农业产业链上游环节延伸，建立农工一体化企业，可以更好地协调和控制农产品安全与质量，达到相应的食品安全与质量标准。

### 4. 产品差异化与品牌运营

产品差异化战略是企业面对越来越激烈的市场竞争采取的战略之一。农产品除了具有通过第三方检验和鉴定的属性外，还应在品质、环境影响、区域发展、动物保护等不易被检验和鉴定的方面具有与其他同类农产品相区别的属性，正如世界银行所说的"商品盒之外的"② 属性。这就需要农产品加工企业进行品牌运营，使自己的农产品赋予农产品本身属性之外的食品质量和安全等属性。里尔登（Reardon，2001）认为，农产品的这些属性应包括"食品安全，更健康、更有营养（如低脂肪、低盐等），可靠，生产过程有助于环境保护和可持续农业，公平贸易（如工作环境）"③。企业开发出一种新产品，虽然消费者在消费时不能通过感官检查

---

① CEC. Regulation （EC） No 178/2002 Laying Down General Principles and Requirements of Food Law. Establishing the European Food Safety Authority and Laying Down Procedures in Matters of Food Safety. Official Journal of the European Communities, 2002, （1）[EB/OL]. http：//europa. eu. int/comm/food/food/foodlaw/traceability/index_en. htm.

② Lewin B. , Giovannucci D. and Varangis P. 'Coffee Markets：New Paradigms in Global Supply and Demand', Agriculture and Rural Development Discussion Paper No. 3, Washington, DC：World Bank, 2004 [EB/OL] . http：//www. iadb. org/regions/re2/coffee/docs _ pubs. cfm? language 1/4 EN&parid? 4.

③ Reardon T. , Codron J. M. , Busch L. , Bingen J. and Harris C. Global change in agrifood grades and standards：Agribusiness Strategic Responses in Developing Countries. International Food and Agribusiness Management Review, 2001, 2 （3）：421 - 435.

或观察到该产品的质量或安全性，但企业通过品牌运营，向消费者传递本企业生产的农产品具有这些属性，是信用好的产品，消费者会认为这种新产品与该企业的其他产品一样，具有良好的质量，是安全的。

企业将本企业的农产品（信用好）与其他企业生产的同类农产品区别开来，是因为企业赋予农产品的食品质量和安全属性给企业带来了价值增值。企业通过品牌运营保证品牌质量和安全属性的同时，也增加了顾客价值。但这种产品差异化很难建立，尤其是农产品价值链各环节是由不同企业构成时，更难形成信用好的产品。企业要保证提供的农产品是信用好的产品，具有产品本身属性之外的、比其他企业同类产品更好的食品质量和安全属性，就必须从源头上提供保证，从农产品价值链所有环节上提供保证。这就要求农产品加工企业延伸企业内部价值链，将农业生产、农产品流通等环节作为企业内部价值链的组成部分，树立企业品牌，向目标市场提供差异化产品，增加企业价值。

## 5. 低成本和循环经济

低成本策略是企业面对越来越激烈的市场竞争采取的另一项措施。随着近几年我国原材料价格上涨，劳动力成本上升，农产品出口数量减少，农产品加工企业的成本优势越来越不突出，利润率越来越低；同时，食品质量和安全问题也成为消费者和公共媒体关注的焦点。农产品加工企业面临着两难的境地：直接涉足农业生产，将农户变成企业职工，必定会扩大企业规模，带来劳动力、固定资产和管理成本的提高；不直接涉足农业生产，又难以从源头上控制企业农产品的质量和安全，会给企业带来收入减少、信用损失等风险。

农产品价值链与其他产品价值链相比，具有一个显著的区别：一般产品的生产加工过程是投入原材料，按照工序加工后，最后一道工序是企业的产成品，如汽车制造、电器生产等。农产品生产加工过程中除了最终产成品，还会生成副产品。例如饲养家畜，家畜的粪便可以作为农作物的肥料，还可以制造沼气，沼气可以作为企业的能源。又如猪肉加工厂，在屠宰过程可以把猪切割成不同的组成部分（里脊、猪排、颈背等），有些留在企业继续加工成香肠等各种熟食，有些直接出售给消费者。这些副产品是企业在生产加工过程中自然产生的，充分利用不仅不会增加企业的生产成本，还会给企业带来可观的经济效益。更重要的是，随着环境保护和资源再利用越来越紧迫的情况下，如果农产品加工企业将农业产业链变成企业内部价值链，可以更好地实现循环经济和生态农业。

### 6. 消费者的偏好、忠诚和满意度

随着从聚焦产品的工业时代到消费者导向时代的转换，企业越来越认识到消费者偏好、忠诚和满意度的重要性。企业开始从自定义规格和大批量生产的规模经济向主要提供定制产品获得灵活制造的范围经济转换（Zokaei & Simons，2006）。价值链管理除了认识到供给的重要性外，也认识到了需求的重要性（Marzian *et al.*，2003）。这种情况下，"不仅仅是产品，而是整个经营作业链条——从原材料到最终消费品，应该通过有效的管理传递最终消费者的价值（Christopher，2005）"①。麦凯克伦（McEachern *et al.*，2004）通过邮寄的方式对苏格兰 1000 名冷鲜肉的女性消费者调查后得出，驱动消费者购买某个品牌冷鲜肉的因素依次有：肉品安全、动物福利、质量保证和媒体专题。为了实现最终顾客价值，左卡和西蒙斯（Zokaei & Simons，2006）总结了英国肉类行业满足消费者偏好，保持消费者对产品忠诚和满意度的影响因素："一是有效地捕获消费者的需求；二是从整个价值链上增加顾客价值；三是与消费者和（或）供应商建立战略联盟；四是尽可能用各种技术和可获得的最优方法提高效率和降低满足消费者预期的成本"②。从原材料供应到最终消费者价值链的一体化联盟是实现这些因素的最优方法（Stevens，1989），很多管理方法，如企业流程再造、精益生产、时间压缩、敏捷制造等都运用到整个供应链联盟管理，提高消费者价值。然而，很多学者对供应链联盟的有效性和可行性提出了质疑（Cox，2001；Cox *et al.*，2001），特别是价值链各环节参与者力量不对称的时候，问题更突出。农产品加工企业发展成为农工一体化企业，农业产业链企业内部组织一体化，提高了供应链效率，外部参与者成为企业内部价值链的价值创造者，有利于协调企业内部价值链之间的力量对比，提供消费者偏好的产品，保持消费者对产品的忠诚和满意度。

## 4.2 农工一体化企业价值链的特点

农工一体化企业价值链特点不仅会影响企业价值活动和流程，还会

---

① Christopher M. Logistics and Supply Chain Management. 3rd ed. London：Pitman，2005：53.

② A. Keivan Zokaei & David W. Simons. Value chain analysis in consumer focus improvement：A case study of the UK red meat industry. the International Journal of Logistics Managemnet，2006，17（2）：141 - 162.

影响价值链成本的特点和种类以及价值链成本和收入的确认和计量。因此，要识别农工一体化企业价值链，还要详细分析农工一体化企业价值链的特点。农工一体化企业价值链与其他制造企业价值链相比主要特点有：

### 1. 最终产品以中低价值产品为主，高价值产品较少

从本书第 2 章所分析的农工一体化企业发展趋势可以看出，除了从事农林牧副渔业的农产品初加工农工一体化企业以外，绝大多数农工一体化企业从事深加工制造业，其主营产品是农产品，主要有肉类制品，蔬菜、水果和坚果制品，水产品加工制品和乳制品，仅有少数从事药品制造。与其他制造企业相比，农工一体化企业生产加工的农产品大都与消费者生活息息相关，是每天都要摄入的必需品，属于中低档商品，通常价值较低。即使个别农产品属于高档商品，如烟、酒，其需求弹性较大，还有同类型低档商品可替代。所以农工一体化企业价值链的最终产品以中低价值产品为主，高价值产品较少。由于农产品价值低，决定农产品价格不高，农业产业的进入门槛不高，农工一体化企业难有超额利润，只能获得正常利润。这就要求农工一体化企业通过企业内部价值链的优化和管理来控制和降低企业各项成本。

### 2. 符合边际收益递减规律

边际收益递减规律是指"在短期生产过程中，在其他条件不变（如技术水平不变）的前提下，增加某种生产要素的投入，当该生产要素投入数量增加到一定程度以后，增加一单位该要素所带来的效益增加量是递减的。边际收益递减规律是以技术水平和其他生产要素的投入数量保持不变为条件的条件下进行讨论的一种规律"（高鸿业，2011）[1]。农工一体化企业价值链符合边际收益递减规律。例如，在农田里施化肥可以增加农作物的产量，当向一亩农田施第一个 100 公斤化肥时，增加的产量最多，施第二个 100 公斤化肥时，增加的产量就没有第一个 100 公斤化肥增加的产量多，施第三个 100 公斤化肥时增加的产量更少，也就是说，随着所施化肥的增加，增产效应越来越低[2]。因此，农工一体化企业要处理好生产资料的投入与产出之间的配比关系。

### 3. 价值链的风险大

每个行业都有其自身的风险，但农工一体化企业价值链的风险相对于

---

[1] 高鸿业. 西方经济学（微观部分）. 北京：中国人民大学出版社，2011.

[2] [EB/OL]. http：//wiki. mbalib. com/wiki/边际效用递减法则.

其他行业有其特性。主要风险表现在以下几个方面：

（1）良种培育或繁育风险。农业生产投入首先需要良种，种植业要有种苗，养殖业要有种畜，除了多年生植物不需要每年投入新种苗外，大多数农业生产每年都要投入种苗或种畜。良种培育或繁育是农工一体化企业价值流程的首要环节，其成功与否直接影响农工一体化企业的生产经营。所以农工一体化企业都会在良种培育或繁育活动中投入大量的研发经费，但能否培育出新品种以及新品种是否有利于提高农工一体化企业的产量和利润都存在不确定性。

（2）自然灾害风险。自然环境会影响农业生产活动，特别是气候异常、病虫灾害等对农作物产量有很大影响。随着全球变暖、温室效应，极端气候情况越来越严重，春夏季节的干旱、高温，冬季的严寒、冰冻等极端天气越来越多；口蹄疾、禽流感等病虫灾害在全球范围内蔓延。这些自然灾害的发生直接影响农工一体化企业农业生产产量，减少农产品加工环节的原料供应。

（3）农产品价格变化的风险。相对于其他商品，农产品价格易受产量、供求关系、原材料价格等因素的影响，尤其是农产品相互之间的价格也会受影响。如生猪价格会受猪肉价格、饲料价格及生猪供求关系等因素的影响，呈现周期性波动，尤其是猪肉价格的波动会对生猪销售价格产生较大影响，作为生猪饲养所需原材料——饲料的价格又会受到玉米、豆粕等农作物价格波动的影响。农产品价格波动会影响农工一体化企业的收入和成本，进而影响企业的盈利能力。

（4）食品质量安全风险。食品质量安全风险主要指食品霉烂变质、微生物污染、农兽药残留、食品添加剂超范围超量、企业工艺缺陷带来的污染、食用农产品后引发疾病的风险等。一旦发生食品质量安全事件，短期会影响企业的销量，长期会影响企业的盈利能力，甚至会影响企业的生存，"三鹿奶粉"就是因为"三聚氰胺"事件导致企业破产的典型案例。此外，政府等相关监管机构颁布的食品质量安全要求也会增加农工一体化企业价值链成本。

（5）自然环境风险。农业生产离不开自然资源，除了前面提到的气候环境，土壤、水等自然资源也必不可少。随着环境污染的日益恶化，自然资源也遭到了严重破坏，土壤污染和水污染程度已经超过了土地、水本身的自净作用，生物资产从受污染的土壤和水中摄取自然生长所需养分，产出的农产品难免也会受到污染。山东是全国的农业大省，特别是潍坊的寿光市，是京津蔬菜的主要供应地之一。2011 年，山东工厂污水排入地下导致地下水污染事件曝光之后，消费者担心用被污染的水源生产的蔬菜也会受到污染，寿光市的蔬菜销量大幅下滑，企业收入锐减。

**4. 价值流程和作业的多样性和分散性**

农工一体化企业价值链除了包括农业投入、农产品加工和流通环节外，还包括农业生产环节。农工一体化企业经营的产品种类繁多，少则十几种，多则上百种，甚至上千种，所以农工一体化企业价值流程和作业较多。例如，乳制品企业的产品通常有牛奶（原味奶、脱脂奶、补钙牛奶、补锌牛奶等）和酸奶（原味酸奶、益生菌、红枣等各种口味），各种奶制品的加工过程中有些流程相同，但有些流程也不同；在奶牛饲养阶段，除了种牛的繁育作业，还有奶牛的繁育、饲养、挤奶等作业，有的企业自己生产喂养奶牛所需的饲料，甚至加工饲料的原料（如玉米）也由企业自己种植。再如，果蔬脆片加工企业的产品包括多种蔬菜和水果脆片，这些蔬菜和水果通常由农工一体化企业种植，而蔬菜属一年生植物，果树属于多年生植物。农工一体化企业在生产主营产品的同时，还有副产品。此外，农工一体化企业的生产基地与农产品加工车间的距离可能相隔较远，甚至不在同一个省市，有的农工一体化企业生产基地可能分布在几个省份，所以农工一体化企业价值流程和作业分布范围广。

**5. 价值流程和价值作业的复杂性**

农工一体化企业价值流程和作业的多样性决定了其价值流程和作业的复杂性。主要体现在以下几个方面：

（1）农业活动的自然再生产与经济再生产过程交织。农业生产过程主要是生物资产的自然转化过程，是生物资产通过自然转化，即活的动植物通过自身的生长、蜕变、生产、繁殖不断实现增值的过程，即农业活动自然再生产过程。同时，人类提供劳动投入达到强化和控制生物资产自然再生产过程的目的，如种植业的土地耕作、施肥灌溉、良种培育、病虫害防治等，养殖业的良种繁育、饲料配方、疾病防御、科学喂养等，即农业经济再生产过程。农业活动是生物资产的自然再生产与经济再生产过程的交织，农业活动价值增值的关键取决于生物资产转化的效果和效率，人类劳动只是强化和控制生物资产自然转化的过程。因此，农业活动的增值包括生物资产的自然增值和人类劳动的增值，且主要来源于生物资产的自然增值。

（2）农业生产活动与农产品加工活动交织。农产品制造企业加工活动所需的农产品由企业的采购部门从企业外部采购（或者直接从农产品市场上购买，或者与农户签订合同），而农工一体化企业将农业生产活动纳入企业内部价值链，农产品从外购变成了自制，企业从外部采购的是农业生产需要的生产资料，如农用工具、农用机械、化肥、肥料、农药等。

（3）农业生产活动成本种类繁多。虽然农业活动的价值增值主要来源于生物资产的自然增值，但人类提供的劳动投入也是必不可少的，这些投入主要有饲料、化肥、肥料、燃料、保险费、运费、维护和修理费、工人工资、土地租金、种子、繁育、兽医、药品、灌溉、折旧，以及水电等各种经营支出。

（4）农产品加工流程设计和操作难度大。产品制造企业的流程通常是递进的，也就是投入原材料之后，上一个流程加工的半成品是下一个流程的原材料，以此类推，直到完成产成品。但有的农产品加工流程不是递进的，而是同步加工后再分别进入下一个流程。最典型的例子是肉类加工企业的屠宰流程，屠宰时需在按照各部位的加工情况进行一次分解，然后同时转入下一个流程继续加工，还是在屠宰时按照各部位依次传递屠宰，分别转入下一个流程继续加工的两种工序设计中进行选择。两种工序都需要人工完成，但对工人屠宰技术的要求不同。

**6. 价值链易受消费者偏好和生活方式选择的影响**

农工一体化企业生产的产品主要是农产品，人们每天都需摄取，只有最大化满足消费者需求才能实现农工一体化企业可持续竞争优势。随着社会的发展，人们对农产品的偏好正在逐渐发生改变，要求农工一体化企业价值链根据消费者偏好的改变而不断变化。例如，由于化肥、农药、抗生素等的使用，农产品污染严重影响到人们的身体健康状况，要求农产品生产加工过程中不使用或少用化工产品，农工一体化企业开始生产绿色食品、有机食品和无公害食品。随着生活方式的改变，人们对农产品的需求也在不断变化，要求农工一体化企业价值链根据消费者需求的改变而不断变化。例如，随着生活节奏的加快，人们希望食物能够方便、快捷，如不用清洗可直接食用的蔬菜，经简单加热可立即食用的速冻食品和微波食品。再如，随着生活品质的提高，人们不仅要求食品质量安全达标，而且要求食品的外表美观，所以农工一体化企业开始注重食品包装，精美的巧克力、各种形状的饼干等。

## 4.3 农工一体化企业价值链的目标

农工一体化企业价值链驱动因素和价值链特点决定了农工一体化企业价值链目标。农工一体化企业价值链以战略目标为导向，把农业产业价值链的价值流和生产流程统一在农工一体化企业战略目标下，有利于提高农工一体化企业价值链的价值增值，不断为顾客创造价值，赢得和保持企业可持续竞争优势。所以农工一体化企业价值链以企业战略目标为导向，最终目标是赢得和保持企业可持续竞争优势。这一目标也是农工一体化企业进行价值链会计分析和成本分析以及绩效评价的标准。

### 4.3.1 农工一体化企业价值链的总目标

价值链把企业分解为战略性相关的活动，企业通过战略性价值活动实现其战略目标（低成本或差异化战略）。虽然价值活动以战略目标为导向，但战略目标并不是价值链的最终目标。波特（1985）认为，"竞争优势来源于企业在设计、生产、营销、配送等过程及辅助过程中所进行的相互分离的活动"[①]，他引入价值链作为分析竞争优势的工具，通过将企业价值链分解为战略性相关的活动，来识别企业成本习性与现有和潜在竞争优势的源泉。"企业正是通过比竞争对手以更低的成本或更好的质量执行这些战略活动来赢得和保持竞争优势。"[②] 所以价值链的最终目标是赢得和保持竞争优势，这一目标也是农工一体化企业价值链的目标。值得注意的是，虽然企业通过执行战略性价值活动，可以为顾客创造价值，获得价值增值，并赢得竞争优势，但企业获得价值增值并不一定能赢得竞争优势，或者价值增值给企业带来的竞争优势可能不具有持久性。因此，价值链价值增值只是企业赢得竞争优势的前提条件，不能将价值增值作为价值链的最终目标。

农工一体化企业价值链的目标除了具有所有企业价值链的共性目标外，农工一体化企业价值链驱动因素和价值链特点决定了农工一体化企业价值链的目标还有其特性。农工一体化企业价值链驱动因素相互作用，其价值链具有最终产品价值低、边际收益递减、风险大、价值流程和作业多

---

① [美] 迈克尔·波特. 竞争优势. 陈小悦译. 北京：华夏出版社，1997：33.
② [美] 迈克尔·波特. 竞争优势. 陈小悦译. 北京：华夏出版社，1997：33.

样性和复杂性的特点，更重要的是消费者偏好和生活方式的选择会对农工一体化企业价值链产生积极的或消极的影响。此外，农工一体化企业价值链关系着人类社会生存，地区和国家经济的发展和维持，也关系到农工一体化企业的生存和发展。在环境变化和不确定的情况下，如何满足农业的持续供应，是农工一体化企业面临的挑战。气候变化、自然资源的退化、社会需求、食品质量和安全、全球化市场都给农业的持续供应带来压力。同时，整个社会也期望农工一体化企业在履行社会和环境责任的前提下保证农产品的生产和供应。本书认为，农工一体化企业价值链的目标不仅是赢得和保持竞争优势，而且赢得和保持的竞争优势还要具有可持续性。所以，农工一体化企业价值链的目标是赢得和保持可持续竞争优势。

农工一体化企业价值链的可持续竞争优势主要来源于两个方面：一是可循环的价值链。农工一体化企业内部价值链就是农业产业价值链。产品制造企业价值链各环节通常是依次联系的垂直链条，而农工一体化企业价值链各环节相互联系、首尾相连，共同组成了一个可循环的价值链，也就是价值链通过自身运转可以实现价值链各环节的内部循环。如肉制品加工企业的内部价值链，种植蘑菇—培养基—蚯蚓—蚯蚓粪—肥料—农作物秸秆—育肥牛—牛粪便—有机废水—沼气—沼渣—种植蘑菇。二是生态价值链。由于农工一体化企业价值链的多样性和生物资产自然增值的特性，在农业生产和农产品加工过程中会形成很多副产品和废弃物等，农工一体化企业价值链通过内部循环，实现了最大化利用价值链各环节产生的副产品和废弃物，不仅给企业带来了可观的经济效益，更重要的是实现了废旧资源的再利用，提高了资源的利用效率，最大限度地减少废弃物排放，保护了当地的自然环境，达到了经济、社会和生态的和谐统一。

### 4.3.2 农工一体化企业价值链子目标及其实现途径

可持续竞争优势虽然能够综合体现农工一体化企业价值链的目标，但不够具体，企业在执行时难以操作。如何量化概念化的目标，经常的做法是把概念化的目标分解成一个个具体的目标，然后再寻找每个具体目标的实现途径。本文将农工一体化企业价值链目标分解成 5 个子目标，分别是增加收入、降低成本、减少风险、科技创新和提高经营管理效率，同时列示了每个子目标实现的主要途径，如图 4 - 1 所示。

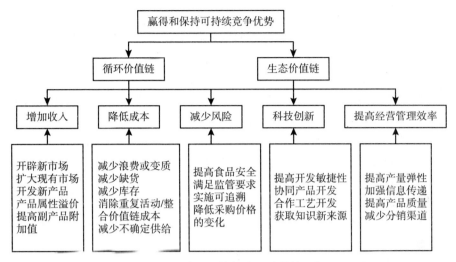

**图 4 - 1　农工一体化企业价值链目标**

## 1. 增加收入

增加农工一体化企业价值链收入的 5 个主要途径：开辟新市场、扩大现有市场、开发新产品、产品属性溢价和提高副产品附加值。市场准入、市场扩张和新产品开发对增加农工一体化企业价值链收入的作用显而易见。产品属性溢价是指企业通过品牌运营保证农产品具有本身特征之外的食品质量和安全等属性所产生的，消费者愿意比其他企业生产的同类农产品给予的价差，如有机食品、为特定用途（如营养制品、新原料等需求）设计的产品。副产品附加值主要包括随同农业生产、农产品加工过程产生的副产品，未使用或未充分利用的原材料，也包括季节性需求和周期性需求所增加的收入。

## 2. 降低成本

农工一体化企业可以通过降低浪费或变质、减少缺货、减少库存、消除重复活动或整合价值链、减少供给的不确定性实现成本降低的目标。大多数成本节约是通过减少浪费和农产品变质实现的，特别是新鲜农产品，力争通过不断地去除农产品生产过程中的浪费，优化价值链。减少缺货和减少库存意味着库存数量刚好能满足生产经营所需。缺货会减少收入，过多的库存又会引起资金的占用。这些问题主要是由供给的不确定性产生，供给不确定迫使企业储存较多的存货用以弥补材料短缺和生产中断引起的风险。存货控制是价值链管理的主要内容，对企业的最终效益有显著影响。农工一体化企业价值链将农业产业价值链纳入企业内部价值链，农业产业价值链各环节真正成为一个主体，消除重复活动和整合价值链，可以减少由部门、价值活动和流程重复引起的价值降低。

**3. 减少风险**

减少风险的目标又可以分解成提高食品安全、满足监管要求和应对监管压力、实施可追溯、降低采购和零售价格的变化四个分目标。提高食品安全有助于减少农产品召回的风险（因此带来的声誉损失）、开拓新销售渠道的风险和农产品变质遭受损失的风险。农工一体化企业价值链应能满足特定监管要求，如营养要求、标签或成分要求等。企业向消费者承诺的产品属性，如有机产品、无公害产品等，应建立可追溯系统以保证有足够的证据证明企业对产品的宣传是真实的。降低采购和零售价格的变化可以减少价格波动对企业成本和收入的影响。

**4. 科技创新**

科技创新的目标又可以分解成提高生产开发的敏捷性、协同产品开发、合作过程开发、获取产品知识的新来源四个方面。生产开发的敏捷性是指农工一体化企业价值链根据消费者需求变化，创造新产品填补市场空白做出反应的速度。协同产品开发有利于提高企业竞争优势。同样，合作过程开发有助于整合农工一体化企业价值链，包括实物流、信息流和资金流的整合。获取产品或市场知识的新来源是指将知识在农工一体化企业价值链的一个流程传递到价值链的另一个流程。农工一体化企业价值链与不同主体构成的农业产业价值链相比，由于价值链各环节是同一主体，所以价值链各环节之间相互信任，有利于创新目标的实现。

**5. 提高经营管理效率**

提高经营管理效率的目标主要包括四个分目标：提高产品产量弹性、加强信息传递、提高产品质量、减少消费者和供应商的分销渠道。提高产品产量弹性是指企业价值链应能根据产品需求量的变化而迅速改变产量。加强信息传递是指企业内部价值活动应保证信息的完整和及时传递，尤其是与顾客价值相关的信息，明确的顾客需求信息有利于安排生产时间和交货时间。提高产品质量有利于满足消费者需要。最小化消费者和供应商之间的分销渠道有利于降低物流成本和明确交货时间。

## 4.4 农工一体化企业价值链价值增值剖析

"价值增值"术语最早在贸易类出版的研究文献中被提及（Gremillian，1998；Johnson，1996；Schultz，1989），很少在学术类期刊中使用。国外研究文献对价值增值的表述存在差异，有些研究文献用"added value"，有些研究文献用"adding value"或"value-added"，但"value-added"在会计中有专门的含义，是指"增加值"（Brandenburger & Stuart，1996），如经济增加值（economic value-added）。

波特（1985）将价值定义为"买方愿意为企业提供给它们的产品或服务所支付的价格"[①]。通过采用成本领先或差异化战略，企业可以降低成本或提高业绩为顾客创造价值，"价值链把总价值展开，它由价值活动和利润组成"。"价值活动是一个企业所从事的在物质形态上和技术上都界限分明的各项活动"，这些活动是"企业赖以创造出对买方有价值的产品的基石，利润是总价值与从事各种价值活动的总成本之差"（Porter，1985）[②]。根据波特（1985）的思想，企业通过价值活动创造价值，企业创造的价值是总价值减去价值活动成本的差额，这个差额就是企业通过价值活动实现的价值增值，即"价值增值 = 企业总价值 - 价值活动成本"。

价值增值的属性和作用必然联系在一起，价值增值定义的方式直接决定价值增值的作用。依据波特（1985）价值链理论的思想，企业价值增值的作用是，通过价值链价值增值的创造活动使企业赢得和保持长期持续的竞争优势。福西特（Fawcett et al.，1995）建立了企业价值增值系统，如图4-2所示。满足顾客需要是企业核心目标，所以该框架始于顾客服务。企业要满足顾客服务需求，就要创造顾客价值，在一系列相互联系的价值活动中建立沟通桥梁，管理企业资源。本书结合图4-2，剖析农工一体化企业价值链创造价值增值、赢得和保持可持续竞争优势的机理。首先，分析农工一体化企业的顾客服务需求，价值创造满足顾客需求的能力，以及一体化价值链价值流和生产流程创造价值的优势；其次，讨论3个价值活动——采购、生产和后勤活动以及4项价值链决策——基础设施、原材料、技术和人力资源在农工一体化企业价值链价值增值系统中的作用。最后，讨论农工一体化企业信息传递和绩效评价在联结价值增值活动和决策制定中的重要桥梁作用。

---

① ［美］迈克尔·波特. 竞争优势. 陈小悦译. 北京：华夏出版社，1997：36.
② ［美］迈克尔·波特. 竞争优势. 陈小悦译. 北京：华夏出版社，1997：38.

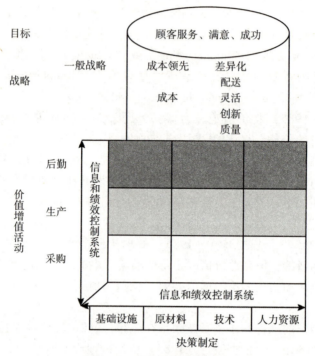

**图 4 - 2　企业价值增值系统**

资料来源：Fawcett S. E. & Fawcett S. A. the firm as a value-added system integration logistics, oper-ation and purchasing. International Journal of Physical Distribution & Logistics Management, 1995, 25 (5)：24 - 42。

### 4.4.1　农工一体化企业价值链价值增值：顾客拉动

企业在竞争中面临如何用有限的资源比竞争对手更好地满足顾客需求的挑战。企业在追求顾客价值时常存在三个问题：顾客价值目标认识不充分；效用创造和顾客价值不相关；企业战略目标实现的组织障碍（Fawcett et al.，1995）。本书基于顾客拉动的视角，分析农工一体化企业从上述三个方面实现价值链价值增值的机理。

**1. 实现顾客价值从顾客服务、顾客满意到顾客成功的转变**

福西特（Fawcett et al.，1995）认为，顾客价值的实现表现为三个不同的层面，即顾客服务（customer service）、顾客满意（customer satisfac-tion）和顾客成功（customer success），其中顾客成功是企业最终目标。

企业通常根据自己对顾客服务需求的理解，建立评价指标，如瑕疵产品的百分比、按时完工产品的百分比、配送中心的充足率等，衡量顾客服务。这些评价标准是企业内部评价指标，只关注企业自身服务，由企业内部检测系统执行。由于企业和顾客对质量有不同的量度或有不同的质量标准，这些评价标准的主要问题是没有考虑顾客反馈。因此，只关注顾客服务的评价标准常常会产生"服务代沟"，这种"代沟"好比邀请竞争者进入市场"偷走"有价值的顾客。

消除服务代沟是顾客满意的目标。通过农业产业链企业内部组织一体化，农工一体化企业可以从顾客以及顾客的顾客获取直接需求，根据顾客服务期望，了解顾客满意的外部评价。通过获取顾客满意的外部评价，农工一体化企业还可以修改顾客服务评价标准，更好地实现顾客期望。同时，农工一体化企业通过内部价值链就可以不断获得顾客反馈，充分了解顾客满意的要求，认识到企业顾客服务评价标准中被忽略的评价标准。此外，农业产业链企业内部组织一体化，还可以减少农工一体化企业获取顾客需求所花费的成本和时间。

即使是满意度很高的顾客，也有可能在将来成为竞争对手的顾客。简而言之，一个满意顾客不一定总是成功顾客，成功顾客需要企业不断经营。顾客满意只要求在企业与顾客之间建立信息桥梁；而顾客成功要求企业了解行业价值链中一系列产品中顾客的顾客的需求。通过农业产业链企业内部组织一体化，农工一体化企业可以不断评价顾客满意，不仅能了解顾客的真正需求，而且还能了解行业价值链中一系列产品中顾客的顾客需求。

农工一体化企业价值链是一条包含农业投入、农业生产、农产品加工和农产品流通等各环节的农业产业价值链，农业产业价值链各环节的供应商和顾客（除了农业投入的供应商和企业的最终消费者）大都纳入了农工一体化企业内部价值链。结合上述分析可以看出，农工一体化企业可以在企业内部共享价值链各流程顾客需求的信息，帮助农工一体化企业价值链上游流程掌握下游流程的顾客需求。农工一体化企业产品设计、生产流程的一体化，为生产高质量、低成本产品，减少价值流程、作业和任务之间的交货时间提供了保证，更有助于实现顾客成功。此外，农工一体化企业也不需开发专门技术从其他来源获得有关下游顾客需求的重要信息。因此，农工一体化企业通过内部价值链就可以搜集行业价值链顾客需求信息，实现了顾客价值从顾客服务、顾客满意到顾客成功的转变。

## 2. 创造顾客价值的同时实现了经济效用的创造

顾客成功要求企业不断提高为顾客提供实际价值的能力。顾客价值可以用经济效用定义，效用创造等同于价值创造。四种基本的经济效用是形式效用（form utility）、地点效用（place utility）、时间效用（time utility）和占有效用（possession utility）。将顾客价值和效用创造结合在一起研究，有助于清晰地将每一种经济效用与提供这种经济效用的活动相联系。

传统上，顾客价值从顾客服务、顾客满意到顾客成功的转变由生产活动完成。21世纪以来，随着原材料购入成本在制造企业产品销售成本中比重的提高，采购活动开始影响形式效用的转变，从而参与企业新产品开发的供应商也会增加采购活动对形式效用创造的影响。农工一体化企业从事的行业主要集中在农副食品加工业和食品制造业，这些行业的原材料成本在产品销售成本中占有较高的比重。因此，采购活动对农工一体化企业产品的形式效用具有较大影响。通过农业产业链企业内部组织一体化，农工一体化企业可以有效控制农业产业价值链成本，把一系列投入从现有期望层级转变为更高期望层级，保证农工一体化企业产品形式效用转变过程的顺利完成，实现了形式效用的创造。尤其重要的是，食品质量和食品安全问题越来越受到消费者的重视，保证产品质量成为农工一体化企业生存和发展的前提。随着农产品加工企业的产品质量越来越取决于农业生产活动收获的农产品质量，农工一体化企业通过把农业生产活动变成企业的"车间"或"子公司"来控制农业生产活动，确保农产品加工活动原材料投入的质量，保证企业产品形式效用转变的效果。

只有顾客购买产品，产品才具有价值。顾客购买产品的前提是产品在顾客需要的地方（地点效用）和顾客需要的时间（时间效用）出现，因此地点效用和时间效用通常在一起讨论。很多企业只有当发生一些不利事件之后，才认识到地点和时间效用的价值。例如，不能取得生产所需的材料，生产线停工，或产品脱销导致顾客选择竞争对手的产品。有些企业虽然有能力创造形式效用，但由于不能够提供地点效用和时间效用，同样不能在市场中取得成功。通过农业产业链企业内部组织一体化，农工一体化企业把农业产业价值链参与者之间的市场交易转变成农工一体化企业价值链的内部交易。农工一体化企业可以更有效地把实物流、信息流、资金流的信息在价值活动、流程、作业中传递，有效地减少生产循环周期中产品流转的时间和地点。当顾客需求发生变化时，农工一体化企业可以更迅速地对顾客需求做出反应，更好地实现企业产品地点效用和时间效用的价值。地点效用和时间效用主要是后勤部门的责任，但生产活动和采购活动也可以通过减少循环周期时间和提高对顾客需求的迅速反应等，增加地点效用和时间效用的价值。

占有效用的本质是传播信息，开发顾客的产品意识，激发顾客购买或"占有"产品的愿望。占有效用与其他效用不同，既不来自产品形式上的变化，也不来自产品的可获得性；相反，来自顾客的自我感知。传统上将占有效用的责任归咎于企业营销部门，但占有效用的创造分两步：首先，信息传递给潜在购买者，使潜在购买者对产品满足需求的能力形成感知印象；其次，顾客购买产品，体验产品之后，以拥有产品为荣。占有效用的两个步骤给企业管理带来了两难选择：企业实现价值增值必须创造占有效用，但只有当产品被生产（形式效用）和产品可获得（地点效用和时间效用）时，占有效用才能实现。从前面的分析可以看出，农工一体化企业的后勤活动、生产活动和采购活动创造了产品的形式效用、地点效用和时间效用。由于农工一体化企业基本实现了农产品的自给自足，向顾客传递了从源头上控制食品安全和食品质量的信息，有利于顾客形成感知需求，进而购买产品，实现占有效用。同时，由于农工一体化企业可以在企业内部共享价值链各流程顾客需求的信息，价值活动可以根据这些信息在恰当的地点和恰当的时间给顾客提供恰当的产品，实现地点效用、时间效用和形式效用。因此，农工一体化企业通过农业产业价值活动的企业内部一体化经营，解决了占有效用的两个步骤给企业带来的两难选择，在创造顾客价值的同时，实现了经济效用的创造。

**3. 实现价值链价值流和生产流程战略目标的统一**

有效的组织发展是效用创造和传递顾客价值能力的关键因素。许多传统的职能组织不仅增加了价值活动的重复性，甚至发挥适得其反的作用，而且还减少了组织之间的沟通和合作，不利于价值增值的实现。例如，采购部门"最小化"采购成本的原因是，企业评价采购部门绩效的基础是原材料买价。然而原材料买价低并不意味着企业总成本低，因为低价格的原材料可能是低质量的原材料，低质量的原材料会造成生产效率的下降和产成品质量的降低。此外，低价原材料的供应商可能不提供优质的配送服务，企业需增加保险储备存货。因此，采购部门最小化其直接成本会引起企业生产成本和储存成本的提高，进而导致企业总成本的上升。若存在这种情况，反而会降低企业的竞争优势。

农工一体化企业价值链的价值流和生产流程是价值增值能力的来源之一。前已述及，企业组织结构与价值活动和流程的划分往往是不同的。所以，废除传统职能定位导向，是农工一体化企业赢得和保持竞争优势的关键之一。实际上，可以把农工一体化企业精确地描绘成战略目标下由相互联系的价值流和生产流程组成的系统。在这个系统中，地点效用和时间效用主要由价值流管理创造，形式效用和占有效用主要由生产流程创造。事实上，农工一体化企业正是通过识别和建立复杂的一体化流程，形成了竞争能力的基础和保持竞争优势的关键。

通常情况下，宏观流动由多个微观（小）价值流组成；同样，宏观流动也包含一个或多个生产流程。通过执行生产流程实现价值流，进而最大化企业价值增值。通过农业产业链企业内部组织一体化，农工一体化企业实现了将农业产业价值链的价值流和生产流程置于企业内部统一管理，从而增强了农工一体化企业价值链价值增值的能力。因此，首先需了解农工一体化企业价值链价值流和生产流程的基本属性。图 4-3 以企业采购活动为例，从企业价值链的信息流、实物流和资金流 3 个方面描绘了企业价值链从供应商、企业到顾客的宏观流动。

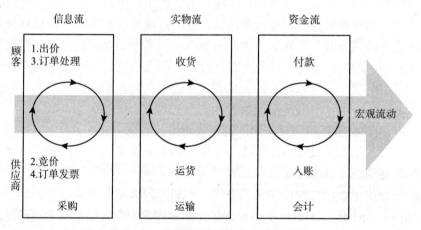

**图 4-3 宏观流动剖析——原材料采购**

资料来源：Fawcett S. E. & Fawcett S. A. the firm as a value-added system integration logistics, operation and purchasing. International Journal of Physical Distribution & Logistics Management, 1995, 25 (5)：24-42.

从图 4-3 可以看出，企业价值链采购活动从供应商到顾客的宏观流动由信息流、实物流和资金流三部分构成。信息流是企业价值增值活动的开始。信息流由企业相关部门提出需求，经由采购部门出价，供应商报价，采购部门竞价、做出采购决策，供应商发货并将发票送达企业完成流转。实物流从供应商装卸、运输开始，经由运输部门运货，顾客收货、交储存部门完成流转。实物流的整个过程是可见的,所以最受管理部门的关注。资金流从企业会计部门收到发票开始,经由会计部门付款、入账完成流转。资金流与许多价值增值流和生产流程相关。例如,支付各种生产投入,投入资本获得厂房和设备,为员工支付工资。一直以来,追踪和管理资金流是企业管理的重心。

通过对图4-3的简单描述可以看出,企业价值链价值流涉及多个职能部门。采购部门负责企业内部信息流,并完成信息在供应商和顾客之间的传递。实物流由运输部门运输,原材料运达企业之后,由仓储部门储存,最后由生产部门领用后投入生产。实物流因责任地点的变换和价值链参与部门的数量而变得较复杂。而资金流主要是由会计部门负责。从图4-3也可以看出,行业价值链参与者也参与了企业价值链的价值流和生产流程。行业价值链参与者包括供应商、第三方服务供应商和顾客等。

综上所述,参与企业价值活动的部门与价值链价值流和生产流程并不是一一对应的。此外,企业价值链除了管理企业内部价值链各部门之外,还需协调与行业价值链各环节的其他价值链参与者的宏观流动,这就使企业价值链价值流和生产流程的管理和协调变得复杂。虽然企业价值链与行业价值链参与者能否有效地传递信息流、实物流和资金流,既是对价值链价值流和生产流程管理的挑战,也是企业赢得可持续竞争优势的机会。但是,当价值链参与者为价值链的价值流和生产流程做出相应贡献时,不仅行业价值链参与者,而且企业内部价值链各部门都会从自身利益出发,首先考虑本企业或本部门的期望和目标。通常情况下,由于行业价值链参与者的目标,甚至是内部价值链各部门的目标,都有可能相互冲突,特别是在缺乏统一战略时很可能会选择次优化策略。

众多微观经济组织是农业产业化经营的参与者,尤其是众多分散的农户,所以农业产业化龙头企业面临的难题之一是,如何管理农业产业化经营中的微观经济组织,使之与企业战略目标一致。农业产业化龙头企业解决这一问题的做法是,除了从事农产品加工,通过将企业内部价值链延伸到农业生产,以及农业生产产前投入,农产品贮藏、运输和销售等环节,成为农工一体化企业。成为农工一体化企业,不仅把参与农业产业化经营的众多微观经济组织纳入农工一体化企业内部价值链,还把农业产业价值链各环节参与者也纳入农工一体化企业内部价值链,将农业产业价值链价值流和生产流程的管理和协调统一在农工一体化企业战略目标下,从企业层面重新规划农业产业价值链的价值流和生产流程,取消价值链的不增值环节，从而提高农工一体化企业价值链价值增值，不断为顾客创造价值，并赢得和保持企业可持续竞争优势。

### 4.4.2 农工一体化企业价值链价值增值：战略驱动

战略的作用是引导企业利用现有资源实现企业目标，赢得和保持企业竞争优势。战略指导企业满足顾客期望，创造顾客价值；战略也影响企业价值链价值增值系统的设计和管理。因此，战略能驱动企业价值链目标的统一。随着高层管理者战略决策制定过程向一体化流程导向组织的转变，企业必须采取措施使价值链价值增值系统与企业战略匹配。

波特（1985）认为，有两种竞争战略可以满足顾客需要：成本领先战略和差异化战略。需要注意的是，成本领先战略与差异化战略并不是不相容的。实际上，要在不断变化的市场环境中立于不败之地，常常需要产品同时兼有低成本和高质量的属性。成本领先战略要求企业必须具备一些内在优势，如市场占有地位带来的规模经济，先进的制造工艺带来的生产率提高；同时，成本领先战略也要求对所有成本进行全面成本控制。差异化战略要求企业开发一些消除价格敏感性的其他属性，可以让企业在市场中不以价格取胜，而凭借某些独特的、难以复制的产品或服务取胜。独特性可能源于先进技术的使用，交易或服务网络的开发，或是生产更优质的产品。

前已述及，农工一体化企业不仅把参与农业产业化经营的众多微观经济组织纳入农工一体化企业内部价值链，还把农业产业价值链各环节参与者也纳入农工一体化企业内部价值链，将农业产业价值链价值流和生产流程的管理和协调统一在农工一体化企业战略目标下。正是在价值链战略目标的驱动下，农工一体化企业实现了价值活动的一体化、价值链决策制定的一体化，以及价值链信息传递和绩效评价一体化，为农工一体化企业价值链创造了价值增值。下面将详细分析这3个方面在农工一体化企业价值链价值增值系统中所起的作用。

**1. 采购、生产、后勤活动一体化在农工一体化企业价值链价值增值系统中的作用**

虽然农业产业链企业内部组织一体化，使农业产业价值链的价值流和生产流程管理和协调统一在农工一体化企业战略目标下，但农工一体化企业战略选择与价值活动和流程管理面临的最重要的挑战是，不论农工一体化企业价值活动和流程各自的利益和目标是什么，如何确保参与农工一体化企业价值活动和流程所有部门的目标一致，即农工一体化企业所有价值活动和流程能共同合作，实现企业战略目标。事实上，选择适合的竞争优势和克服管理价值增值活动固有的矛盾是战略管理的本质（Stalk *et al.*，1992）。农工一体化企业通过将价值活动统一在企业战略目标下，识别哪些活动是价值链价值增值活动，哪些活动是价值链非价值增值活动，来赢得和保持企业可持续竞争优势。下面以农工一体化企业采购、生产和后勤活动一体化为例，讨论价值活动一体化在农工一体化企业价值链价值增值系统中所起的作用。

从图 4 – 3 可以看出，由于企业把投入转换成产出之前需先购买原材料，所以采购活动是价值链价值增值系统的基础。采购活动在价值链价值增值中的作用是，为实现投入到产出的转换过程购买所需的原材料。采购部门要实施"7 个恰当"，明晰采购活动的作用：即以恰当的时机和恰当的数量从提供恰当服务和恰当价格的恰当供应商运送恰当的材料到恰当的地方。农产品成本在农产品加工企业产品成本中所占的比重较大，而且农产品加工企业产品质量主要取决于农产品质量，所以采购活动的影响已经远远超过直接人工投入的影响。农产品加工企业直接从事农业生产，成为农工一体化企业之后，可以直接控制农产品的成本和质量。农产品加工企业从农户收购农产品，除了难以保证农产品质量外，由于存在违约风险，也不能保证收购农产品的数量，可能出现不能按时收购足额农产品，影响农产品加工，甚至不能按时交货的情况；同时，农业生产基地一般远离农产品加工企业，加之农产品不能足额收购，农产品加工企业还很可能出现原材料不能及时足额到货的情况。农产品加工企业直接从事农业生产，成为农工一体化企业之后，既可以确保收获农产品数量满足农产品加工的需要，也可以向农产品加工环节按时供给农产品。此外，随着农业投入复杂性和对价值增值贡献的不断增加，农工一体化企业可以通过直接控制农业投入，增加价值链价值增值。例如，种植业种子的质量直接决定收获农产品的质量和数量，种畜繁殖数量和质量直接决定育肥畜的数量和质量。所以，农工一体化企业不仅可以直接控制产品成本和质量，在一定程度上也可以影响企业生产的灵活性、配送的及时性和创造价值增值的能力。

生产活动的主要职责是通过有效地管理，把投入转换成高价值或顾客满意产品的过程。农工一体化企业通过在统一战略目标下管理价值链生产活动，可以实现企业价值链基本资源——资本、能源、知识和劳动力的增值。（1）资本决策应确保企业具有对市场需求做出正确反应的能力。通过农业产业链企业内部组织一体化，农业产业链的最终消费者成为农工一体化企业的顾客，有利于农工一体化企业制定资本决策时，更迅速地对市场需求做出正确反应。（2）能源应确保为设备提供充足动力。农工一体化企业通过内部价值链的循环经济，不仅可以变废为宝，还可以保护环境和提高能源利用率。（3）实现价值增值需具备两种知识：一是产品以及生产流程所需的技术知识；二是培育企业竞争优势的能力和控制企业日常经营活动与战略目标一致所需的管理知识。农工一体化企业大都是高新技术企业，设有自己的研究中心，具备开发新产品和生产流程所需的技术知识；此外，农工一体化企业规模较大，聘用了高层次的管理人员制定战略规划和管理日常经营活动。（4）传统上，劳动力的作用是操作机器设备或执行装配企业生产线等任务。如今，人力资源必须经过不断培训，并与生产流程融合建立学习型组织。农业生产活动对人员的技术和经验要求较高，所以农工一体化企业常年向生产基地或企业办合作社派驻技术人员，对工人或农户进行技术培训，也会定期向技术人员进行先进技术知识培训，为建立学习型组织奠定了基础。通过以上分析可以看出，农工一体化企业通过在统一战略目标下管理价值链生产活动，能更充分地把资本，能源、知识和劳动力融合在一起，更易取得低成本、高质量、按时生产的管理目标。

后勤活动对企业价值增值的影响除了与采购活动共同确保购入原材料的准时配送外，还要在生产过程中为企业价值活动配送和储存原材料（包括半成品和产成品）提供必要的支撑。通过农业产业链企业内部组织一体化，农工一体化企业将农业产业价值活动和流程置于企业内部价值链，可以合理设计价值活动和流程，更易于后勤活动及时把原材料运送到指定的、地理位置不同的价值活动和流程中。此外，农业生产活动易受地域条件的限制，农业生产基地通常远离农产品加工车间，有时农业生产和农产品加工甚至不在同一个省市；农产品可能销往全国，甚至海外。通过农业产业链企业内部组织一体化，农工一体化企业把农业生产、农产品加工、农产品流通置于企业内部价值链，农业产业链的最终消费者成为农工一体化企业的顾客，通过管理运输、储存、记录、订单处理以及其他的后勤活动可以统筹原材料在企业内部价值活动之间的流转。因此，农工一体化企业后勤活动能为顾客服务提供更多支持，确保顾客在需要的时间和地点购买到所需产品。

**2. 基础设施、原材料、技术和人员决策在农工一体化企业价值链价值增值系统中的作用**

虽然采购、生产和后勤活动的一体化有利于农工一体化企业赢得和保持竞争优势，但只有这三个活动之间高度合作且战略目标完全一致时，才可以完全发挥他们在价值链价值增值系统中的潜能。基础设施、原材料、技术和人员是采购、生产和后勤活动经常遇到的决策问题。农工一体化企业通过制定这四项决策，可以把采购、生产和后勤活动联结成为紧密结合的价值链价值增值体系；通过对这四项决策过程的管理，更有利于企业赢得和保持可持续竞争优势。下面将详细分析这四项决策在农工一体化企业价值链价值增值系统中所起的作用。

基础设施决策决定了产品或服务为企业创造价值增值的数量以及创造价值增值的方式，所以影响基础设施设计和发展的决策是企业长期竞争优势的关键，基础设施决策也决定了企业价值增值的源泉和生产率。农工一体化企业具有农业产业链企业内部组织一体化的特点，所以采购活动可以将农业产业价值活动和流程置于企业内部价值链，考虑价值流程的自制与外购决策和价值链供应数量，合理设计农工一体化企业价值流和生产流程的范围。农产品加工企业不从事农业生产活动，常常会面临农产品能否及时、充足供应问题，如果农产品不能及时、充足供应就会影响农产品加工企业生产线的使用效率。此外，由于为农产品加工企业提供农产品的农户较分散，给企业带来厂区选址的困难，而且农户提供农产品的质量和体积不同，可能还会给农产品加工工艺产生影响。农产品加工企业采用农工一体化企业形式，可以解决生产活动中农产品供应和产能利用问题，也可以在自有基地附近建立厂房，减少农产品质量和数量供应对农产品加工工艺的影响。农产品加工企业采用农工一体化企业形式，用企业自己的配送网络从事农业生产活动所需材料的配送，可以节约成本，增强快速、准时配送的能力。

对于大多数企业来讲，材料管理始于向供应商购买原材料。农业投入生产资料种类繁多，相对于分散的农户，农工一体化企业采购活动可以减少供应商的选择和管理，与供应商发展长期合作关系。通过农业产业链企业内部组织一体化，农产品供应商、农产品流通等价值链坏节成为农工一体化企业内部组织，农工一体化企业生产活动通过运用生产资源计划（MRP）、准时生产（JIT）和全面质量管理（TQM）消除整个价值流程的浪费。通过建立整个价值活动的信息网络，农工一体化企业后勤活动可以确保原材料从供应商按时运送到需要使用原材料的价值流程，也可以协调材料在整个价值流程中的运输和仓储，同时确保产品在恰当的时间从企业运送到恰当的地点，保证农产品质量和数量的同时，为价值活动提供连续、敏捷的实物流转。

技术对农工一体化企业价值增值能力的影响越来越瞩目。相对于分散的农户，农工一体化企业农业投入生产资料的数量多。采购活动运用计算机技术，可以统筹农业投入生产资料数量和种类，集中采购，获得规模经济的好处，同时简化和减少与供应商之间的订单次数和记录储存数量，甚至可以开发和管理世界级供应网络，让企业购入最好的原材料。运用计算机，农工一体化企业生产活动可以从农业投入开始记录、监控和控制价值链实物流；条形码也可以从农业投入开始提供订单状态的实时信息和实施全过程的质量溯源控制，帮助企业增加生产的敏捷性，提高产品质量和降低成本。农业生产具有多样性和分散性的特点，运用计算机技术，农工一体化企业后勤活动可以统一管理和控制材料运输，追踪和迅速完成运输过程，设计配送中心，取得最优装卸和路线设计。

由于与人员相关的决策可以影响工作效率和工作质量，所以人员给企业价值创造带来广泛的影响。人员决策对采购、生产和后勤活动带来的影响是相似的。就农工一体化企业来讲，农工一体化企业大都拥有自己的技术人员和管理人员，农户变成农工一体化企业的职工之后，企业对农户定期进行教育和培训，在提高农户农业生产技术的同时，也提高了农业生产的效率和效益。同时，农工一体化企业把农户变为企业职工之后，通过设计和实施合适的业绩评价和奖励制度，不仅让农户分享到农业生产活动的价值增值，也让农户分享到农产品加工和流通环节的价值增值，实现了通过建立业绩评价和奖励制度促进农户技能发展，把农户真正融入农业产业价值增值过程的目的。

**3. 信息和绩效评价为农工一体化企业价值链价值增值活动和决策制定提供纽带**

从前面的分析可以看出，农工一体化企业实现了农业产业价值链企业内部组织一体化，农业产业价值链的采购、生产和后勤活动置于农工一体化企业统一战略目标下，农业产业价值链的基础设施、材料管理、技术和人员管理决策把采购、生产和后勤活动联结成为紧密结合的价值链价值增值体系。但要实现企业价值活动和决策制定的一体化，还需在价值活动和决策之间建立广泛的信息传递桥梁，向执行价值活动的组织传达战略目标及其在价值活动中的作用。农工一体化企业实现了农业产业价值链的信息内部共享，有利于价值活动参与者更好地理解价值活动之间的联系和相互关系，建立更融洽的工作关系。同样，农工一体化企业统一农业产业价值链绩效评价系统，有利于创建和谐的农工一体化企业文化氛围，消除不良行为，促进价值活动更紧密的合作。下面将详细分析信息和绩效评价在农工一体化企业价值链价值增值系统中的作用。

信息对一体化价值活动具有普遍的影响，因为战略规划的制定和实施，以及经营管理的日常控制都需要信息。实际上，信息一体化是企业价值活动和决策制定一体化的基础。农工一体化企业通过信息一体化，可以制定企业价值链目标，并将企业价值链目标传达给价值活动和流程各部门，进而实现企业价值链目标。农工一体化企业的信息一体化，全面地为农工一体化企业价值活动提供了5种信息：第一，顾客期望和价值链需求的信息，使农工一体化企业能为顾客提供可持续的价值增值；第二，竞争者战略和能力的信息，不仅帮助农工一体化企业管理层预见将来可能遇到的竞争态势，而且让管理者更清楚竞争对手对企业战略做出的反应；第三，企业外部经营环境的信息，可以帮助农工一体化企业识别威胁和机会，例如新市场成立或新技术出现的信息；第四，企业内部资源的信息，帮助农工一体化企业选择适合的竞争优势，企业竞争战略成功的制定和实施前，必须了解自身的优势和劣势；第五，与内部资源最相关的信息是价值活动之间联系和相互关系的信息，通过识别企业与供应商、顾客之间的联系以及价值活动之间的相互关系，能正确界定农工一体化企业核心价值流和生产过程流，传递竞争能力，决策制定时帮助权衡整个价值链价值增值系统的均衡。农工一体化企业的信息一体化，为农工一体化企业提供了更精确、相关和及时的信息，把每类信息归总之后，能更系统全面地规划企业战略。此外，农工一体化企业的信息一体化，有助于农工一体化企业对价值活动的经营管理实施日常控制。例如，供应商数量、类型和业绩的信息对于控制采购过程是重要的；生产批量、质量和时间信息对于生产过程中原材料的控制是重要的；完工产品库存、运输费用和顾客到期日的信息是实施配送控制所必需的。

农工一体化企业通过建立价值链绩效评价系统与信息系统一体化导向的企业文化，实现价值链绩效评价体系与信息共享机制共同传递企业战略目标，使管理者和员工获得可靠的信息。通常情况是，绩效评价机制比信息共享机制能更有效地改变人的行为。因为相比告知应该做什么，管理者和员工更关注评价机制。因此，绩效评价机制应传递给组织内的每一位员工。由于农业产业链企业内部组织一体化，农工一体化企业的绩效评价系统不仅涵盖了对整个农业产业价值链业绩的评价，还包括对价值活动、流程和作业业绩的评价，可以帮助农工一体化企业迈向更具竞争优势的地位。因为农工一体化企业价值链的战略目标就是整个农业产业价值链的战略目标，所以，农工一体化企业绩效评价体系是按照农业产业价值链（农工一体化企业价值链）的战略制定，有利于促进价值活动、流程、作业的目标与农业产业价值链（农工一体化企业价值链）战略目标相一致。因此，农工一体化企业绩效评价体系能引领企业价值链沿着战略目标不断创造价值增值。总之，农工一体化企业良好的绩效评价系统与信息分享机制相结合，有助于消除企业价值链价值增值活动与决策制定分离造成的鸿沟。

## 4.5　农工一体化企业价值链模型

### 4.5.1　波特的价值链模型

波特（1985）把"价值"定义成"买方愿意为企业提供给它们的产品或服务所支付的价格，价值用总收入来衡量"①，价值链可以反映企业的总价值，企业的总价值由价值活动和利润（总价值与价值活动总成本之差）构成。波特（1985）构建的通用价值链如图 4 - 4 所示：一个企业的价值链主要由基本活动、辅助活动和利润构成。基本活动是与产品价值创造有关的活动，辅助活动是支持基本活动并提供相互协作的活动。辅助活动中的采购、技术开发、人力资源管理可以与具体的基本活动相联系，但企业的基础设施支持整个价值链。波特（1985）认为，识别价值活动应该从"技术上和战略上"区别，与会计上的分类（间接费用、管理费用、直接人工）是不同的。

基本活动包括：（1）进货后勤，主要有原材料仓储、材料搬运、库存管理等活动。（2）生产作业，是指将投入转化成产成品的各种活动，如加工、测试、包装、设备维修等活动。（3）发货后勤，是指把产品储存和分销给客户的活动，如产品库存、运货车辆管理、订货单处理等。（4）经营销售，是指向客户提供的购买产品手段的活动，如广告、销售人员运作、销售渠道的选择和管理。（5）服务，是指提高和维持产品价值的活动，如安装、维修、零部件供应等。

---

① ［美］迈克尔·波特．竞争优势．陈小悦译．北京：华夏出版社，1997：36.

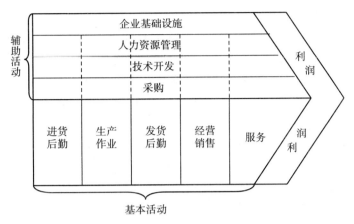

**图4-4  波特构建的通用价值链**

资料来源：［美］迈克尔·波特. 竞争优势. 陈小悦译. 北京：华夏出版社，1997：37。

辅助活动包括：（1）采购，仅指购买职能，而不指购买价值链投入的活动，尽管原材料采购通常集中于采购部门，但购买经常分散在企业的其他各个部门，如临时办公人员、销售人员，甚至是战略咨询人员。（2）技术开发，波特（1985）定义的技术开发比通常所说的研究与开发（R&D）范围宽泛，主要有产品开发和工艺开发。技术开发在企业许多部门进行，如会计部门的办公自动化。（3）人力资源管理，包括各类人员的招聘、雇佣、培训、发展和薪酬，这些活动主要集中在人力资源部门，但也分散在企业其他部门。波特（1985）指出：员工的技能和积极性以及企业为此付出的成本可能会影响企业的竞争优势。（4）企业基础设施，包括全面管理、财务、会计、法律、公司事务和质量管理。通常只被看成是"间接费用"，但也是竞争优势的来源，例如，同规则制定机构进行的技术谈判。

为了分析价值链，识别企业竞争优势，波特（1985）把每类基本活动和辅助活动又分成三类：（1）直接性活动。是指直接关系到为顾客创造价值的活动，依企业有不同的分类，主要有组装，销售人员运作、产品设计、广告和招聘。（2）间接性活动。指能使直接性活动持续不断进行的活动，如维修、预订计划、销售人员管理、记账等。间接性活动经常不被理解，其实他们在成本降低和产品差异战略中起重要作用。尽管"直接性活动和间接性活动起到完全不同的经济效果"①，但管理人员仍然易把二者

---

① ［美］迈克尔·波特. 竞争优势. 陈小悦译. 北京：华夏出版社，1997：44.

混为一谈。波特（1985）指出：直接性活动和间接性活动也常存在权衡取舍问题，如机器维修支出的投入能降低机器成本。同时指出，间接性活动也常被归入"间接费用"，淡化了间接性活动对成本降低和产品差异化战略的影响。（3）质量保证。是指确保其他活动质量的活动，如监督、检查、测试。这个定义是波特在1985年给出的，与"质量管理"是不同的概念，因为"质量"是众多活动的结果。

从波特（1985）的通用价值链来看，要确定一个特定产业中特定企业的价值活动，又可进一步细分价值活动，如经营销售可以被细分为营销管理、广告、销售人员与管理、销售人员运作、促销等。价值活动细分到活动之间没有联系为止。价值活动细分应以不同的经济含义、对产品差异化具有很大影响和在成本中占相当比例为原则。将活动恰如其分的分类可能需要判断，特别要按照企业特点、行业特点、竞争优势的来源划分。如订单处理可能会被归为发货后勤，但如果订单处理是企业与客户之间相互沟通的重要方式，就应被归为营销和销售。企业要做的是正确识别价值活动。价值活动的归类是"任意的，但应采用对企业经营提供最佳理解的选择方法"①。

尽管价值活动要被分解，但价值链不是一系列相互独立的活动，而是相互依赖的活动组成的系统。联系是一项价值活动进行的方式和另一种价值活动的成本或效益之间的关系。波特（1985）强调，竞争优势常常就存在于这些价值活动之间的联系中。例如，购买高质量、准备好的原材料可以简化生产过程、减少浪费；促销活动的时间可以提高快餐店利用效率。联系是微妙的，企业要用心去理解。波特（1985）指出："相同的功能可以通过不同的方式来实现"②，如高质量的零部件、生产过程中明确的细微公差、100%的产成品检查都可以达到符合规格的要求，不同的企业可以选择不同的方式来实现不同的竞争优势。"间接性活动可以改善直接性活动的成本和效益"③，如改进计划（间接性活动）可以减少销售人员的时间（顾客抱怨）和运输工具的时间（重复运输）。确定联系和建立联系之间的信息流是困难的，所以波特（1985）认为，"管理联系是比管理价值活动本身更为复杂的组织任务"，辨认和管理联系的能力"是获得竞争优势的取之不尽的源泉"④。

---

① ［美］迈克尔·波特.竞争优势.陈小悦译.北京：华夏出版社，1997：48.
② ［美］迈克尔·波特.竞争优势.陈小悦译.北京：华夏出版社，1997：49.
③ ［美］迈克尔·波特.竞争优势.陈小悦译.北京：华夏出版社，1997：49.
④ ［美］迈克尔·波特.竞争优势.陈小悦译.北京：华夏出版社，1997：50.

波特（Porter，1985）又把价值链的概念扩展到了"价值系统"，一个企业的价值链蕴藏于范围更广的一连串活动之中（如图4-5所示）。至少有3种价值链：（1）供应商价值链，是创造和运送企业价值链外购投入的价值链；（2）渠道价值链，是产品达到客户的运送价值链；（3）买方价值链，是产品差异化的本源，因为产品的作用决定了客户的需求。因此，波特（1985）指出：管理者不仅要了解自己企业的价值链，还要了解企业怎样适合于整个价值系统。在一个产业中，企业的价值链可能因其产品种类不同或客户、地理位置以及销售渠道的不同而有所变化。例如，企业会严格限制他们的"竞争范围"，仅服务于特定产业细分市场的企业能使其价值链适应于该市场，并取得低成本或产品差异化的竞争优势。企业不仅要知道每个企业的价值链是不同的，懂得本企业如何适应整个价值系统更关键。

**图4-5　单个产业的企业价值链系统**

资料来源：［美］迈克尔·波特. 竞争优势. 陈小悦译. 北京：华夏出版社，1997：34.

### 4.5.2　涉农价值链模型回顾

国内研究文献关于涉农企业价值链模型的研究主要有两类：一是农业产业或农产品价值链模型，其中，有的构建了整个农业产业或所有农产品的价值链模型，有的构建了某个农产品的价值链模型；二是农业产业龙头企业的价值链模型。

洪银兴等（2009）从农业产业化经营与微观农业产业组织的角度认为，农产品价值链包括两个方面："一是农产品种植、加工、销售等环节上企业的价值链；二是各环节之间的纵向联系通过对影响各环节企业价值创造而形成的价值链"[①]。将二者综合起来，构建了如图4-6列示的农产品价值链。同时指出，在图4-4中没有列出各价值链环节上每个企业内部价值活动，即从投入到产出的全过程涉及的基本活动和辅助活动。他们对企业利润的形成也有一个价值链，与波特（Porter，1985）界定的企业

---

[①]　洪银兴，郑江淮. 反哺农业的产业组织与市场组织. 管理世界，2009（5）：67-79.

价值链类似。

| 各价值环节 | 各价值环节上企业 | | | | 价值链驱动方向 |
|---|---|---|---|---|---|
| 投入 | 农药 | | 种子 | | ①生产者驱动 |
| 生产 | 小农户 | 订单农业 | 其他农业生产者 | | ① |
| 加工 | 生鲜食品加工企业 | | 其他深加工企业 | | |
| 流通 | 经纪人 | 批发商 | 出口商 | 进口商 | ② |
| 零售 | 超市 | | 其他零售商 | | ②购买者驱动 |

**图 4-6　农产品价值链示意**

资料来源：洪银兴，郑江淮．反哺农业的产业组织与市场组织．管理世界，2009（5）：67-79．

陈洪（2008）从农产品流通角度构建了农产品流通价值链，"是指农产品流通过程中的几个关键增值环节的附加价值"[①]，如图 4-7 所示。从图 4-7 可以看出，战略规划、营销品牌、新技术研发、物流位于 U 形价值链的高端，附加值率最大；加工环节位于 U 形价值链中端，附加值率次之；生产环节位于 U 形价值链的最底端，附加值率最小。

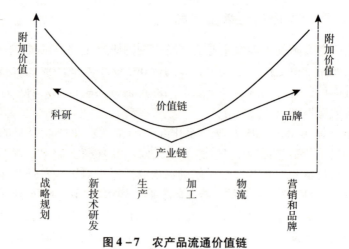

**图 4-7　农产品流通价值链**

资料来源：陈洪．农产品流通价值链分工视角下的产业升级．求索，2008（2）：20-22．

---

①　陈洪．农产品流通价值链分工视角下的产业升级．求索，2008（2）：20-22．

此外，陈瑶和傅新红（2006）从四川省洪雅县的现状出发构建了洪雅县牛奶产业价值链模型；陈劲等（2007）结合珍珠产业的特点构建了珍珠产业的产业价值链模型；顾丽琴（2007）提出了拓展农业产业价值链以及农业产业价值链网络结构模式；李杰义（2011）构建了低碳经济条件下新型农业产业链的价值链；高阔（2011）从食品安全角度分析了我国生猪产业价值链。

李燕琼和张学睿（2009）构建了农业产业化龙头企业的价值链模型，如图 4 - 8 所示。该模型与波特（1985）的模型相比，主要有两点区别：一是考虑到农产品原料基地的重要性，将辅助活动中的采购环节作为农业产业化龙头企业的基本活动；二是农业产业化龙头企业的社会资源管理涉及龙头企业与相关产业组织的联盟和合作，将企业的社会资源管理列为农业产业化龙头企业价值链的辅助活动。

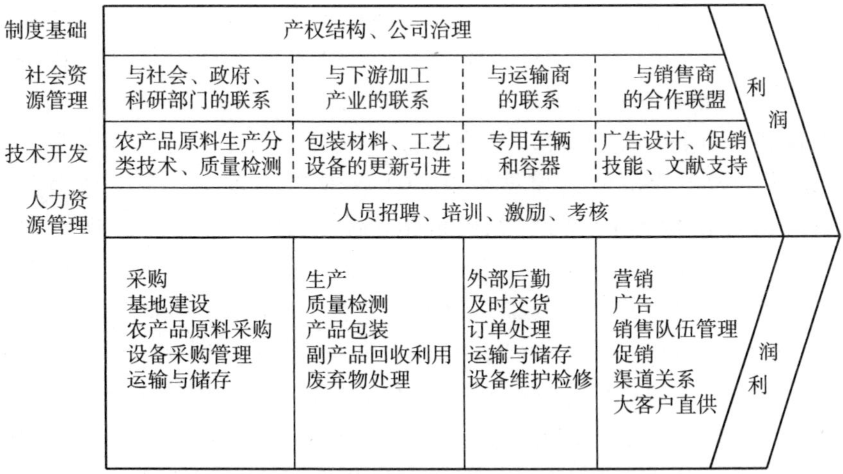

| 制度基础 | 产权结构、公司治理 | | | | 利 润 |
|---|---|---|---|---|---|
| 社会资源管理 | 与社会、政府、科研部门的联系 | 与下游加工产业的联系 | 与运输商的联系 | 与销售商的合作联盟 | |
| 技术开发 | 农产品原料生产分类技术、质量检测 | 包装材料、工艺设备的更新引进 | 专用车辆和容器 | 广告设计、促销技能、文献支持 | |
| 人力资源管理 | 人员招聘、培训、激励、考核 | | | | |
| | 采购 基地建设 农产品原料采购 设备采购管理 运输与储存 | 生产 质量检测 产品包装 副产品回收利用 废弃物处理 | 外部后勤 及时交货 订单处理 运输与储存 设备维护检修 | 营销 广告 销售队伍管理 促销 渠道关系 大客户直供 | 润 利 |

**图 4 - 8　农业产业化龙头企业的价值链模型**

资料来源：李燕琼，张学睿. 基于价值链的农业产业化龙头企业竞争力培育研究. 农业经济问题，2009（1）：53 - 56.

国外研究文献主要是从农产品角度研究特定农产品的价值链。杰弗里和迈克尔（Jeffrey & Michael Boland，2000）设计了美国牛肉产业价值链，认为美国牛肉产业价值链由良种繁育、牛犊饲养、育肥、养殖、屠宰、切割、包装、批发和零售等环节组成；乔尔（Joel Johnson Mmasa，2012）构建了坦桑尼亚甘薯价值链的概念框架；泰勒（Taylor *et. al.*，2009）从需求管理的角度构建了奶酪产业价值链框架。

从上面的研究文献可以看出，现有研究文献主要是从农业产业化经营的角度研究农业产业链各环节的价值链。从事农业投入、农业生产、农产品加工、农产品流通的企业是农业产业价值链各环节的主体，虽有文献研究农业产业价值链各环节的企业内部价值链，但鲜有研究文献结合农业产业价值链的特点，将农业产业价值链各环节置于一个企业主体内，作为企业内部价值链构建农工一体化企业价值链模型。

### 4.5.3 农工一体化企业价值链模型

波特（1985）构建的价值链模型作为制定战略的工具，为企业提供了"使用系统性方法考查企业所有活动及其活动之间相互影响"①的模型，从企业传统价值来源评判企业主要的内在核心活动。但是，在过去的20多年中，企业的交易和活动已经发生了显著的变化，驱动企业市场价值的因素也发生了改变，纯粹的向内聚焦战略已经不能适应当今世界企业的发展趋势。成功的企业正在从关注企业内部的战略发展模式向把企业置于更广阔的视野考虑企业战略的发展模式转变。如果像波特（1985）所说，竞争优势"来自于企业所有活动的协调统一"，那么为了让价值链模型更有助于企业提高效率，企业所有活动都应该包括在价值链模型中，例如通过外部联系创造企业价值的活动。

波特（1985）指出：从通用价值链来看，要确定一个特定产业的特定企业的价值活动，每种价值活动又可进一步细分。因此，对农工一体化企业来说，在通用价值链的基础上还有属于农工一体化企业的特定价值活动。考虑到农工一体化企业价值链驱动因素、价值链特点和目标，每个特定价值活动又可进一步细分成多个关键活动。本文按照上述思路，构建了农工一体化企业价值链模型，如图4-9所示。从图4-9可以看出，农工一体化企业价值链模型由两部分构成：上部分是农工一体化企业价值链通用模型，下部分是农工一体化企业价值链基本流程。农工一体化企业价值链通用模型与波特（1985）的通用模型相比，主要区别有：

---

① ［美］迈克尔·波特．竞争优势．陈小悦译．北京：华夏出版社，1997：33.

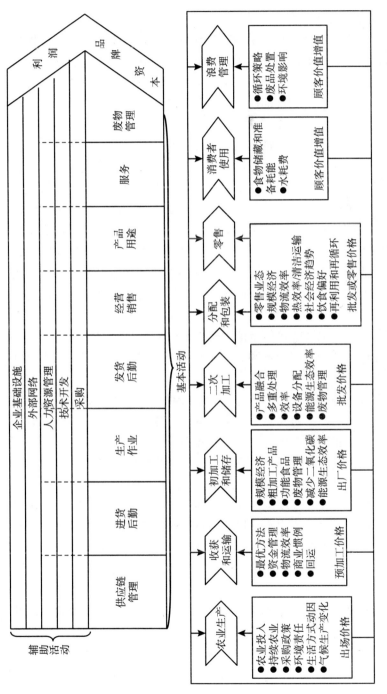

图 4-9 农工一体化企业价值模型

### 1. 价值增值增加了品牌资本

企业价值已不仅仅建立在基于资产和利润率的传统财务分析的基础上。市场上企业价值还包括无形资产的价值，如领导才能、创新能力、品牌资本等。价值链中"价值"的定义从利润转变成了利润加品牌资本等其他无形资产的价值。增加品牌资本到价值链模型中，可以评估战略选择如何影响企业"硬"和"软"的资产，以及企业的竞争优势。

农工一体化企业价值链驱动因素之一是品牌运营。随着消费者生活水平的提高，食品质量安全问题越来越受到社会的关注，成为消费者在购买农产品时考虑的重要因素之一。农工一体化企业通过农业产业链企业内部组织化，能更好地从源头上控制农产品质量安全，运用品牌运营保证企业生产的农产品具有优质、安全的属性，消费者愿意比同类农产品支付更高的价格购买企业生产的农产品。同时，农工一体化企业通过品牌运营，提高了企业的声誉，使企业特定活动的战略选择建立在短期利润和提高品牌资本的长期利润的基础之上。因此，通过品牌运营赋予农工一体化企业生产的农产品属性溢价和企业良好声誉，给企业带来了价值增值。所以，农工一体化企业价值链的价值增值由两部分组成：一是农工一体化企业的利润，即各种活动总价值与各种活动成本总额之差；二是农工一体化企业的品牌资本。

需要说明的是，农工一体化企业的农产品在收获之前，是企业的生物资产，是活的动物或植物。生物资产具有自然增值的特性，其价值会随着生物资产的自然增值而增加，因此，即使未出售的生物资产在收获之前，农工一体化企业的价值也会随生物资产的自然增值而增加。由于生物资产没有出售，所以其自然增值导致的农工一体化企业价值增加是未实现利润。虽然我国会计准则规定，只有生物资产存在活跃交易市场时才能以公允价值计量，但以历史成本计量的生物资产，其自然增值同样也给农工一体化企业带来了价值增加。所以，本文认为，农工一体化企业的利润除了包括农工一体化企业各种活动已实现利润外，还包括生物资产自然增值给企业带来的未实现利润。

### 2. 价值链基本活动增加了供应链管理、产品用途和废物管理活动

（1）供应链管理。在《竞争优势》中，波特（1985）清楚地阐述了企业价值链如何通过供应商价值链和渠道价值链与供应链之间相互影响，波特（1985）认为，企业的价值链与供应商的价值链是完全脱离的。对于传统的战略研究者来说，将供应链直接纳入企业价值链是难以

让人信服的。

但是，农工一体化企业与供应商之间的关系变得越来越复杂。虽然农产品加工所需的原材料由农工一体化企业的农业生产部门提供，不需向供应商采购，但仍然要向供应商采购农业生产所需的各种投入，如种子或种畜、饲料或化肥、农用工具和农用机械等；随着农产品零售市场销售额越来越集中，农工一体化企业更要处理好与零售商之间的关系。同时，农工一体化企业价值链一般包括农业生产、农产品加工、销售和流通等环节，而且生产的产品种类繁多，企业内部就是一个较复杂的供应链系统，所以还要处理好企业内部价值活动之间实物流、信息流和资金流的传递。因此，农工一体化企业内部从事管理实物流、信息流和资金流的活动已成为企业的基本活动。采购部门不再是农工一体化企业唯一一个与企业供应商联系的部门，农工一体化企业价值活动都有可能与供应商在采购、研发、营销、人力资源、健康与安全、质量等活动之间产生联系。

因此，本文认为，虽然在波特（1985）通用价值链模型中供应链管理不是企业价值增值活动，但在农工一体化企业价值链通用模型中，供应链管理已成为农工一体化企业一项重要的价值增值活动，企业选择处理与供应商和顾客之间关系的一系列活动成为企业获得竞争优势的一个重要因素。供应链管理主要涉及农工一体化企业内部价值活动之间以及企业与供应商和顾客之间相互影响的活动，如产品质量、研究与开发、产品开发合作、生产知识的共享等。

（2）产品用途。将产品和服务的用途加入农工一体化企业通用价值链模型，是因为产品和服务的用途也是供应链管理的一部分。供应链管理不仅是采购部门的活动，顾客关系也不仅仅是营销、销售、订单处理部门的活动。产品用途包括与发展产品用户网络相关的活动，或者与企业战略从销售产品转变成提供服务有关的活动。产品用途主要是指关于消费者如何使用产品的活动，如管理客户网络、产品测试和开发、品牌运营等。

农工一体化企业价值链易受消费者偏好和生活习惯的影响，要求农工一体化企业通过建立与消费者的关系，及时了解消费者的需求，并根据消费者的要求重新设计产品，甚至重新识别农工一体化企业价值链的各项活动。将产品用途加入农工一体化企业价值链模型，体现价值链模型反映了企业与客户共同创造价值的思想。

随着对消费者需求的了解，农工一体化企业的战略可能从提供产品变成了提供服务，从而获得更大的价值增值。例如，为了满足人们快捷生活节奏的需求，农工一体化企业提供的农产品尽量做到方便、即食；为了满足人们对食品质量安全的需求，出现了有机食品、绿色食品和无公害食品。企业通过战略关系而不是价格竞争取得发展，通过客户使用企业的产品或服务发展农工一体化企业的竞争优势。还可以通过建立品牌价值来实现价值增值，例如，通过品牌运营，向消费者保证本企业生产的农产品是优质、安全的，从而赋予产品属性溢价。把产品用途作为价值链的重要战略地位，意味着企业认为顾客关系是价值链的重要组成部分，而不仅仅是销售和服务部门的职责。

（3）废物管理。由于农工一体化企业产品种类繁多，在农产品生产和加工过程中会产生很多副产品和废弃物，副产品可以继续加工或直接出售，废弃物可以回收后再利用；同时，回收利用这些副产品和废弃物，还可以使农工一体化企业价值链形成循环经济。此外，消费者食用农产品之后，也会产生废弃物，主要是各种食品的包装物。啤酒、白酒、饮料等的包装物企业可以回收后直接再利用，其他食品的包装物虽然不能回收后直接再利用，但应考虑回收加工后再利用，即使回收加工后仍不能再利用的包装物，应充分考虑将这些包装物选用的材料对环境造成的影响降到最低。农工一体化企业在价值链的各环节综合考虑废物管理，可以给农工一体化企业带来价值增值。因此，在农工一体化企业价值链的基本活动中还应考虑产品的剩余价值——使用产品后给企业带来的价值增值。废物管理是指与产品使用之后有关的管理活动，如副产品和废弃物的再利用、产品回收、环境影响等活动。

废物管理给农工一体化企业带来了挑战和机会，农工一体化企业利用好废物管理可以增加企业价值，利用不好会给企业带来价值损失。废物管理活动使农工一体化企业从产品本身获得了更多的价值，相比于那些没有考虑废物管理活动的企业，把产品初次使用之后的管理活动包括在战略中的企业会更具有竞争优势。不仅大多数产品在初次使用后存在价值，在消费者使用产品后提供给消费者废物利用的机会，还能给公司带来获得继续销售的机会。应让农工一体化企业的每一位员工了解，通过寻求废物管理的价值可以获得企业潜在价值增值的机会，让员工识别增加废物管理改进的活动，增加企业价值增值。

**3. 价值链辅助活动增加了外部网络活动**

在许多方面，价值链模型中最难的是外部网络的管理——与顾客、供应商、政府、社团、利益相关者之间的联系。虽然企业的各种价值活动与外部网络之间的联系以及外部网络对企业盈亏的直接影响很难用经验检验被证实，但利益相关者管理理论和社会资本理论已经论述了企业能通过有效地与外部网络合作保护企业声誉、开发新产品、扩大企业价值（Wheeler et al.，2003）。外部网络是指与外部网络管理和合作有关的活动，外部网络包括其他的企业、教育机构、社区、政府、公民组织、客户群等可能与企业共同创造价值的组织。

20 世纪 90 年代以来，出现了一些外部网络应用的研究文献（Evans & Wurster，1997；Dalton，1997；Flanagan，1997；Frost，1998；McCarthy，1997；Schnaidt，1997；Strom，1997；Tweney，1997；Anandarajan et al.，1998），总体来说，这些研究文献阐述了如何用外部网络减少成本并赢得竞争优势。例如，埃文斯和沃斯特（Evans & Wurster，1997）讨论了美国汽车行业如何建立行业外部网络，将汽车制造商与其成千上万个供应商联系在一起，这个系统可以为参与者一年节约数十亿美元，还可以减少订单错误，加速信息在二级、三级供应商的传递速度；Anandarajan 等（1998）以某企业为例在波特（1985）价值链模型的基础上讨论了外部网络给企业价值链不同活动带来的成本节约，如表 4 - 1 所示。

表 4 - 1　　　　使用外部网络节约的价值活动成本

| 成本节约类型 | 例子 | 成本减少的原因 |
|---|---|---|
| 数据录入成本 | 减少在请购单和订单中产品信息重复输入的成本 | 产品信息会自动从一个企业数据系统进入另一个企业数据系统。 |
| 办公费用 | 减少纸张使用、邮寄费用等其他办公费用 | 电子文档的创建和传输 |
| 应收账款成本 | 平均减少发票付款时间 10 天 | ①发票更快的准备和传递（如果用电子发票）；②顾客能更快处理发票并支付（如果用电子发票）。 |
| 人工成本 | 减少价值活动所需的人工工时；各种文档的准备、储存和回收成本；文档的比较成本（如订单和请购单中的价格信息）。 | 电子版文档的准备、储存和回收更快，可自动进行文档间信息的比较。 |
| 通信成本 | 电话、传真 | 减少电话和传真的使用 |

资料来源：Anandarajan M.，Anandarajan A. & Wen H. J. Extranets：a tool for coat control in a value chain framework. Industrial Management & Data Syestem，1998，98（3）：120 - 128.

外部网络（Anandarajan et al.，1998）指利用计算机在商业贸易伙伴之间和企业内部各部门之间建立的商业信息交换的格式化结构。Anandara-jan 等（1998）从三个层面总结了实施外部网络的益处：（1）从战略层面看，更快的交易循环周期；赢得新顾客和保持现有顾客，有助于提高经营效率；对竞争性更强的新市场进入做出反应的能力。（2）从经营层面看，成本节约，提高现金流转速度。（3）从市场层面看，提升形象，赢得竞争优势，改善企业贸易关系。

企业已经认识到与外部环境中特定网略的联系，并将其作为企业战略潜在的重要组成部分，最典型的例子如技术集群。波特（1988）对集群的解释是"企业超越单个实体狭窄限制而能够取得的"①。企业作为集群中的一员能够创造竞争优势，但是"要最大化企业参与集群获得的利益，企业必须积极参与并在当地建立强大的业务"②（1988）。随着我国农业产业化集群的发展，农工一体化企业作为农业产业化集群中的一员，必然要与农业产业化集群的其他组成部分，例如其他农工一体化企业、农产品行业协会、高等院校、科研机构等，共同合作。

重要的是农工一体化企业必须找到能从企业外部网络中获得价值的活动，仅仅与技术同行、供应链、甚至是产业组织和社区团体联系是不够的，农工一体化企业必须从战略上考虑与外部网略的联系。首先应选择外部网略，并成为其中的一分子，然后再选择能为企业和网络伙伴创造价值的活动。农工一体化企业增加同外部网络的沟通，共同分析企业价值链，有利于他们之间共同合作适应本企业的战略定位，也有利于外部网络增加企业价值，如创新、知识的获取、信誉的建立。

农工一体化企业价值链基本流程是对通用模型中基础活动的进一步细分。农工一体化企业价值链基本活动的主要流程包括农业生产，收获和运输，初加工和储存，二次加工，分配和包装，零售，消费者使用，浪费管理。因为农工一体化企业价值链可以实现循环经济，所以这些价值流程的最大特点是，某些流程产生的副产品或废弃物又重新收回作为后一个流程的投入，不断循环往复，形成了一个自适应系统。图 4 – 9 列举了每个价值流程的关键控制点。

---

① Porter M. Clusters and the new economics of competition. Harvard Business Review, 1998, 76 (6)：77 – 90.

② 同上。

# 5.

# 农工一体化企业价值链会计分析

　　构建农工一体化企业价值链基本模型之后，企业还需进行价值链会计分析。通过价值链会计分析，农工一体化企业可以更清晰地了解企业价值链结构，识别企业目标价值流和目标产品，以及价值活动和流程，发现农工一体化企业价值链存在的问题和机会，提出企业价值链改进建议。价值链会计的基本方法是价值链分析法，农工一体化企业价值链会计分析的独特之处是以价值链分析为基础的可持续价值链分析。本章在借鉴食品价值链分析法的基础上，运用价值流管理、案例研究和行动研究讨论了农工一体化企业价值链会计分析的步骤。

## 5.1　价值链分析：价值链会计的基本方法

　　波特（1985）提出价值链概念的同时指出："分析竞争优势的来源需要一种研究企业所进行的一切活动及其相互作用的系统方法"，价值链分析是"这一系统方法的基本工具"[①]。本节回顾了价值链分析概念的产生和发展，以及价值链分析在管理会计中的应用。

### 5.1.1　价值链分析的产生和发展

　　价值链的产生是企业追求不同竞争战略的结果。为了识别企业竞争战略，波特（1985）以价值链为基础，首次提出了价值链分析的概念。认为价值链分析是管理人员识别企业关键活动的有效工具，可以帮助企业形成价值链，赢得和保持企业可持续竞争优势，企业的竞争优势在于比竞

---

① ［美］迈克尔·波特. 竞争优势. 陈小悦译. 北京：华夏出版社，1997：33.

争对手更具有形成价值链关键活动的能力。唐兰和卡普兰（Donelan &
Kaplan，1989）认为：价值链分析包括行业价值链和企业内部价值链，
行业价值链由行业内所有价值创造活动组成，始于基本原材料，终于产
品配送给最终消费者；企业内部价值链由特定企业内所有价值创造活动
组成。

波特（1990）认为，价值链框架是"一个互相依存的系统，或是活
动的网络，通过之间的联系联结在一起"①，如果这个系统能够精心管理，
联系将成为竞争优势的来源。德克（Dekker，2003）认为，价值链分析是
通过关注价值活动之间的相互作用，分析、协调和优化价值活动之间的联
系。价值链分析就是探寻两种联系：一是连接组织主要活动的价值链；二
是评估组成价值链的每个活动对整个组织价值增加所作出的贡献（Lynch，
2003）。但是吉本（Gibbon，2001）认为，价值链是一系列活动的链条，
产品按照依次顺序经过价值链的所有活动，通过每个活动，产品获得了价
值。同时指出，不要把价值链概念与整个活动发生的成本相混淆，例如，
甘薯的生产、收获、处理、加工和贮藏活动都会为了避免虫害或碰撞而发
生一些成本，包括杀虫剂的使用、特殊加工和贮藏工具的购买活动，由于
甘薯会因虫害的伤害而降低价值，因此这些活动相对增加了最终产品的
价值。

企业赢得竞争优势的关键是清晰地认识自己满足顾客需求的能力。企
业获利在很大程度上是依靠企业如何有效地管理价值链上的各项活动，也
就是顾客愿为企业生产的产品和服务支付的价格高于价值活动的成本。
价值链分析从理论上讲看似简单，但需要长时间的实践。价值链分析的逻
辑性和有效性已经被实践检验，因此不要求使用者与方法的创建者有同样
深入的理论知识（Macmillan et al.，2000）。

价值链分析的第一步是根据波特（1985）基本价值链框架划分企业的
关键价值活动；第二步是用成本优势或差异化战略的方法评估价值增值的
潜力；最后，根据企业战略规划，聚焦那些使企业赢得可持续竞争优势的
价值活动上。

波特（1990）设计了分析企业产品、基本流程以及产品和流程对进一
步提高竞争优势的贡献。波特（1985）认为，要理解企业竞争优势，并不
是简单地把企业看作一个整体，竞争优势来源于企业在设计、生产、营

---

① Porter M. E. The competitive advantage of nation. New York：The Free Press，1990.

销、配送等过程及辅助过程中所进行的相互分离的活动。这些年来，企业已经开始用波特（1985）的价值链分析框架识别企业价值活动，分析每个价值活动创造的价值，把企业外部购买者和供应商作为企业生产连续流程，审视他们之间的联系和价值流、绘制价值流图、识别战略成功的关键活动和分配价值链资源。按照这些步骤，通过价值链分析可以识别和加强对企业战略贡献最大的价值活动。

可以说波特（1985）最初设计的价值链框架增加了对顾客和供应商之间关系的理解。但正如波特（1985）所认为的，这个框架也有他自身的缺陷，波特（1985）告诫不要"应用价值链分析在太高的水平"。他认为，一个行业可以细分成许多不同的组成部分，不同的组成部分意味着不同的流程、不同的经济关系和动态变化。因此，波特（Porter，1985）的价值链分析可以用于评价价值链参与者之间静止的关系，但不利于理解连续的、不断重新定义的高时速行业动态价值链关系。

价值链分析是诊断当前价值链状态和识别将来价值链改进的工具，与价值流图（value streaming mapping）有些类似。价值流图是由琼斯和沃马克（Jones & Womack）创建的（Womack et al.，1990；Womack & Jones，1996；Jones & Womack，2002），海因斯、里奇（Hines & Rich，1997）和罗瑟、舒克（Rother & Shook，1998）将价值流图应用于精益生产。价值流图关注企业内部和企业之间的实物流和信息流，通过运用精益思想提高企业竞争力。价值流图基于价值创造的成本视角，关注效率和浪费的驱动因素（Hines et al.，2004）。价值链分析也关注浪费的消除和实物流的效率，但还关注组织内部之间的联系（Taylor，2005）。除此之外，价值流图主要关注制造过程，而价值链分析的视线包括基本投入的供应商和服务的提供者以及他们对价值创造的贡献和在价值活动中产生的浪费。

泰勒（Taylor，2005）认为，价值链分析是"通过产品流动分析、信息流分析和价值链的管理和控制对价值链业绩的多维评价"[①]，在价值链不同阶段为不同利益相关者提供了改进的机会。价值链分析包括对不同利益相关者之间关系的评价。价值链利益相关者之间的关系可以提高信息流效率，达到实物流的经济优化——合理分配时间、人员和技术。因此，价

① Taylor D. H. Value chain analysis: an approach to supply chain improvement in agr-food chain. International Journal of Physical Distribution & Logistics Management, 2005, 35 (9/10): 744 – 762.

值链分析主要关注三个问题：第一，从最终消费直到初级生产、基本投入供应商价值链的动态信息——价值链信息流的包容性、透明度和灵敏性的程度如何？利益相关者的决策（生产什么、何时生产、如何生产）在多大程度上由顾客价值驱动？第二，在最终消费者心目中价值链每个阶段的价值创造和价值流转——哪些生产和加工活动真正地增加价值？多少投资用于价值创造活动？哪些价值活动是必要的但不增加价值（最小化配置资源）？哪些价值活动是不必要的（必须消除浪费活动，重新配置资源驱动价值创造和提高效率）？第三，关系属性——不同利益相关者之间的信任程度如何？组织内部和组织之间如何沟通？组织承诺的证据是什么？如何共担风险、共享风险报酬？如何分配价值创造（Taylor，2005；Bonney *et al.*，2007）。

### 5.1.2 价值链分析应用于管理会计的研究文献回顾

尚克（Shank，1989）、尚克和戈文达拉杨（Shank & Govindarajan，1992a；1992b；1993）首先把价值链分析应用于管理会计。在管理会计研究文献中，价值链分析被认为是战略管理会计的核心分析工具。价值链分析的核心思想打破传统的从原材料购入配送给最终消费者的活动链，而是从战略上划分这些活动，以了解成本降低和差异化来源（Shank & Govindarajan，1992a）。现有价值链分析的会计研究文献大都是概念性的，主要从企业内部进行分析，很少有价值链分析应用于会计实践的经验研究文献，这也是价值链分析的应用遭到批评的原因之一（Lord，1996）。本文对价值链分析在管理会计中应用的已有研究文献进行简单回顾。

**1. 管理价值链的相互联系**

波特（1985）认为，战略成本分析最重要的目的是管理价值链中顾客和供应商之间的联系。价值链是"从零部件供应商到最终产品配送到最终消费者'手中'的一系列相互联系的价值创造活动"（Shank，1989）①。价值链包含三类联系和关系：价值活动之间的联系，企业内经营单位之间的相互关系，企业与顾客和供应商之间的联系（Porter，1985）。最后一种联系是供应链中的"纵向联系"，主要研究企业内部价值链如何协调与顾客和供应商之间的联系。联系是指一个价值活动的业绩对另一个价值活动

---

① Shank J. K. Strategic Cost Management：New Wine，or Just New Bottles. Journal of Management Accounting Research，1989，1 (3)：47 –65.

的业绩产生的影响，也就是说，当价值活动之间有某种程度的相互作用时，价值活动间就存在联系（Shank & Govindarajan，1992a；1992b）。要想取得有效的结果就必须通过协调机制管理价值链中的各种联系（Thompson，1967），价值活动之间的联系越紧密，就越需要协调。例如，标准产品的生产反映了顺序性依存关系，而顾客定制产品，需要把顾客需求考虑到供应商生产流程中，反映的是互惠性依存关系（Thompson，1967）。后者更需要用广泛的和复杂的控制机制协调顾客和供应商之间的关系（Gulati & Singh，1998）。

顾客和供应商之间的相互关系中，联系反映了供应商的活动对顾客的活动或顾客的活动对供应商的活动在成本和利润方面产生的影响。波特（1985）认为，企业管理价值活动之间的相互联系可以减少成本和增加利润，管理价值链的相互联系也是供应链管理的核心思想。价值链分析是一种从战略上分析价值链关键活动对价值链成本和利润影响的结构化方法，通过价值链分析可以发现哪些价值活动的成本能降低，哪些价值活动的利润能提高（Shank & Govindarajan，1992a；1992b）。换句话说，价值链分析有助于优化和协调价值活动间的相互关系，当然，价值链分析可能会跨越组织边界①，会计信息是价值链分析的重要组成部分。

**2. 为价值链分析提供会计信息**

"尽管会计系统也包含成本分析有用的数据，但这些数据常常会成为战略成本分析的绊脚石"（Porter，1985）②。波特（1985）对传统会计系统的批评是因为传统会计系统以价值增值的内部导向为基础，不能为支持价值链分析提供所需的会计数据，阻碍了企业利用价值活动之间联系和相互关系的机会。尚克（Shank，1989）认为，价值增值概念的基本问题是"开始的太晚，结束的太早"，即始于购买时点的成本分析，忽略了发展与供应商的联系；终于销售时点的成本分析，忽略了发展与顾客的联系。价值增值的观点聚焦（最大化）企业购买成本与销售价格之间的差，无视更广泛的价值活动之间的联系，如购买价格的影响因素、与产品有关价值活动的成本、产品带给消费者的价值。卡尔和伊特纳（Carr & Ittner，1992）把核算从某个供应商购买原材料所发生成本的会计系统，如订货、运输、

---

① 现有文献中并没有对价值链分析是企业内价值活动为导向的内部分析，还是跨企业的价值活动为导向的外部分析做出清晰的界定，本文的价值链分析是指前者，即对整个行业价值链中企业内部价值活动的分析。

② ［美］迈克尔·波特. 竞争优势. 陈小悦译. 北京：华夏出版社，1997：62.

质量和管理成本，称为所有权总成本（Total Cost of Ownership）。与价值链分析的内容相比，所有权总成本仅分析购买某个供应商的原材料对购买方成本的影响，而没有从更广泛的价值链视角分析包括供应商和购买方的其他成本。价值链分析除了考虑购买方成本，还考虑了参与价值活动的其他企业价值活动及其发生的成本，并识别这些价值活动和成本之间的联系。德克（Dekker，2003）以三个企业为例，即原材料供应商、产品制造商和零售商，用图形说明了价值增值、所有权总成本和价值链分析三个概念在分析范围上的区别，如图 5－1 所示。

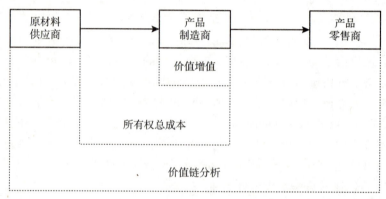

**图 5－1　价值增值、所有权总成本、价值链分析概念的比较**

资料来源：Dekker H. C. Value chain analysis in interfirm relationships: a field study. Management Accounting Study, 2003, 13 (1): 1－23.

赫格特和毛里斯（Hergert & Morris，1989）更加详细地分析了波特（1985）认为传统会计系统是价值链分析"绊脚石"的观点，认为传统会计系统在支持战略规划时主要有三个缺陷：首先，没有关注价值链关键活动，而是注重责任中心；其次，没有考虑价值活动之间的相互联系，因为一个价值活动的成本和利润常常依赖另一些价值活动的成本和利润；最后，缺乏活动执行情况的经济反映，也没有归集成本驱动因素的数据。

随着波特（1985）、赫格特和毛里斯（Hergert & Morris，1989）研究文献的发表，出现了一些关于管理会计革新的研究文献，尤其是作业成本法（activity-based costing）和战略成本管理的概念。作业成本法为分析企业内部价值链的一些问题提供了解决思路，因为作业成本法按照作业分配成本和识别成本驱动因素。尚克（Shank，1989）、尚克和戈文达拉杨

（Shank & Govindarajan，1992a；1993）发展了战略成本管理的概念，战略成本提供的会计信息开始用于培育和支持企业战略。之后的管理会计研究文献又把战略成本管理嵌入战略管理会计中，战略管理会计包括企业不同战略维度的分析，如竞争者分析、战略定位分析和价值链分析（Lord，1996）。战略管理会计提供的管理会计信息，可用于支持不同战略维度的决策，通过价值链分析寻找供应商和购买方之间的联系是战略管理会计的一个重要组成部分。

**3. 实施价值链分析**

尚克和戈文达拉杨（Shank & Govindarajan，1992a；1993）描述了价值链分析的步骤，在他们给出的价值链分析的定义中，明确地考虑了供应商和顾客之间的联系。在分析时，把价值链分解成与战略有关的活动，再把成本、收入和资产分配到价值活动中，并分析每个价值活动的成本驱动因素。这些步骤可以帮助企业分析成本习性和利润来源。当分析包括参与整个价值链的多个企业价值链时，就要充分考虑供应商和顾客之间在成本和利润方面的联系。为了赢得可持续竞争优势，最后一步是运用分析的结果，比竞争对手更好地控制成本驱动因素或重新设计企业价值链。原则上，尚克和戈文达拉杨认为，竞争优势既可以通过降低成本保持价值不变，也可以通过增加价值保持成本不变来赢得。

一些学者提出把作业成本法作为实施价值链分析的基础（Guilding *et al.*，2000；Mecimore & Bell，1995；Shank & Govindarajan，1992a，1993）。以作业成本法为基础，可以解决传统会计系统提供的数据与价值链会计所需数据不同的部分问题。正如波特（Porter，1985）所说，由价值链分析生成的成本和成本驱动因素的信息可以被用于优化和改善整个价值活动的业绩。例如，价值链分析可以使价值活动的参与者认识到，当供应商以另一种形式输送产品，提高顾客采购和储存活动的效率，或企业价值链与行业价值链中执行效率最高的企业结盟时，可以降低价值活动的成本（Dekker & Van Goor，2000）。

尚克和戈文达拉杨对价值链分析方法的论述中，假定价值链分析由一个企业执行，但把价值链分析的边界扩展到了价值链的供应商和购买者（他们称为外部视角）。德克（Dekker，2003）认为，识别企业间的相互联系，可以由价值活动的参与者共同实施价值链分析，但需要企业分享成本和业绩信息。虽然价值链联合分析可以整合多个企业的成本数据，比内部导向的价值链分析范围更广，比单个企业从外部视角执行价值链分析获取的数据更精确，但是价值链联合分析需要价值活动参与者乐意分享他们的成本数据，所以很难达成价值链的联合分析。

**4. 价值链分析的经验研究**

实践中除了德克（Dekker，2003）将价值链分析用于企业间价值链分析的经验研究外，几乎没有关于价值链分析经验研究的文献，所以并不清楚企业是否运用价值链分析，也不清楚如果企业运用价值链分析，是否如尚克和戈文达拉杨所说的那样，会计数据会阻碍价值链分析的运用。也有学者认为，由于缺少战略管理会计，包括价值链分析的经验研究，价值链分析仅是"学术设想的虚构事物"，在实践中缺乏相关性和有用性（Lord，1996）。汤姆金斯（Tomkins，2001）也对企业运用价值链分析的程度表示怀疑。琴霍尔和兰菲尔德 - 史密斯（Chenhall & Langfield - Smith，1998）、吉尔丁（Guilding *et al.*，2000）提供了澳大利亚、新西兰、英国和美国大企业实施战略管理会计实践的调查证据，其中包括价值链分析实践的证据，然而这个调查只是基于价值链分析方法的描述，并没有调查这些企业如何实践价值链分析。

## 5.2　农工一体化企业价值链会计分析：可持续价值链分析

波特和克雷默（Porter and Kramer，2011）赋予"共享价值创造（shared value creation）"新的含义——"价值链与社会互惠互利，反映了战略管理和价值链研究的新趋势"①。仅仅是狭隘的关注效率，可能会带来成本降低和浪费减少，但不可能创造任何附加价值。除此以外，企业更感兴趣的是从内部经济成本和利益向更广泛的社会成本和利益视角，研究为什么以及如何使企业赢得长期（可持续）竞争优势。政府、社会和特殊利益团体越来越关注企业应承担的给环境和社会带来的负面影响，也越来越开始质疑建立在利己主义之上的企业战略的可持续性。

农工一体化企业价值链的目标是赢得和保持可持续竞争优势，主要来源于可循环价值链和生态价值链两个方面。可持续价值链是农工一体化企业赢得可持续竞争优势的关键。弗恩（Fearne，2009）创建了"可持续价值链（sustainable value chain）"的概念，根据可持续价值链概念出现了可

---

① Porter M. E. & Kramer M. R. Creating share value. Harvard Business Review，2011，89（1/2）：62 - 77.

持续价值链分析。可持续价值链分析围绕价值链管理模型对环境和社会的影响，探讨可持续价值链分析的维度，并说明如何以及为什么要从更广泛的视角确保企业价值链内部经济的可持续性与外部社会环境影响的相互和谐。

农工一体化企业价值链对环境和社会具有深远影响。主要表现在：农业生产中化肥、农药的使用不仅影响土地的质量，还会影响收获农产品的质量和安全，进而影响农产品加工之后食品质量和食品安全，而食品质量和食品安全与人们日常生活息息相关。因此，要想实现农工一体化企业可持续价值链的目标，农工一体化企业价值链会计分析应运用可持续价值链分析法，即除了考虑农工一体化企业内部价值链的成本和效益，还强调外部因素，如健康、环境损害和资源匮乏，为农工一体化企业创造共享价值的机会。为了更好地从可持续角度分析农工一体化企业价值链，在进行价值链会计分析时应从分析边界、价值创造和治理属性三个维度，确保价值链分析有助于农工一体化企业赢得和保持可持续竞争优势。

### 5.2.1 分析边界：从企业内部、企业之间到价值链外部利益相关者

第一个维度强调的是分析的边界。现今是价值链之间的竞争，而不是企业之间的竞争越来越激烈，所以分析的边界非常重要。价值链参与者共同对价值链带给社会和环境的影响负有责任，而外部利益相关者也会影响价值创造。

许多价值链分析的研究文献从企业内部视角（Dekker，2003），反映了波特（1985）提出的最初价值链概念，即价值链是企业内部职能的划分。由于企业之间的竞争转变成价值链之间的竞争（Lambert & Cooper，2000），引起了从最大化对价格的影响而最小化保持与供应商和顾客的依存度到价值链成员之间相互交流技术和资源共同提高效率和效益的范式转变（Spekman *et al.*，1998）。因此，价值链越来越被看成是由多个企业组成的系统（Pandelica *et al.*，2009），价值链系统内的每个企业成员都应理解，并能对顾客动态需求做出反应（Horvath，2001），避免仅把价值活动看成是相继发生的连续活动，而是从整个价值链视角制定价值链的统一战略（McGuffog & Wadsley，1999）。因此，供应商可以从长期合作伙伴关系中通过更有效地分配资源和持续地降低成本而受益；顾客则可以通过对供应商施加更大的影响力而受益（Pesonen，2001）。

随着生命周期理论在政府、零售商、顾客和非营利组织的运用，企业之间的边界是价值链，而不是企业，越来越要对环境和社会承担责任（Seuring & Muller, 2008b；Ciliberti et al., 2008；Berns et al., 2009），驱使价值链上各企业之间越来越趋向共同协作经营（Seuring, 2004；Sharfman, et al., 2009）。例如，环境管理与产品开发、营销和配送结合在一起，消除对环境的负面影响或开发新产品，降低对环境的影响（Hart, 1995；Pesonen, 2001）。因此，尽管主要责任者可能是制造商，政府、零售商和顾客把需求传递给上游供应商，由于品牌拥有企业要对产品的整个生命周期负责，所以品牌拥有企业要经常不断改善整个价值链（Seuring & Muller, 2008a），以满足各种需求。这就要求整个价值链要更加稳定和透明，以确保实现环境绩效的诉诸和要求（Hagelaar & van der Vorst, 2003），"价值链内的协作经营将成为任何环境战略的基本元素"（Lamming & Hampson, 1996）①。

尽管企业边界的观点已被广泛地接受和继承，可持续价值链分析还应把分析范畴延伸到供应商—顾客—消费者之外。例如，罗斯和斯蒂夫尔斯（Rose & Stevels, 2000）、罗斯等（Rose et al., 2000）提出将环境价值链分析的实物流边界一直延伸到产品生命周期终止的管理。分析的主体可能还包括价值链外部利益相关者。尽管价值链外部利益相关者不是实物流的组成部分，但他们是关键的信息流和联系的组成部分（Donaldson et al., 2006）。政府、非营利组织和社会团体等利益相关者提供了基础设施、规章制度和社会规范，这些都有助于价值创造，例如，政府新制定的规章制度有可能增加价值链的成本（Laszlo, 2008）。

### 5.2.2 价值创造：从降低成本或浪费、实现顾客和消费者价值到价值共享

第二个维度反映了价值链价值创造的来源和受益人。尽管价值链分析起源于经营管理，尚克和戈文达拉杨（Shank & Govindarajan, 1992a）认为，价值增值不仅仅是出售的价格减去发生的成本。德克（Dekker, 2003）也指出：价值链分析应把价值活动看成是利润的潜在来源。因此，要对仅关注效率的价值链分析与延伸到效益的价值链分析做出区分

---

① Lamming, R. and Hampson, J. (1996), "Environment as a supply chain issue", British Journal of Management, Vol. 7, March, pp. 45 – 62.

（Zokaei & Simons, 2006）。传统的价值链效率只关心为顾客和消费者创造价值，这当然是首先要考虑的，但还应包含与更广泛团体共享价值的范畴。

已有公开发表的有关价值链分析的多数研究文献都涉及顾客价值的概念，因为产品要进入市场，上游的生产企业和加工企业需要为下游企业提供具有顾客价值的中间产品（Woodruff, 1997; Holbrook, 1999; Payne & Holt, 2001）。伍德拉夫（Woodruff, 1997）认为，顾客价值是"产品使用达到顾客目标和需求引起的对产品属性、性能和结果的感知偏好和评价"①。价值属性和价值属性之间相对重要性的判断，会随着供应商和顾客之间关系的不断深入而不断变化，所以价值链分析一定是动态的。创造超额价值依赖于供应商对整个购买方价值链以及购买方价值需求变化的理解（Slater & Narver, 1992; Horvath, 2001），因为只有经过下游交易之后，价值实现才能把潜在效益转换成真实效益（Ramsay, 2005）。

一些价值链分析的研究文献也包含对消费者价值评估的研究，因为消费者有权决定哪些属性构成了产品或服务的价值（Slater & Narver, 1992），特别是不存在政府补助时，消费者是价值链回报的唯一源泉（Cox, 1999; Priem, 2007）。因此，价值活动的潜在价值依赖于创造消费者价值，并实现消费者价值，所以懂得消费者心中的产品价值是至关重要的（Fearne, 2009）。当消费者第一次购买产品时，为消费者创造越多的价值，消费者越愿意为该产品支付更高的价格，购买的频率会越多，就能与企业建立更深厚的品牌忠诚度（Reinhardt, 2000; Priem, 2007; Bonini et al., 2009）。消费者价值可以来自对产品的体验，也可以来自对产品属性的信任，如环境和社会可持续属性（Reinhardt, 2000）。因此，可持续价值链分析要探究价值活动和产品属性如何影响消费者行为的产生，要认识到每个消费者对产品属性的评价不同。除了考虑消费者支付的意愿外，还要认识到顾客的文化层次、性别、社会经济等属性也会影响消费者的支付能力（Rozin, 2007）。所以，价值链分析应能够识别不同的细分市场，并运用于不同的市场环境，而不是把消费者看成是同质的（Vermeir & Verbeke, 2006）。

然而，在价值链分析中，仅认识到顾客价值以及每个消费者价值，不

---

① Woodruff R. B. Customer value: the next source of competitive advantage. Journal of the Academy of Marketing Science, 1997, 25 (2): 139-153.

能识别价值链的全部价值。霍尔布鲁克（Holbrook，1999）认为，消费者价值除了个人效用，还应延伸到集体效用和社会效用。外部因素对价值链竞争优势具有重要影响，所以是价值创造的重要组成部分。例如，外部因素可能影响社会合法性（Bozeman，1987；Hart，1995）、企业声誉（Bhaskaran *et al.*，2006；Hoffman & Woody，2008），或为新产品和市场提供机会，或提高生产率（Porter & Kramer，2011）。

### 5.2.3 治理属性：从忽视联系、渠道权力到协作

第三个维度是治理。格里芬（Gereffi，1994）把治理定义为"决定价值链内财力、物力和人力的分配和流转的权威和权力关系"[①]。只有当需要识别价值链的实物流和信息流时，一些价值链分析的研究文献才考虑联系。事实上，由于结构机制和行为机制跨越了组织职能和组织边界，创造价值的先决条件（Jayaram *et al.*，2004），价值活动之间的联系有利于进一步培育价值活动协作的潜能，所以价值活动的协作对从价值链治理中获得革新和竞争力至关重要（Bonney *et al.*，2007）。从公开市场协商到合作、协调，直到最终协作的转变，赋予了价值链可持续的竞争优势，因为这种转变是竞争对手所没有的，或是不能被交易的，或是很难被模仿的能力和资源，这些能力和资源又具有社会复杂性、模糊性和不断变化的特点（Spekman *et al.*，1998；Gold *et al.*，2009；Barney & Hesterly，2010）。

因此，治理维度比较了两种价值链分析：一种价值链分析是渠道权力在价值链治理中占统治地位，而忽视价值链联系（Cox，1999；Vermeulen & Seuring，2009）；一种价值链分析是评价企业是否具有资源和能力，形成和保持由价值创造和价值流转驱动的协作关系。第二种价值链分析的视角可以确保，运用价值链分析改进的方案能让价值链参与者共同受益，有利于保持价值链参与者协作的动力。治理维度也认识到联系对价值分配的重要性，是加强价值链社会持续性的方式之一（Fritter & Kaplinsky，2001）。

综上所述，农工一体化企业价值链会计分析以企业内部价值链为核心的同时，应充分考虑与企业有关的所有外部利益相关者的利益。此外，农

---

① Gereffi G. The organisation of buyer-driven global commodity chains: how US retailers shape overseas production networks. in: Gereffi G. and Korzeniewicz M.（eds）. Commodity Chains and Global Capitalism. Westport: Praege, 1994: 95 - 122.

工一体化企业价值链虽然几乎包含了农工一体化企业所处行业价值链，但农工一体化企业除了识别企业内部价值活动之间的联系外，仍要识别企业与农业投入供应商和最终消费者之间的联系，并与企业所处行业价值活动参与者共同协作。最重要的是，农工一体化企业应与价值活动的参与者以及价值链外部利益相关者共享价值链创造的价值，因为价值共享是基于共同的、积极的经济利益和社会利益，有助于形成价值链的长期竞争优势（Porter and Kramer，2011）。

## 5.3 农工一体化企业价值链会计分析：基本工具和步骤

### 5.3.1 食品价值链分析法

为了不断改进食品行业，英国食品加工创新单位（the Food Process Innovation Unit，FPIU）在加地夫大学（Cardiff University）建立了"食品价值链分析法"（food value chain analysis）（Francis，2004）。食品价值链分析法以精艺模型（lean paradigm）（Womack & Jones，1996）、价值流图（value stream mapping）（Rather & Shook，1999；Hines & Rich，1997）和价值链分析（Porter，1985；Shank & Govindarajan，1993）为基础建立。FPIU 把食品价值链分析法同时应用于英国的肉类、乳业、园艺和谷物企业，并不断精炼食品价值链分析法。

截至 2006 年，FPIU 完成了 15 个价值链分析项目，在研 15 个价值链分析项目，这些项目为识别现有供应链经营效率和改进价值链再造效益提供了机会。食品价值链分析法聚焦整个食品供应链——从农场到食品销售时点，覆盖了不同的销售渠道（超市、食品服务、公共渠道）和产品（商品和价值增值）。早期的食品价值链分析法研究文献（Simons et al.，2003；Simons & Zokaei，2005）说明了这种方法对改进供应链质量、成本和配送业绩的效率。近期的食品价值链分析法研究文献证实了这种方法还有助于提高供应链效益。例如左卡和西蒙斯（Zokaei & Simons，2006）关注消费者需求，运用案例研究，说明了如何运用食品价值链分析法提高供应链的效益。

泰勒和西蒙斯（Taylor & Simons，2004）总结了食品价值链分析法——10 天活动计划。10 天活动计划的内容可以分成三个部分，如表 5-1 所示。

表 5 - 1　　　　　　　　　　食品价值链分析：10 天活动计划

| 步骤 | 活动 | 方法 |
|------|------|------|
| 1 | 初次讨论 | 精益概念和价值链分析、利益共享原则、价值链结构图 |
| 2 | 讨论当前状况 | 选择一个产品结构图、创建价值链当前状态图 |
| 3，4，5 | 现场绘图 | 绘制当前状态图、识别内部经营改善机会 |
| 6 | 讨论价值链理想状态图 | 理想状态图：识别顾客价值、识别顾客价值的业绩指标、创建整个价值链的理想状态 |
| 7 | 场外 | 内部讨论战略机会的框架 |
| 8 | 讨论未来状态图 | 合理化理想到将来状况、识别将来状况的关键项目、联系关键项目和顾客价值关键业绩指标以识别整个价值链的重要项目 |
| 9 | 准备报告 | 项目所有者、利益分配、重要事件的建议 |
| 10 | 提交报告 | 提交建议报告给企业最高管理者、做出改进项目的决策 |

资料来源：Taylor D. H. and Simons D. W. Food value chain analysis in the red meat sector：a fresh value added pork case study. FPIU ［EB/OL］. http：//scholar. google. com。

第一部分是方法介绍和利益分享协议，即步骤 1。介绍食品价值链分析法的基本概念和精益思想的原则，团队成员熟悉绘制价值图以及分析的有关精益工具、技术（Hines & Rich，1997）。这个步骤的关键是制定合理的利益分享原则，并让所有的团队成员熟悉整个价值链。

第二部分是绘制当前状态图，即步骤 2 至步骤 5。首先，以顾客价值为起点构建价值链图，让团队成员熟知当前价值流程；其次，所有的团队成员走访价值链的每一个阶段，绘制包括实物流和信息流的详细流程图，为系统分析企业流程绩效和评价企业间关系提供资料。通过绘制流程图可以识别价值活动中的价值增值活动和非价值增值活动。

第三部分是绘制未来状态图，变革流程，即步骤 6 至步骤 10。绘制当前状态图和分析现有流程之后，价值链分析团队会产生对理想价值链状况的构想。理想价值链应该不考虑任何现实情况的限制，把整个价值链看成是一个一体化实体，关注价值链价值增值活动，消除非价值增值活动。价值链应服务于最终消费者，但价值链成员经常对顾客价值以及如何把顾客价值转换成价值链指标没有清晰、一致的方法。团队成员应集思广益，把顾客价值分类，并把每类顾客价值与价值链关键绩效指标相联系。

食品价值链分析法的本质是构建价值链系统图，分析与顾客价值有关的每一个战略活动的系统方法。从这个意义上讲，食品价值链分析法广泛地采用了精艺模型、价值流图和价值链分析。食品价值链分析法的主要特征是，质量和时间等属性是分析的基础，而不是产量。虽然食品价值链分析法还在不断发展和完善中，但已经形成了较完整的方法体系，并已运用于英国食品加工企业，为农工一体化企业价值链会计分析提供了设计思路和实践经验。本文在食品价值链分析法的基础上，结合可持续价值链分析的三个维度特征，以及农工一体化企业可持续价值链的特点，设计了农工一体化企业价值链会计分析的步骤。在讨论农工一体化企业价值链会计分析步骤之前，首先介绍农工一体化企业价值链会计分析需要运用的三个基本工具。

### 5.3.2　农工一体化企业价值链会计分析的基本工具

农工一体化企业价值链会计分析通常运用三个基本工具：（1）价值流管理（Value stream management）——来自于实践的工具和技术；（2）案例研究（Case study approach）——基于特定企业的特定价值链得出结论；（3）行动研究（Action study）——研究者为了搜集研究数据采用的方法。

**1. 价值流管理**

本书运用的价值流管理方法综合了以前学者的方法，包括运用海因斯和里奇（Hines & Rich，1997）创建的价值流图技术的基本元素搜集基础数据，尤其是流程活动图（process activity mapping）和需求扩大图（demand amplification mapping）是非常有用的分析工具；罗瑟和舒克（Rother & Shock，1998）用于企业流程分析的可视化绘图技术（visual mapping technology），以及后来由琼斯和沃马克（Jones & Womack，2002）将可视化绘图技术拓展到绘制整个供应链的流程图，是农工一体化企业价值链会计分析数据呈报和提出建议的基础。

价值流是一个产品（或使用相同资源的一组产品）价值流动经过的所有活动（价值增值活动和非价值增值活动）的集合，始于原材料的购入，终于产品配送给最终消费者（Rother & Shock，1998），包括整个价值链的实物流和信息流。价值流管理的最终目标是识别价值流中的所有浪费，并尽可能采取措施消除这些浪费（Rother & Shock，1998）。尽管研究者已经创建了很多工具用于优化价值链参与各方的经营管理，但这些工具大都缺乏对整个价值链实物流和信息流联系的形象化描述。价值流管理意味着从整个价值链，而不是从价值链参与个体的视角分析价值链的实物流和信息流。价值流管理创建了分析价值流程的基础，有助于更全面地改进价值流（McDonald *et al.*，2002）。

价值流管理用纸和笔作为工具，用预先设定的标准化符号（Rother & Shock，1998）绘制。第一步是选定一个或一组产品作为目标；第二步是绘制当前状态图，即沿着实际价值流程描述当前产品的生产流程，为分析价值链和识别价值链提供基础；第三步是创建未来状态图，即描述剔除无效价值活动之后企业价值流程的状况。未来状态图通过回答一系列与效率有关的问题，运用精益工具的有关技术创建，是制定价值流程改进的基础。

## 2. 案例研究

麦克卡森和梅雷迪思（McCutcheon & Meredith，1993）建议将案例研究用于经营管理，来缩小"经营管理研究者提出的规范性建议与经理的可行性回答之间"① 的差距，他们概括了案例研究在经营管理中的潜能："案例研究只是经验研究方法之一，目的在于帮助理解'现实世界'。通常情况下，调查正在经营的组织是不允许限定条件或控制变量的，因此，研究者在研究现状时，必须记录每个案例中可能影响结果的所有条件。然而，当研究者不熟悉情况或没有理论依据时，很可能就不确定哪个条件是相关的或重要的。这种情况下，案例研究可能是用于调查问题的唯一一种研究方法。案例研究经常用于发展新理论或是调查不熟知的情况，也用于支持和发展现有理论，或对现有理论提出质疑"②。

第3章价值链会计的基本框架从理论上为企业提供了构建价值链会计的基本体系和基本内容，"虽然同一产业内的企业或许具有相似的价值链，但竞争对手的价值链却往往有所不同"，"在一个产业中，企业的价值链可能因其产品种类不同或客户、地理位置以及销售渠道的不同而有所变化"（Porter，1985）③。价值链会计的分析对象是价值链的实物流、信息流和资金流及其内在联系，当价值链不同时，价值链会计分析对象的流转就有所不同。农工一体化企业价值链具有多样性和复杂性的特点，不同的农工一体化企业具有不同的价值流程和作业，不同的价值链成本项目和结构，以及不同的价值链成本驱动因素。此外，价值链会计提出已经10年有余，但至今也没有形成一套可以应用于实践的理论体系，本文建立的价值链会计基本框架也需要经过实践的检验。所以，案例研究是农工一体化企业价值链会计分析的基本研究方法之一。

---

① McCutcheon Meredith. Conducting case study research in operations management. Journal of operation management，1993，11（3）：239 - 256.

② 同上。

③ ［美］迈克尔·波特. 竞争优势. 陈小悦译. 北京：华夏出版社，1997：36.

### 3. 行动研究

行动研究是一种参与干预性的社会研究方法，研究者参与到行动中，规划、实施、监测行动的变化，并利用研究者的理论与经验服务于研究对象。价值链会计分析需要运用一定的专业知识，所以企业需专门建立分析团队从事这项工作，团队人员除了包括企业相关部门人员外，还需要聘请熟知价值链会计理论的研究专家。研究专家应具有运用价值链会计分析提高企业内部经营业绩、改进整个价值流效率和效益的能力。因此，行动研究要求研究专家作为企业价值链会计分析团队的成员，并有责任改进价值流程，帮助企业价值链会计分析团队成员和企业达到期望的目标（Checkland，1991）。由于研究专家具有改进价值流程的专业知识，当企业价值链会计分析团队成员对某些问题产生争论时，应以独立的"诚实中间人"身份参与到讨论中。此外，当价值链会计分析过程中发现问题时，研究专家应厘清原因；解决问题之后，研究专家应为相关研究总结经验并吸取教训。

### 5.3.3 农工一体化企业价值链会计分析的步骤

图 5－2 列示了农工一体化企业价值链会计分析的 7 个步骤，每个步骤的目的是鼓励和促进企业最终能够采纳价值链会计分析提出的政策和措施，并改进价值流，提高企业经营业绩。

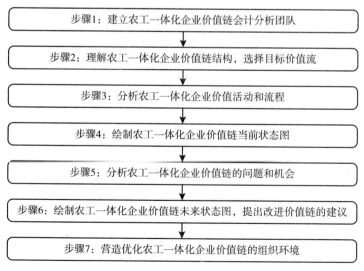

图 5－2 农工一体化企业价值链会计分析的步骤

**1. 建立农工一体化企业价值链会计分析团队**

企业认同价值链的概念和潜在优势，并愿意优化价值链和精益价值链，是农工一体化企业价值链会计分析提出改进建议和措施、取得成功的关键要素之一。因此，筹建价值链会计分析团队时，管理高层应把企业战略目标传达给团队成员，且至少有一位管理高层能自始至终参与价值链会计分析的整个过程，保证价值链会计分析提出的最终建议得到企业的充分理解和正确评价。

参与农工一体化企业价值链会计分析团队的管理高层需具备以下条件：（1）有资历直接与总经理联系和沟通；（2）有权利进入企业生产经营的所有部门，且部门经理能对其提供所需信息；（3）能看到企业历史经营资料，且不受资料范围的限制；（4）愿意接受新方法和新思想。

除此之外，农工一体化企业价值活动的参与部门都应指派一个管理人员加入价值链会计分析团队，指派的管理人员需具备以下条件：（1）熟知本部门业务流程、人员设置、成本费用支出等情况；（2）能向团队其他成员清晰地描述本部门相关情况，并能顺利与其他团队成员进行沟通和交流；（3）能以企业价值链的战略目标为出发点考虑问题，而不是仅考虑本部门的利益。最后，农工一体化企业价值链会计分析团队还需聘请从事价值链会计的研究专家，帮助分析团队给予价值链会计分析理论和实践的指导。

建立一个合适的价值链会计分析团队，是确保整个价值链会计分析创造企业潜在竞争力的关键要素。因为分析团队不仅要负责绘制企业价值流程图，找出企业价值链存在的问题，还要向管理高层递交改进企业价值链的书面建议，并能让企业最终采纳。价值链会计分析最主要的优点是，价值链会计分析团队成员沿着企业价值活动，共同绘制价值流程图，共同提出改进建议，让企业价值活动的参与部门清晰地了解价值活动其他参与部门的经营情况。

成立农工一体化企业价值链会计分析团队之后，要向团队成员介绍此次价值链会计分析的范围和目标，以及价值链会计分析过程中运用的概念和方法；让企业价值活动的参与部门有机会单独考虑各部门潜在的利益；价值链会计分析团队成员还需阅读各种有关价值流管理、精益生产等的文献资料。

**2. 理解农工一体化企业价值链结构，选择目标价值流**

价值链会计分析的目的是赢得和保持企业可持续竞争优势，要实现价值链会计分析的目的，价值链会计分析团队首先应明晰企业价值活动的流程。农工一体化企业价值链结构比较复杂，企业价值链环节多，经常包含了整个行业价值链，导致有些农工一体化企业对自身价值链结构并没有一个清晰的认识。所以，价值链会计分析团队的第一个任务是绘制企业价值链结构图。绘制价值链结构图，可以沿着企业价值流程，识别价值活动和流程以及价值活动和流程之间的主要联系。最重要的是，价值链结构图标注了价值链各流程最大产量的数据，包括价值链各流程的产量和价值流程间各种相互联系的实物流和时间流数据，这些数据为价值链会计分析和价值链优化提供了基础。

农工一体化企业产品种类繁多，所以价值链会计分析要选择一个目标价值流作为最初分析和价值链优化的焦点（Jones & Womack，2002）。价值流通常被定义为服务特定顾客或细分市场的特定产品或产品组合，价值流的目的是把复杂的价值链"切下一片"，以便洞察企业当前价值流程的关键特征。按照分析团队提出的建议，对最初选择的目标价值流实施改进之后，应该把价值链会计分析的重点延伸到企业价值链中的其他价值流。

价值链会计分析团队在选择农工一体化企业价值链的目标价值流时，需要考虑三个方面的因素：首先，根据企业价值流程涉及的范围决定价值链会计分析的范围，即价值链会计分析的范围包括从原材料购入到配送给最终消费者的所有价值活动，还是仅考虑所有价值活动的一部分。这通常取决于分析团队可使用的资源以及企业涉及的经济业务。其次，在农工一体化企业复杂的价值网中选择一个具体路径，价值链结构图中的价值流数据为选择具体路径提供了逻辑基础。通常情况下，选择的价值流路径应该有较大的流量，可以使目标价值链的改进对企业生产经营产生显著的影响。最后，选定目标价值流之后，识别目标产品。通常应根据销售收入或产量（Taylor，1999）选择收入最高或产量最多的产品。

**3. 分析农工一体化企业价值活动和流程**

图 5 - 3 列示了分析企业价值活动和流程的步骤，即按当前状态图、关键问题和机会图、未来状态图和行动计划的顺序，分析并收集企业价值活动和流程的数据。价值链会计分析团队应跟随目标产品，沿着企业价值流程，依次参观价值流程经过的部门。用流程活动图（Hines & Rich，1997）识别和量化价值活动的价值增值活动和非价值增值活动，由参与价值活动的部门共同绘制流程活动图，并且影响企业价值链的总公司职能部

门，例如预测、营销和计划部门，也应该绘制在流程活动图中。此外，价值链会计分析团队还应在信息系统中监测包括预测和产品订单在内的与生产和加工需求有关的信息。

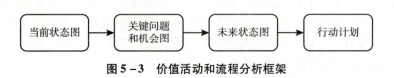

**图 5 - 3　价值活动和流程分析框架**

罗瑟和舒克（Rother & Shook，1998）详细说明了运用收集的数据在流程活动图中创建价值活动和流程"当前状态图"的方法。当前状态图用标准形式显示实物流、信息流和流程时间三个主要要素，并用一系列标准符号说明三个要素的关键特征。只要价值链会计分析团队成员和其他管理人员熟悉这些标准形式，当前状态图就能成为概括、介绍、交流农工一体化企业价值活动和流程关键特征的一种非常有效的工具。此外，价值活动和流程的当前状态图具有显示企业价值流程不均衡，让管理者看到浪费和改进机会，联系实物流和信息流的优点。同时价值活动和流程的当前状态图也是制定行动计划的基础（Rother & Shook，1998）。

以当前状态图为基础，可以绘制农工一体化企业价值活动和流程的"问题图"、未来状态图，制定行动计划。农工一体化企业价值链会计分析团队必须绘制流程活动图，这样做有两个益处：一是可以重新审视企业价值流程；二是可以使价值链会计分析团队成员真正洞察到企业价值链可能面临的困难和问题。未来状态图建立在沃马克和琼斯（Womack & Jones，1996）提到的5个精益原则[1]以及罗瑟和舒克（Rother & Shook，1998）所描述的精益价值流关键特征[2]上。行动计划（具体、可量化、可完成、符合实际情况、可时控）提供了改进企业价值链的系统方法，有利于保证行动计划与企业价值链目标一致，并建立量化目标、计划时间表和计划需要的资源。图 5 - 3 显示的四个步骤由参与农工一体化企业价值活动和流程

---

① 这 5 个精益原则是：顾客确定价值，就是指从顾客的角度确定什么能创造价值；识别生产链中的所有步骤；实现价值流动；顾客需求拉动；持续不断消除浪费来努力追求尽善尽美。

② 精益价值流关键特征是：按照节拍时间生产；尽可能创建连续流；在连续流程无法向上游扩展时，建立一个超市来控制生产；下达订单到一个点；在定拍工序，均衡地安排生产多种产品；持续地向定拍工序下达小批量的生产指令；在定拍工序的上由工序，建立"每天生产每种零件"的能力。

的部门共同完成，是农工一体化企业计划制定、部门沟通和项目实施的工作文档。

尽管农工一体化企业价值流程活动图的绘制以及行动计划的制定需要花费一定的时间，而且还要花时间收集和核对价值活动和流程的数据，但这是成功改进农工一体化企业价值链的关键。首先，只有采用价值链会计分析提出的价值链改进建议，才有助于农工一体化企业价值链的不断改进，企业才有可能继续进行价值链会计分析；其次，识别和取得企业价值链改进，为企业管理高层发展精益价值流程的方法提供了明确指导；第三，企业价值链的不断改进，有利于为以后企业价值链改进创造可接受的环境。

**4. 绘制农工一体化企业价值链当前状态图**

从价值活动和流程参与部门收集的详细信息，为农工一体化企业价值链当前状态图的绘制提供了所需的数据。企业价值链当前状态图以琼斯和沃马克（Jones & Womack，2002）建立的"看整模型（seeing the whole）"为基础，其结构与企业价值活动和流程当前状态图类似，实物流、信息流、流程时间仍是其主要的三个记录元素。需要对企业价值活动和流程的特征数据进行总结，这些数据显示了影响企业价值链业绩的关键属性，包括设备利用率、总库存、质量指标、使用性能等。企业价值链当前状态图更重要的特点是标识出企业价值活动和流程之间的相互作用，这对于发现企业价值活动和流程之间的浪费很重要。

**5. 分析农工一体化企业价值链的问题和机会**

在绘制农工一体化企业价值链图的过程中，可以发现企业价值链存在的问题和改进的机会，由琼斯和沃马克（Jones & Womack，2002）提出的价值流图模型很自然地把价值链存在的问题分成了与实物流有关的问题和与信息流有关的问题。此外，还应该进一步考虑与农工一体化企业价值链管理和控制有关的问题。价值链管理和控制的当前状态对评价企业价值活动参与部门之间的关系尤其重要，因为当前状态有助于了解农工一体化企业价值链发展的实际情况。

**6. 绘制农工一体化企业价值链未来状态图，提出改进价值链的建议**

绘制农工一体化企业价值链未来状态图以及随后的问题分析，为消除价值链浪费和改进价值链效率提供了许多机会。可能大多数改进建议属于与企业价值链组织、管理和控制等经营有关的建议，因为这类建议在现有价值链结构和关系下就可以完成，仅需要农工一体化企业价值活动和流程参与部门之间适度增加合作。但经营方面的改进对提高企业价值链业绩的影响是有限的，只有在"精益视角"基础上的根本性战略变化才有可能对价值链业绩产生深远影响。

### 7. 营造优化农工一体化企业价值链的组织环境

成功优化农工一体化企业价值链，需要企业不断改变战略规划和经营管理。从准备实施企业价值链会计分析开始，企业就应该营造一个可以接受任何改进建议的组织环境。组织环境包含两个层面：一是企业价值链会计分析团队；二是企业管理高层以及价值活动和流程参与部门的管理者。

农工一体化企业价值链会计分析团队的创造力是战略改变的一个重要因素。整个分析团队共同负责分析企业价值链当前状态、识别企业价值链浪费和机会、提出企业价值链优化的建议。整个分析团队不仅通过价值链分析技术的实践，应用精益生产的概念和方法，也通过教科书等正式的方式和方法，学习精益生产的概念和方法。重要的是，所有的分析团队成员都应全身心投入优化企业价值链的工作中，并完全支持优化企业价值链的建议。但是，仅依靠农工一体化企业价值链分析团队，很难实现从价值链优化建议到实际行动的转变。

在建立企业价值链会计分析团队之前应认识到，要想最终建立企业精益价值链，需要农工一体化企业最高层管理者参与战略决策的制定。因此，一个很重要的目标是，确保企业管理高层不仅能充分理解价值链会计分析团队提出的建议，还要充分理解精益生产的基本概念。这样，管理高层才能对价值链会计分析团队提出的改进建议的合理性做出正确的判断。此外，价值链会计分析团队在价值链会计分析结束时才向企业管理高层汇报分析结论是不合适的，价值链会计分析团队的每一个成员都应定期向上级管理者汇报本部门可能存在的问题和拟提出的建议。在农工一体化企业管理高层讨论企业价值链最终战略报告之前，应先将报告传递给企业价值活动和流程参与部门，让他们从本部门利益的角度提出改进价值活动和流程的建议，以便在会议上讨论企业价值链战略规划。召开管理高层会议时，首先简要叙述企业价值链会计分析的结论和建议，并决定是否要继续改进企业价值链；其次，如果企业价值链需要改进，再讨论应如何在企业价值活动和流程参与部门之间分担价值链成本和收益，因为建立企业价值活动参与部门平等、互惠的利益分享机制，是共同促进农工一体化企业价值链优化的前提条件。

## 5.4 农工一体化企业价值链会计分析：案例研究

本书选择了一家自养自宰白羽肉鸡的农工一体化企业S公司作为研究案例。案例的主要目的是：（1）了解S公司白羽肉鸡产品从种鸡养殖、种鸡孵化、肉鸡饲养、肉鸡屠宰加工到最终消费者购买肉鸡产品的农工一体化企业价值链的"当前状态"；（2）识别S公司肉鸡产品价值链存在的浪费、问题和改进机会；（3）在精益生产的原则上设计S公司肉鸡产品价值链的"未来状态"；（4）为S公司价值链的未来愿景设计"行动计划"。案例研究依据上述农工一体化企业价值链会计分析的步骤进行：

**1. 建立S公司价值链会计分析团队**

进驻S公司之后，首先与S公司总经理和财务总监进行座谈，相互交流了此次案例调查的方法、需要的资源以及预期达到的目的。其次，财务总监作为管理高层，直接负责成立S公司价值链会计分析团队，S公司参与价值活动和流程的各职能部门派出人员作为企业价值链会计分析团队成员。然后，向价值链会计分析团队成员发送此次价值链会计分析的相关材料，包括本次价值链会计分析的范围和目标，价值链会计分析过程中运用的精益概念和制图方法，以及可能结果和建议的类型。同时，让价值活动和流程的参与部门提出要求，以便考虑参与部门的潜在利益。最后，向价值链会计分析团队成员介绍有关价值流管理、精益思想等的相关背景和研究文献资料，让S公司价值链会计分析团队成员理解以后步骤中将要运用的理论知识，并用这些理论知识分析企业实际问题。

**2. 理解S公司价值链结构，选择目标价值流**

S公司主要从事自养自宰白羽肉鸡产品的生产，图5-4列示了S公司价值链结构图。S公司价值链结构图的范围包含了从饲料加工、种鸡养殖、种鸡孵化、肉鸡饲养、屠宰加工到肉鸡产品销售给其他食品加工企业的全过程。

S公司饲料加工厂的原材料来自于外购，饲料加工厂生产的饲料全部用于供应种鸡养殖场、孵化场和肉鸡饲养场，不需要从外部购入饲料，肉鸡的粪便用于发电厂和有机肥厂，屠宰加工场的副产品（主要包括鸡血和鸡毛）出售给其他加工企业，屠宰加工场的主要产品销售给某食品加工企业，少部分产品用于S公司的食品厂，生产鸡肉制品，销往目标超市。由于S公司屠宰加工后，80%以上的肉鸡产品都销售给某食品加工企业，所以选取的价值链具体路径是饲料加工厂、种鸡养殖场、孵化场、肉鸡饲养场、屠宰加工场和某食品加工企业，作为 S 公司价值流。

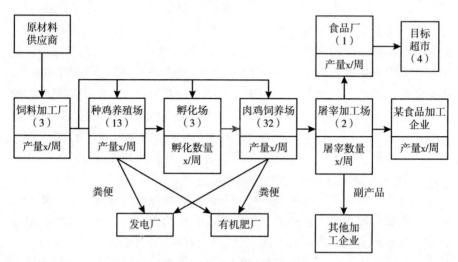

图 5 – 4    S 公司价值链结构

S 公司销售给某食品加工企业的产品主要是屠宰加工场切割好的冷鲜肉鸡产品，主要有鸡爪、鸡肉、鸡翅、鸡腿和鸡架等，所以选择冷鲜肉鸡产品为 S 公司的目标产品。

出栏的肉鸡运达屠宰加工场后进入生产流水线，经过机器割喉、脱毛、开膛之后，由人工完成肉鸡的分割，分割的产品为鸡爪、鸡腿、鸡翅、鸡肉和鸡架等。图 5 – 5 列示了 S 公司的目标价值流结构。虽然，S 公

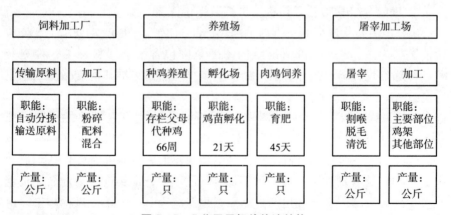

图 5 – 5    S 公司目标价值流结构

司的目标产品是肉鸡分割成不同部位后、相分离的产品（鸡爪、鸡腿、鸡翅、鸡肉和鸡架等），但在肉鸡分割之前，这些目标产品是肉鸡的组成部分。因此，绘制 S 公司价值链目标价值流应关注肉鸡，而不仅是目标产品（肉鸡分割后的产品）。

**3. 分析 S 公司价值活动和流程**

农工一体化企业价值链会计分析团队理顺 S 公司价值链结构，选取目标价值流和目标产品之后，企业价值活动和流程参与部门的人员根据选择的目标价值链和目标产品，按照当前状态图、关键问题和机会图、未来状态图和行动计划的顺序，分析并收集企业价值活动和流程的数据，为绘制农工一体化企业价值链当前状态图、问题和机会以及未来状态图做准备。

**4. 绘制农工一体化企业价值链当前状态图**

根据 S 公司价值活动和流程参与部门提供的价值活动和流程的数据，绘制了 S 公司价值链当前状态，见图 5 - 6。

本案例中，价值链会计分析团队成员付诸大量的努力，不断理顺历史数据，获得了绘制价值活动和流程的数据。通过对这些数据的分析，为改善 S 公司价值链业绩提供了可能的机会，所以这些努力是值得的。如果 S 公司运行价值链会计系统，建立价值链会计数据库，绘制价值链当前状态图所需的数据就可以直接从价值链会计数据库取得，可以有效减少数据收集和整理时间。

**5. 分析 S 公司价值链的问题和机会**

按照琼斯和沃马克（Jones & Womack, 2002）提出的价值流图模型，将 S 公司价值链存在的可能问题分成三类：与实物流有关的问题、与信息流有关的问题、与价值链管理和控制有关的问题。

（1）与实物流有关的问题。

a. 种鸡饲养、鸡苗孵化和肉鸡饲养没有与消费者需求之间建立联系，肉鸡生产是一个"推动式"系统，导致屠宰场和加工厂持续产生供应不足或供应过多的问题；

b. 加工厂与消费者需求之间的联系较低，特别是食品加工企业的库存与加工厂库存之间没有建立联系；

c. 价值链中的各流程就像一个个"孤岛"，在大批量生产方式下，价值链上游流程不顾及价值链下游流程的实际需要，只是按照生产控制部门的计划去制造产品；

d. 价值流程之间存在大量的闲置存货；

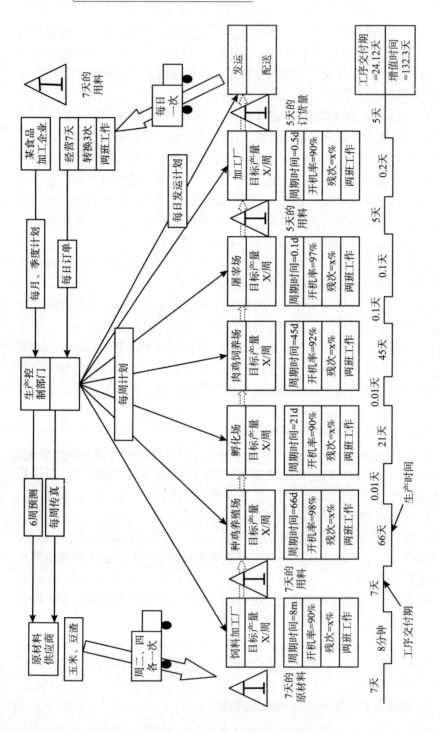

图 5-6  S 公司价值链当前状态

e. 有些产品在没有实际需要的情况下，搬运、点数、储存，存在大量浪费生产和许多非价值增值活动；

f. 整个价值流程的不连续，造成当某批产品存在质量问题时，质量问题将一直隐藏在这批产品的库存中，直到下游价值流程使用时，才会被发现，难以溯源，结果是生产的增值时间非常短，而产品经过工厂所花费的时间却非常长；

（2）与信息流有关的问题。

a. 整个价值流程存在多重预测，不仅价值活动执行部门制定各自的预测，其他职能部门也制定各自的预测，并且这些预测之间几乎没有联系；

b. 信息从一个价值流程传递到另一个价值流程的格式和形式不统一，造成信息接收者要重新整理信息，产生价值链的非价值增值活动；

c. 一个价值流程传递给其他价值流程很多有用信息，但信息接收者并没有充分使用这些信息，也没有专门的部门对这些信息进行整理和使用；

d. 企业价值链存在明显的需求放大，不必要的需求变化既不利于价值链管理，也不利于价值链业绩的改善。

（3）与价值链管理和控制有关的问题。

a. 没有专门的人员或者部门负责企业整个价值链的管理，相反，整个价值链管理和控制被分解到了不同的部门；

b. 由于没有专门的人员或者部门负责企业整个价值链的管理，导致价值活动之间存在管理漏洞，例如长期存在于价值活动之间不恰当的存货储存政策；

c. 整个价值链没有建立价值链绩效评价指标体系，因此没有激励机制促进员工改善价值链的业绩；

d. 企业价值活动和流程参与部门缺乏必要的合作，制定决策时常常只是考虑各部门的利益，不利于培养共同、持续改善企业价值链的氛围；

e. 企业价值活动和流程参与部门沟通较少，员工对其他价值活动和流程不够熟悉，有时价值活动之间甚至产生敌对情况。

**6. 绘制 S 公司价值链未来状态图，提出改进企业价值链的建议**

未来状态图是消除浪费、实现精益生产的蓝图。开始绘制时，可以把重点放无须太大投资就可以启动的短期改善项目，最终目标是建立一条连续的价值流程，让每一个价值作业都能连续生产。建立与下游价值链连接的拉动系统，确保在顾客需要时，就能生产。

价值流中的浪费可能来自产品设计，或者现有的设备，或者由于某些工序必须送到外协工厂等不同的因素。在当前状态下，有些问题很难在短时间内进行改善。因此，在绘制第一轮未来状态图时，可以暂时不考虑这些项目，而将重点放在找出其他浪费。等到接下来的几轮改善中，再仔细考虑有关的产品设计、重大生产工艺改变及厂址等问题（Rother & Shook，1998）。

通过当前状态图，我们发现 S 公司价值流程存在的问题主要集中在库存多、工序间断、推动的生产方式以及过长的产品交付时间。针对这些问题，可以从几个方面设计价值链未来状态图：

（1）尽可能创建连续流。连续流是指每次生产一件产品，然后从一个价值流程传递到下一个价值流程，中间没有停顿（Rother & Shook，1998）。连续流是一种效率较高的生产方式。但有时也可能控制连续流的范围，因为一旦所有的价值流程都连接成一个连续流，其交付期将是所有价值流程周期和停顿时间的综合。一个渐进的方式是，综合连续流、拉动式生产等方法，等工序操作稳定、研制出小型设备时，再扩大连续流的范围。

种鸡养殖场、孵化场和肉鸡饲养场的生产对象是生物资产。种鸡、种蛋孵化和肉鸡的生产周期差异较大，这些生物资产的生产周期不会因价值流程的改善而缩短，所以这三个价值流程之间不易建立连续流。

屠宰场和加工厂的周期时间相差不多，这两个价值流程都是生产冷鲜肉鸡产品，因此可以建立一个连续流，让操作员直接将产品从一个作业转入下一个作业。但要注意，在重新分配工作时，要把每位操作员的工作周期相协调。

（2）当连续流无法向上游扩展时，建立一个超市来控制生产。价值流程中往往有一些流程不可能实现连续流，必须采用批量方式生产。可以借助超市的拉动系统来控制生产，连接下游价值流程。即在连续流中设置一个拉动系统，在上游不易实现小批量生产的价值流程，以批量模式生产，实现下游价值流程在需要时到超市提取需要的产品，上游价值流程生产并补充取走的产品。通过在价值流程之间设置拉动系统，可以给上游供货价值流程下达准确的生产指令，而不是按照下游的预测需求，安排上游的工作。拉动系统可以用来控制生产的流动，让下游价值流程按实际需要，从超市取货，并拉动上游价值流程决定什么时候生产、生产多少。

S公司的产品是屠宰加工场切割好的冷鲜肉鸡产品，虽然不易储存，但由于顾客需求的波动，S公司无法确定生产的数量，因此在开始时，选择了2天的成品库存。以后再经由精益的持续改善，可以过渡到"直接运输"。

目前玉米、豆渣的供应商每周向饲料厂发货两次，可以在原材料接收处设置一个存放原材料的库存超市。每当库存用量减少到一定储备量，告知生产控制部门，生产控制部门依据实际用量订购原材料。如果供应商能把几家同一条运输路线上的顾客连接起来，就可以在不减少玉米等原料批量的前提下，每天为饲料厂提供所需数量的产品，饲料厂也可以减少原材料库存，并能平稳地给供应商提供订货单。

饲料加工厂的周期时间非常短（每批8分钟），而且要为种鸡场和肉鸡饲养场提供饲料，所以饲料加工厂引入连续流不合理。不仅降低了生产设备的利用率，更可能需要购买饲料，来满足经营需要。所以饲料加工厂按批量生产更合理，可以在饲料加工厂与种鸡场和肉鸡饲养场之间建立超市，用超市的拉动系统控制生产。

（3）将生产计划下达到价值流中的一个点。使用超市拉动系统。一般情况下，只需要将生产计划下达到价值流程中的一个点，这个价值流程能控制上游价值流程的生产进度，选择的控制点将决定价值流程中哪些价值流程会影响生产交付期的主要部分。要注意的是，控制点之后的价值流程会按照先进先出的方式移动，不用再设置超市来拉动。控制点之后的价值流程通常是价值流程中的最后一个连续流，未来状态图中，控制点按照顾客订单，来控制生产程序。

目前，当顾客信息传递到S公司之后，由生产控制部门统计所有信息，于周一早晨将生产指令发往各个部门。如有顾客更改订单，或接到各部门当天实际产量与计划不符的报告时，再调整生产计划，以求产量与顾客需求相符合。这种生产计划的安排较混乱，需要根据变化重新制定计划，并随时将新的数据传递给各生产部门。由于饲料加工厂和种鸡养殖场之间将建立一个拉动超市，所以S公司可以考虑将生产计划下达到屠宰加工场。

（4）均衡地安排生产。很多企业认为，安排生产同一种产品的时间越长，生产效率就越高，因为可以避免生产工具或设备的更换。但集中生产同一种产品，将很难满足顾客产品多样化的要求，除非维持一个庞大的成品库存。均衡生产表示在一段时期内均衡地生产不同的产品，实施均衡生产，可以在小库存、短交付期的条件下满足不同的顾客需求，从而减少上游库存。

S公司可以考虑在屠宰加工场实现均衡生产。发货仓库与屠宰加工场之间的超市可以向生产控制部门提供库存信息，生产控制部门按顾客需求，将提取产品的信息告知物料运输员，再由物料运输员按顺序从超市运到发货仓库。

根据以上分析，S公司价值链未来状态图如图5-7所示。S公司价值链今后的发展战略是，建立从种鸡繁殖、肉鸡饲养，到肉鸡加工、销售的专用价值流，价值活动和流程协调一致，不断优化企业价值链业绩。这个战略意味着企业应作出一些基本变化，可以将这些变化在图5-7中用爆炸点的图标，画出进一步优化S公司价值链的改进建议。因为这些建议画到图中会遮盖未来状态图，为了清晰反映未来状态图，本文没有将这些建议用爆炸点在图中标出。这些建议包括：

（1）通过对消费者进行市场调查，考虑价值链下游的食品加工企业和超市潜在的市场战略，实现企业生产的冷鲜肉鸡产品满足最终消费者价值；

（2）按照一体化过程管理整个价值链，保持行业价值链成员的稳定性和价值链参与者共同、长期的发展；

（3）通过发展价值流系统并结合精益改进技术，提高价值链效率，降低价值链成本，提高产品和服务质量，减少整个价值链受农产品市场价格波动的影响；

（4）建立"拉动系统"联系供给和需求，消除需求放大的影响，保持价值流程的连贯性和价值活动的准时性。

以上这些建议仅是关于精益价值流构建和经营方面的一些可行性建议，就本文的研究来讲，还应更精确地在价值活动和流程，甚至是在价值作业等细节方面提出价值链实物流和信息流的改进建议。但遗憾的是，由于时间、知识和人员等原因，本书没有获取价值作业和任务更详细、全面的资料，没能从细节上提出价值链优化的改进建议，我们将力争继续与S公司合作，与价值活动和流程的参与部门在实践中仔细推敲价值链实物流和信息流的所有可能改进途径，不断优化S公司价值链。

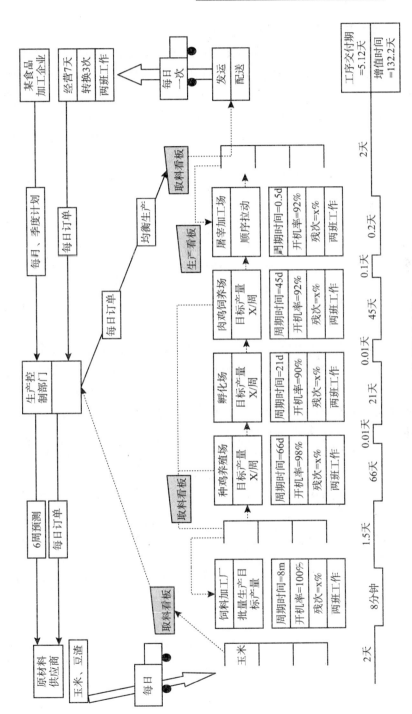

图 5-7 S 公司价值链未来状态

**7. 营造优化 S 公司价值链的组织环境**

S 公司价值链会计分析团队成员在调研期间积极学习精益生产的概念和方法，并全身心投入企业价值活动和流程的分析任务中，所有成员能各抒己见，相互交流和沟通企业价值活动和流程存在的问题。此外，S 公司管理高层非常重视此次调研，除了派出财务经理全程参与并负责企业价值链会计分析团队的组建和日常工作外，总经理也出席分析团队每次召开的会议，听取分析团队成员对阶段性工作的汇报，在会议上与分析团队成员共同讨论企业价值链战略规划和企业价值链优化的建议，并对分析团队在调研过程中遇到的困难给予帮助。

大多数企业赞同价值链管理，因为价值链会计分析是将企业内部价值活动和流程参与部门真正协调统一的有效途径。价值链会计分析团队成员识别农工一体化企业价值活动和流程的现状和问题之后，接下来就要着重分析农工一体化企业减少浪费、改善质量和提高服务的机会。如果农工一体化企业认为这些机会有足够的吸引力，就有动力实施企业价值链优化的建议。

农工一体化企业价值链会计分析的一个问题是，价值链会计分析需要管理者投入大量的时间。企业至少要建立价值链会计分析团队，价值活动和流程参与部门要派出人员加入分析团队，分析团队的所有成员都必须出席每次会议。组建分析团队初期，企业不能确定价值链会计分析的潜在效益，所以会议的大部分时间都用于动员参与价值活动和流程的部门负责人全力以赴投入这项工作。有时候，农工一体化企业价值链会计分析还要扩展到企业价值链的上游或下游企业，需要邀请这些企业的相关管理人员参与价值链会计分析团队，可能就要花费更多的时间用于统一整个价值链的战略目标。

由于农工一体化企业价值链会计分析除了需要农工一体化企业价值活动和流程参与部门加入分析团队外，有时还需要企业价值链上游或下游企业加入分析团队，所以要进行农工一体化企业价值链会计分析，必须建立在农工一体化企业价值活动和流程参与部门与企业价值链上游或下游企业之间相互信任的基础上。农工一体化企业价值活动和流程的参与部门与上下游企业都应明确并且相信，优化整个行业价值链，一定可以提高价值活动和流程参与部门与上下游企业的效率，从而提高整个价值链的效益。如果价值链会计分析团队成员一开始就不能达成共识，团队成员之间很有可能因缺乏信任、利益分享不公、担心短期政策变化而破坏共同协作优化价值链的目标。

综上所述，精益生产方法已经应用于英国食品企业价值链，价值流图技术也可以应用于农工一体化企业。企业价值流图关注产品，按照产品种类，沿着产品加工过程，量化产品经过的价值活动和流程。由罗瑟、舒克（Rother & Shook，1998）和琼斯、沃马克（Jones & Womack，2002）提出的当前状态图和未来状态图的缺陷之一是缺少明确的、有效的财务模型，计量企业价值链当前经营成本和潜在财务收益。部分原因是传统会计系统没有建立为价值流程和活动提供与价值流相关的财务数据和经营数据，同时传统会计系统也难以解决成本浪费问题，如管理费用、无效的时间安排所耗费的成本，这些成本经常混杂在"制造费用"中。有些人认为，时间和质量的计量可以替代成本计量，因为压缩时间和提高质量，就会降低成本。虽然从逻辑上分析这句话似乎是正确的，但在实践中，许多管理高层习惯基于精确的财务数据，通过成本效益分析作出决策。海因斯等（Hines *et al.*，2002）进行了精益成本模型的初期研究工作，认为需要进一步研究如何将成本模型与当前状态图结合。本书第6章研究农工一体化企业价值链成本分析，即如何建立价值链会计成本分析系统，为价值链会计分析提供所需数据。

# *6.*

# 农工一体化企业价值链成本分析

　　绘制价值链当前状态图需要会计部门提供实物流、信息流、流程时间的数据，并对企业价值活动和流程的数据整理分析，评价企业价值活动和流程的效率和效益。由于传统会计系统不能为价值链会计分析提供战略决策所需的会计数据，因此还需构建价值链成本分析体系，核算价值活动成本，为价值链会计分析、价值链绩效评价和战略决策制定提供有用的财务数据和经营数据。本章首先描述了价值链成本分析的定义和属性，以及价值链成本分析与传统成本体系的区别；然后分析了农工一体化企业价值链成本的定义和分类，总结了农工一体化企业价值链成本分析的特点；最后，在此基础上构建了农工一体化企业价值链成本分析体系，即由财务会计记录系统、经营分析记录系统、数据库、会计核算和分析报告四部分构成。

## 6.1　价值链成本分析的定义和属性

　　建立价值链成本分析体系首先应明确什么是价值链成本分析？价值链成本分析的基本属性是什么？价值链成本分析与传统成本分析体系的区别是什么？

### 6.1.1　价值链成本分析的定义

　　尽管库珀和卡普兰（Cooper & Kaplan，1987；1988）、琼森和卡普兰（Jonson & Kaplan，1987）最先考虑价值链与战略相关的问题，讨论了波特（1985）提出的低成本战略和成本差异战略，并把战略与成本驱动因素分析和产品决策相联系，但战略成本分析和管理框架最早是由尚克（Shank，1989）、尚克和戈文达拉杨（Shank & Govindarajan，1989；1993）根据波特（1985）战略管理框架提出的。尚克和戈文达拉杨（Shank & Govindarajan，1989；1993）认识到信息对高层管理者的重要性，从战略定位分析、成本动因分析和价值链分析研究和设计了管理会计信息系统。

　　根据波特（1985）战略制定和价值链思想，尚克和戈文达拉杨（Shank & Govindarajan，1989）归纳了战略成本分析的步骤：（1）识别企业价值链，把成本、收入和资产分配到价值活动；（2）管理各项价值活动，诊断成本驱动因素；（3）或是通过比竞争对手更好地控制成本驱动因素，或是通过重构价值链培育企业可持续竞争优势。尚克和戈文达拉杨（Shank & Govindarajan，1989）认为，取代20世纪50年代、60年代传统成本会计的管理会计决策分析框架应该由战略成本分析框架替代，因为战略成本分析框架可以为管理者提供用于评价战略规划，报告关键成功要素，选择战略实施的有效策略，以及计量和评价业绩的信息。他们用战略成本管理框架分析了几个公司的管理会计实例，发现传统成本分析易使管理者对战略规划和实施做出错误决策，而战略成本管理能使管理者对战略规划和实施做出正确的决策。

　　尚克（Shank，1989）、尚克和戈文达拉杨（Shank & Govindarajan，1993）将价值链分析、战略定位分析和成本动因分析确定为战略成本管理研究的三个新兴领域，认为促进经营战略发展和实施是管理会计重要的职能。从这个视角提出了管理的四个阶段：规划战略、传达战略、发展和实施相关策略，以及发展和实施对战略目标实现过程的控制。把战略成本管理定义为"成本信息用于战略管理循环四个阶段中的一个或多个阶段"（Shank，1989）[1]。

　　尚克（Shank，1989）认为，战略成本管理的范式变革体现在以下三方面：（1）价值链分析是成本分析最有用的途径，而不是按照产品、顾客、功能和价值增值分析成本；（2）成本分析的目标与企业战略定位紧密结合，而不是记录事实（提供数据）、找出问题（分析数据）和解决问题；（3）从战略选择的角度理解成本习性，即结构性成本驱动因素和执行性成本驱动因素，而不是仅把成本看成是产量的函数。

---

[1] Shank J. K. Strategic Cost Management: New Wine, or Just New Bottles. Journal of Management Accounting Research，1989，1（3）：47 – 65.

尚克和戈文达拉杨（Shank & Govindarajan, 1993）讨论了作业成本法存在的三个潜在问题，反映了他们思想的成熟和演变：（1）只有增加产品价值和有效执行活动的成本才应归属于产品；（2）不仅仅是制造成本，而是整个价值链的产品成本都应归属于产品成本，因为除了制造成本还会发生许多战略上重要的成本，如研究和开发成本、营销成本、配送成本和顾客服务成本；（3）作业成本法虽然反映了当前企业的战略，但战略分析还包括战略的再评估和再规划，所以当战略变化时，会计系统也必须做出相应的改变。

企业运用价值链分析战略，试图让产品的特征满足两种情况：或是以更低的价格提供与竞争对手相似的产品，或是以相似或更高的价格提供比竞争对手更好的产品。企业的目标是最大化产品价值创造的收入与为获得收入所支付的成本之间的利润。所以，对企业来讲，了解企业当前和预期价值链成本以及竞争对手价值链成本是非常重要的。但在现有管理会计和成本会计体系内，企业很难取得运用价值链分析竞争优势所需要的数据，正如波特（1985）所说："尽管会计系统也包含成本分析有用的数据，但这些数据常常会成为战略成本分析的绊脚石"[1]。有时，我们发现企业内部业绩报告中也有关于价值增值的报告，这些报告经常使用较宽泛的术语来说明销售收入与投入成本之间的差。价值链的主要目标是价值创造，而不仅仅是成本和利润，如果价值增值的计量太宽泛，就不能帮助识别和计量价值创造活动，因此，我们应该更准确地表达价值链成本。

价值链是从供应商提供原材料到产品配送给最终消费者一系列相互联系的价值增值活动。价值链分析隐含的基本逻辑是企业应从组织外部理解和分析产生于组织内部和组织之间的成本，这就要求企业在理解和探寻企业竞争优势来源时，应将供应商和顾客嵌入企业组织内部。同样，成本管理也要将视野延伸到企业外部，从价值链视角分析企业价值链成本。

价值链分析把从供应商提供原材料到产品配送给最终消费者的整个过程分解成与战略有关的活动，再对这些价值活动进行成本分析。由于每个与战略相关的活动都要投入企业资源（资产），所以价值链的每个组成部分或联系都应该增加价值链价值。一旦价值链或与战略相关活动的每个组成部分界定清楚，会计人员就应将成本在这些活动中进行分配。将成本在与战略相关的活动中分配，有助于价值流程分析，可以比较价值活动耗费

---

[1] ［美］迈克尔·波特. 竞争优势. 陈小悦译. 北京：华夏出版社，1997：62.

的成本与价值活动创造的价值。价值流程分析的目的是确保价值链的每个组成部分不仅是相关的，而且每个组成部分产生的价值超过每个组成部分所耗费的成本。

前文已述，现有会计系统不能为运用价值链分析进行战略规划提供所需的会计数据，价值链会计分析也需要价值活动实物流、信息流和流程时间等分析数据，所以，需要建立一套价值链成本分析核算系统，为企业制定战略决策提供有用数据。价值链成本分析是根据价值链成本项目，设计价值链财务会计记录系统和成本会计核算系统，按照资产、任务、作业、流程、活动的顺序分配价值链成本，评价和考核价值活动，为企业培育可持续竞争优势战略提供决策有用数据。

### 6.1.2 价值链成本分析的属性：战略管理视角

价值链分析是企业赢得竞争优势的工具，通过把企业分成与战略相关的活动，实现理解成本习性以及找到现有和潜在利润的源泉。因此，企业的竞争优势产生于以高于企业竞争对手的成本效益实施价值创造活动的能力（Hoque，2005）。

根据波特（1985）的价值链思想，企业的利润主要来自于两个方面：一是企业所处行业的吸引力；二是企业在行业中所处的位置。如果一个企业在整个行业中处于领先地位，意味着该企业比他的竞争对手更具有竞争优势。为了保持竞争优势，企业必须为顾客创造高于成本的价值。企业赢得竞争优势的能力主要来源于三种通用战略，即成本领先战略、差异化战略和聚焦战略。成本领先战略依靠比企业竞争对手更低的成本结构来实现；差异化战略是企业通过生产，创新产品或服务，为顾客提供比产品成本更高的价值；聚焦战略不同于成本领先和差异化战略，更关注特定的细分市场。

为了通过三种通用战略赢得竞争优势，企业就要执行各种活动，例如产品或服务的设计、生产、营销和配送等活动，这些活动共同支持企业制定的战略。但是，并不是所有的活动都能同等的增加企业价值，所以了解每个活动为企业赢得竞争优势的贡献是很重要的。价值链成本分析通过把企业系统地分解成与战略有关的相关活动，促进企业了解每个活动对成本习性和企业战略实现的影响，以此帮助企业分析每个活动创造的价值。

通过关注价值活动，价值链成本分析使企业能够从整个价值链视角了解流程、活动、经营单位、供应商和顾客之间复杂的相互关联，识别赢得竞争优势的机会和获得最优化利益；同时，企业更容易协调价值活动和流程中出现的问题，尤其是规模较大的企业。

从战略管理的视角看，价值链成本分析具有三个特征属性：一是清晰界定企业选择的战略；二是关注企业可持续竞争优势的来源；三是注重价值链复杂的联系和相互关系。

### 1. 清晰界定企业所选择的战略

价值链成本分析的第一个属性特征强调，根据企业选择的战略来管理价值活动和流程的成本，即确保企业执行的价值活动和流程与其战略一致，并能支持企业战略的实现，换句话说，价值活动与企业战略之间应具有紧密的联系。虽然价值活动与企业战略之间存在必然的紧密联系，但长期以来，企业的某些价值流程、活动与企业战略并没有相关性，企业应剔除或至少应优化企业价值活动。因此，通过价值链成本分析，企业应能确定哪些价值活动是战略性价值活动，能使企业具有为顾客创造价值的潜能，并赢得和保持企业竞争优势。确定战略性价值活动是基于"拉动"需求，也就是说，根据顾客价值确定产品属性，战略性价值活动就是企业生产的产品或服务具有满足顾客价值能力的关键活动。

一旦战略性价值活动确定了，就应该把其余的活动明确地界定为非战略性价值活动。尽管非战略性价值活动对产品或服务的生产和提供是重要的，但他们不能赋予企业竞争优势，企业应将非战略性价值活动简化、减少或外包，以确保企业行为与对企业赢得和保持竞争优势能力具有重要影响的价值活动相一致。实施与企业战略不相容的价值活动和流程，或者企业过度重视非战略性价值活动，都会导致企业价值活动与战略不相关联，给企业造成巨大的浪费。

### 2. 关注企业可持续竞争优势的来源

价值链成本分析的第二个属性特征是关于企业擅长什么。一旦清晰地界定企业的战略性价值活动和非战略性价值活动，企业应进一步明确其所擅长的特定战略性价值活动是什么，并按照为顾客创造价值的宗旨来设计价值活动。要达到这个目的，企业应明确，企业全力做什么才能区别企业与企业的竞争对手？这里的一个核心问题是，即使许多价值活动是企业提供产品和服务所必需的，但并不是所有的价值活动对于区别企业与企业竞争对手都是关键的。为了赢得竞争优势，企业必须实施使企业具有独一无二竞争优势的价值活动。一旦企业识别了战略性价值活动和非战略性价值活动，要想通过管理企业价值活动，赢得和保持竞争优势，不仅要求企业确保有效地执行这些战略性价值活动，而且还要求这些战略性价值活动能充分利用企业资源（耗费的成本）。许多企业的问题在于不能识别企业的战略性价值活动，更糟糕的情况是，一提到降低成本，就是运用"一刀切"的方法降低企业的所有成本。按照战略成本管理理论，运用"一刀切"的方法降低价值活动成本是不合适的。

首先，只有在价值活动没有对企业竞争优势产生不利影响的情况下，才应该降低价值活动的成本。在不确定应该降低哪些价值活动成本的情况下（尽管活动的成本高于活动的价值），"一刀切"的方法常常会因企业不能准确了解某个价值活动对企业竞争能力的影响，而导致企业关键价值链环节（如研究和开发）资源的减少。虽然"一刀切"成本降低的方法能产生立竿见影的效果，但是这种不经思考的行为不仅会带来短期影响，如果总是采取这种方法，还会对企业赢得竞争优势的能力产生长期负面影响。

其次，从狭隘的观点联系价值活动及其与价值活动有关的成本，会导致企业独立地管理这些价值活动，企业有可能把管理重点放在上游价值活动成本的减少上，如研究和开发成本。但是，这种行为会对企业下游价值活动产生严重的影响，例如，改变顾客喜好带来的消极反应、产品成本的增加或产品质量的降低。因此唐兰和卡普兰（Donelan & Kaplan，1998）认为，企业价值活动是按照某种方式相互关联的，没有哪个价值活动是不需要适当考虑该活动对其他所有价值活动的影响而能够独立管理的。

**3. 注重价值链复杂的联系和相互关系**

价值链成本分析的第三个属性特征强调企业内部和外部的各种联系和相互关系。波特（1985）提出了影响企业利润变化的五力：供应商的议价能力、购买者的议价能力、潜在竞争者进入的能力、替代品的替代能力和行业内竞争者现在的竞争能力。波特（1985）认为，企业战略分析的第一步是识别企业价值链，不考虑企业采用的是成本领先战略还是差异化战略，竞争优势应通过为市场提供顾客价值来取得，也就是说竞争优势来自执行价值创造活动。根据波特（1985）的价值链理论，为了理解成本习性以及现有和潜在的利润来源，价值链把企业分成战略相关活动，企业通过比竞争对手以更低的成本和更好的质量执行这些活动取得竞争优势。波特（1985）认为，价值链分析的特征之一是坚持企业价值链与顾客、供应商价值链以及整个价值活动之间的复杂联系和相互关系。企业的竞争优势更多地来自价值活动之间的联系，而不是来自价值活动本身。所以，竞争优势可能来自通过追求最有效的方法，优化价值活动之间联系耗用的资源，并协调因联系而相互影响的价值活动。如果企业能开发这些联系，就更有可能赢得竞争优势。这就要求管理不仅聚焦于企业内部活动，关注企业外部活动也成为必要，强调了企业利用与供应商和最终消费者共同协作的机会可以促进企业赢得和保持竞争优势。价值链成本分析也认为，企业内部价值活动与企业外部价值活动之间是相互联系的，而不是相互独立的。

企业内部价值链可以用形成企业内部价值流程、作业和任务之间的联系来表示，图6-2以肉鸡生产加工企业为例，说明了价值流程、作业和任务之间的联系。图6-2列示了肉鸡生产加工企业为顾客提供产品的整个流程，包括流程内一系列相互依存的作业，以及完成作业执行的细分任务，整个价值流程跨越了企业多个职能部门。通过价值链成本分析，不论价值活动在企业哪个价值流程执行，企业都能够了解一个价值活动对另一个价值活动成本和业绩的影响。从工艺流程的角度看，有助于企业对首尾相连（从产品设计到售后服务）的价值活动、流程、作业和任务耗费资源（成本）的理解。

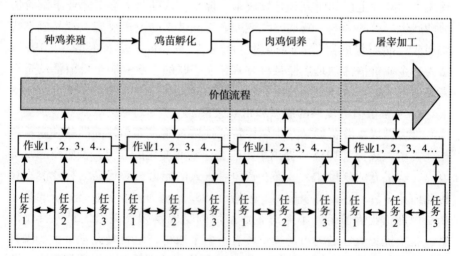

图6-1　肉鸡生产加工企业价值流程、作业和任务之间的联系

内部联系在同一企业内也可以表现为经营单位相互之间的关系。企业价值链的经营单位共同创造价值增值活动，有助于联合优化价值链，例如提高产量、增加产能的使用、减少成本等。从企业价值流程视角分析成本，有利于企业识别由多个经营单位共同分担的价值活动成本。通过关注企业价值

链，而不是企业的职能部门，可以更清晰地识别在传统会计中作为固定成本（从职能部门视角）的设施维护等成本中，哪些固定成本经过价值链成本分析转变成价值活动的可变成本。此外，从企业价值流程视角分析成本，有助于企业了解一个经营单位的行为对其他经营单位资源和成本的影响。

非常重要的一点是，价值链成本分析要求企业建立一个经营单位为其他经营单位提供产品和服务的内部市场。如在鸡苗孵化和肉鸡饲养流程之间也是"供应商"和"顾客"的关系，种鸡养殖、鸡苗孵化、肉鸡饲养、屠宰加工（肉鸡产品生产流程）会对肉鸡价值链成本产生影响。

外部的联系和相互关系表现为企业内部价值活动与企业的供应商和顾客之间的联系，而企业与供应商和顾客之间的联系常常充满各种问题，这些问题又会引起不必要的成本。许多企业运用传统成本核算的方法只是从价值增值的视角而不是价值链分析的方法来考虑成本降低。价值增值方法始于企业购买原材料，终于企业销售产品，把成本管理的焦点放在了企业内部。换句话说，价值增值的视角是把企业限定在企业采购、企业流程、企业职能、企业产品和企业顾客的范围内。企业追求的战略是长期可持续的经营之策，价值增值视角的主要缺点是成本分析开始的太晚（始于原材料采购），结束的太早（终于产品销售）。因此，这种方法不能找到存在于企业与供应商和顾客之间潜在的巨大成本节约机会，而价值链成本分析方法更关注的是执行成本分析（通过行业价值链分析）和建立成本管理，能够更好地权衡企业与供应商和顾客之间的联系。例如，在酿酒行业，酿酒生产与葡萄种植场之间就存在紧密的外部关系①，葡萄可以在农场就压榨成酿酒生产的"原酒"，在葡萄运输过程中进入发酵过程，等葡萄到达酿酒企业之后，只需要进一步加工就可以了。因此，葡萄种植场不是把葡萄送给酿酒企业，而是把"原酒"送给酿酒企业，可以缩短酿酒企业的加工时间。这里的关键是通过开发葡萄种植场与酿酒企业的外部联系，某些加工流程可以在位于价值活动上游的葡萄种植场进行（葡萄生长和初始发酵），而酿酒企业只需要关注进一步加工的价值活动（如过滤、稳定、去除蛋白质和装瓶等）。从战略管理的视角看，价值链成本分析有助于主动识别和消除非价值增值活动（运送葡萄而不是"原酒"），因此价值活动的每个阶段都能增加葡萄酒加工和运输直到到达最终消费的价值。

---

① 如果葡萄是酿酒企业从葡萄种植场收购的，酿酒企业与葡萄种植场之间的联系就是外部联系；如果葡萄是酿酒企业自己种植，酿酒企业与葡萄种植基地之间的联系就是内部联系。

通过价值链成本分析，企业聚焦和支持战略性价值活动进行成本管理，赢得竞争优势，可以为价值活动提供充足的资源，为企业带来最大化利益。因为价值链成本分析提供了联系企业价值活动和企业战略的框架，所以价值链成本分析是战略管理的工具，应根据企业选择的通用战略进行价值活动成本的管理。价值链成本分析也提供了从企业内首尾相连的价值流程分析成本的视角，并且把成本分析和成本管理置于更广阔的视角，把供应商和顾客也纳入企业价值链成本分析，沿着产品价值链识别成本（浪费）的来源。

### 6.1.3 价值链成本分析与传统成本体系的区别

根据本书第 3 章和本章前面的分析可以看出，传统成本体系对价值链成本分析几乎没有什么帮助，赫格特和莫里斯（Hergert & Morris，1989）、尚克和戈文达拉杨（Shank & Govindarajan，1989）、威尔逊（Wilson，1990）以及帕特里奇和佩伦（Partridge & Perren，1994）都讨论了传统成本体系与价值链成本分析的不同，表 6 - 1 根据他们的研究成果总结了价值链成本分析与传统成本体系的不同。

表 6 - 1 中战略决策、管理聚焦和联系是价值链成本分析的三个属性特征，而成本目标、成本归集和成本驱动已在本书第 3 章中详细阐述，所以本章不再做出解释，只是列出价值链成本分析与传统成本体系的区别。从表 6 - 1 以及本书之前章节的分析可以看出，传统成本体系不能为价值链成本分析提供数据，尽管西蒙兹（Simmonds，1981）和尚克（Shank，1989）等学者也从企业外部视角分析企业内部成本，但成本和管理会计仍然是聚焦企业内部的传统成本分析。

表 6 - 1 价值链成本分析与传统成本体系的区别

| | 传统成本体系 | 价值链成本分析 |
| --- | --- | --- |
| 战略决策 | 不是显而易见的 | 根据企业战略，管理价值活动和流程成本 |
| 管理聚焦 | 制造过程 | 赢得和保持竞争优势 |
| 联系 | 大多忽略反映相互依赖的成本分配和转让价格 | 强调企业内、外部的各种联系和相互关系 |
| 成本目标 | 产品、功能、支出 | 价值增值活动产品属性 |
| 成本归集 | 责任中心 | 价值创造活动 |
| 成本驱动 | 单一的产量因素 | 多成本驱动因素 |

资料来源：赫格特和莫里斯（Hergert & Morris，1989）、尚克和戈文达拉杨（Shank & Govindarajan，1989）、威尔逊（Wilson，1990）以及帕特里奇和佩伦（Partridge & Perren，1994）的分析整理。

## 6.2　农工一体化企业价值链成本分析的特点

### 6.2.1　农工一体化企业价值链成本的定义

波特（1985）认为，价值链是由企业一系列相互联系的价值创造活动组成，企业价值活动分为基本活动和辅助活动。基本活动是涉及创造产品属性的活动，将产品生产、销售和配送给顾客的活动以及售后服务的活动归为基本活动，主要包括进货后勤、生产作业、发货后勤、经营销售和服务；辅助活动是支持基本活动并提供相互协作的活动，主要包括采购、技术开发、人力资源管理和企业基础设施。"有意义的成本分析是考察这些活动中的成本，而不是企业的成本"。（Porter，1985）所以，存在与价值创造活动相一致的价值活动成本。价值活动成本指价值链包含的一系列相互联系的价值创造活动发生的各种支出，除了包括传统成本体系的直接材料、直接人工和制造费用外，还可能包括期间费用中的差旅费、广告费、保险费、运输费、技术开发以及人力资源费用等。需要注意的是，价值创造活动所发生的各种支出，除了指货币支出外，还包括花费的时间、运输的距离和耗用的数量等非货币支出。农工一体化企业价值链成本是构成农工一体化企业价值链价值创造活动所发生的各种支出。

唐兰和卡普兰（Donelan & Kaplan，1989）认为，价值链分析包括两个部分，即行业价值链和企业内部价值链：行业价值链由行业内所有价值创造活动组成，始于基本原材料，终于产品配送给最终消费者；企业内部价值链由特定企业内所有价值创造活动组成。相应的，价值活动成本也包括两个部分，即行业价值链价值活动成本和企业内部价值链价值活动成本。农工一体化企业特点之一是农业产业链企业内部组织一体化，也就是说农工一体化企业的价值链几乎包括了农工一体化企业所处行业的价值链，因此，农工一体化企业价值链成本通常包含了农工一体化企业所处行业价值链价值活动的成本。

德斯等（Dess et al.，1995）指出：企业可以用价值链框架了解自身成本状况，并识别企业实施经营战略的多种途径。希特等（Hitt et al.，2007）认为，价值链可以展现产品从投入原材料直到配送给最终消费者的全过程，所以价值链根本的主旨是不耗费较多的资源就能创造额外的价值，并获得这些价值。此外，价值增值活动不是相互独立的，而是在价值链中相互联系、相互依赖的（Porter，1985；Morden，1999），"联系是一项价值活动进行的方式和另一种价值活动的成本或效益之间的关系"（Porter，1985）[1]。同时，波特（1985）指出：用价值链分析战略决策是远远不够的，不同活动之间的内在联系才是其本质。图 6-2 说明了价值链基本活动和辅助活动之间的联系，并按照内、外部环境对基本活动进行了划分。从图 6-2 可以看出，价值活动首先从各种投入（原材料和零部件）的购买开始，运送到企业内部；其次，内部后勤部门储存所有的投入并完成在企业内部的运送；再次，生产经营部门负责生产最终产品；最后，由外部后勤部门把最终产品配送达顾客。经营销售和服务两项基本活动是通过外部环境与顾客相互作用的活动（一方面顾客购买企业的产品，另一方面确保顾客使用产品的性能和质量）。辅助活动与基本活动相互影响，共同为企业和最终消费者传递价值。

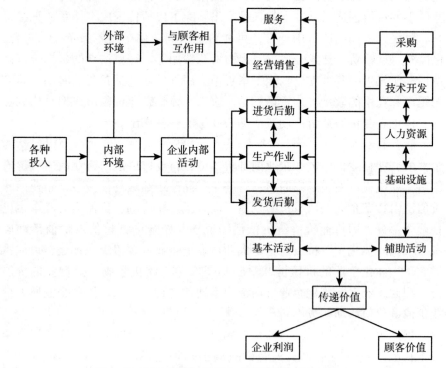

**图 6-2　价值链基本活动与辅助活动之间的联系**

---

① ［美］迈克尔·波特. 竞争优势. 陈小悦译. 北京：华夏出版社，1997：48.

按照基本活动和辅助活动与产品成本的联系，农工一体化企业价值活动成本有广义和狭义之分。图6-3列示了农工一体化企业价值链的基本活动，基本活动进一步细分为价值流程。农工一体化企业价值流程从农业生产的投入开始，经过收获和运输、初加工和储存、二次加工的各种耗费，直到建立分配和包装、零售、消费者使用和浪费管理。这些基本活动发生的各种支出构成了农工一体化企业产品成本的主要组成部分，是狭义的农工一体化企业价值活动成本，本书称为农工一体化企业产品生产成本。价值活动除了基本活动外，还包括辅助活动。虽然传统会计把辅助活动发生的各种支出作为期间费用，但辅助活动的支出是为了支持基本活动而耗费的，通过分析成本驱动因素可以将辅助活动发生的各种支出分配到农工一体化企业产品成本中。因此，辅助活动发生的各种支出也应是农工一体化企业产品成本的组成部分。所以，广义的农工一体化企业价值活动成本指基本活动和辅助活动发生的各种支出，本书称为农工一体化企业价值链（产品）成本。

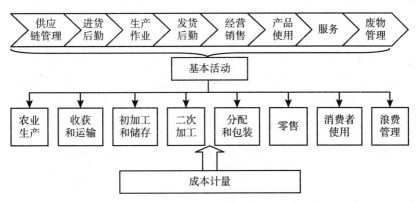

**图6-3　农工一体化企业产品生产成本结构**

### 6.2.2　农工一体化企业价值链成本的分类

**1. 按价值活动的类型划分为生产成本和协调成本**

从本质上看，为了了解成本习性，更好地控制和实施有效管理，价值链把企业分解成与其战略相关的各种活动（Anandarajan et al.，1998），价值活动假设企业是执行设计、生产、营销、配送产品的各种活动的集合。有关的"价值"活动指企业为了达到目标而执行的各种不同的活动（Anandarajan et al.，1998）。波特（1985）认为，利润是总价值与执行价值活动的总成本之差，总价值就是产品出售的价格。本杰明和威根德

（Benjamin & Wigand，1995）认为，产品的价格由生产成本（production costs）、协调成本（coordination costs）和利润（profit margin）三个部分组成。不同学者用不同的术语定义协调成本，如钱德勒等（Chandler *et al.*，1979）把协调成本称为行政成本（administrative cost），威廉森（Williamson，1981）则把协调成本称为治理成本（governance cost）或交易成本（transaction cost），本杰明和威根德（Benjamin & Wigand，1995）参照马隆等（Malone *et al.*，1987）的定义，认为企业执行价值活动赚取利润的同时产生两种不同的成本：（1）生产成本，是指为生产和配送商品或劳务的主要流程发生的各种支出；（2）协调成本，包括在执行主要流程时，为协调人和机器设备的工作，发生的与信息处理相关的交易成本，协调成本包括产品设计、定价、产量、配送安排以及产品在价值链相邻的活动间传递发生的成本。

波特（1985）把企业价值链的活动分为基本活动和辅助活动。基本活动是涉及创造产品属性的活动，这些活动之所以被冠以"基本"，是因为这些活动增加产品价值或与产品的生产或销售有关。辅助活动是支持基本活动并提供相互协作的活动。考虑到农工一体化企业的特殊性，本书第4章在借鉴波特（1985）建立的通用价值链模型的基础上，构建了农工一体化企业价值链模型（如图6-4所示）。与波特（1985）通用模型不同的是：价值链基本活动中增加了供应链管理、产品用途和废物管理活动，价值链辅助活动中增加了外部网络活动。

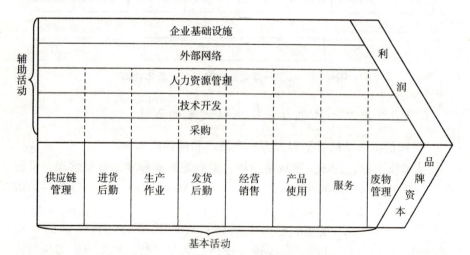

**图6-4 农工一体化企业价值链模型**

根据本杰明和威根德（Benjamin & Wigand，1995）对价值活动成本的分类，结合本文建立的农工一体化企业价值链模型，本书按照价值活动的类型，把农工一体化企业价值链成本分为两类，一类是与农工一体化企业基本活动有关的成本，称之为生产成本；一类是与农工一体化企业辅助活动有关的成本，称之为协调成本，如图6-5所示。

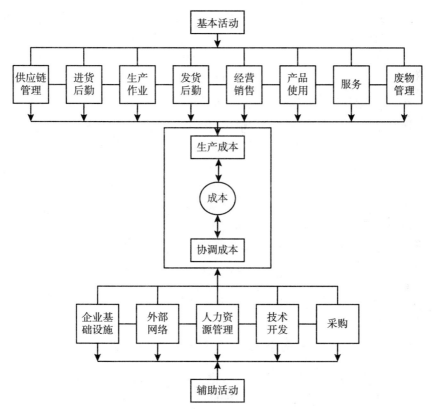

图6-5　按价值活动类型划分农工一体化企业价值链成本

## 2. 按价值链成本计入产品成本的方式划分为直接成本和间接成本

价值链成本分析是按照投入资产、任务、作业、流程、活动、产品的顺序计算完工产品的生产成本，然后再把与产品成本有关的辅助活动的支出计入产品成本中。农工一体化企业价值链成本核算的过程中，任务、作业、流程、基本活动和辅助活动发生的直接归属于某种产品的各种支出，主要包括原材料和人工成本，称为直接成本。农工一体化企业价值链成本核算过程中，任务、作业、流程、基本活动和辅助活动发生的不能直接归属于某种产品的各种支出，称为间接成本。基本活动发生的间接成本需要根据成本驱动因素分配到产品生产成本中，辅助活动发生的与产品有关的间接成本需根据成本驱动因素分配到产品成本中，发生的与产品无关的间接成本不需要分配到产品成本中。

**3. 按价值链成本数据的类型划分为财务数据和非财务数据**

价值链成本数据与传统成本数据的显著区别之一是，价值链成本数据除了包含传统成本数据中的财务数据外，还包括非财务数据，如人工工时，机器工时、材料和燃料的数量、运送时间、运送距离、等待时间等。传统成本核算体系的成本数据仅是以货币为单位的产品成本，虽然在核算产品成本时也使用人工工时、机器工时等非财务数据，但这些非财务数据只是在计算产品成本或分配制造费用时使用，并不作为产品成本的分析数据。农工一体化企业价值链成本核算体系是为价值链会计分析服务的，价值链会计分析除了需要有关资金流的数据外，还要求会计人员提供实物流、信息流和流程时间的数据。所以农工一体化企业价值链成本分析体系在计算价值链成本时，除了要提供产品成本的财务数据外，还要提供产品生产过程中任务、作业、流程、活动等耗费资源的非财务数据。非财务数据不是以货币为单位，而是以时间（小时）、距离（公里）、重量（公升）等为单位。农工一体化企业价值链成本的非财务数据与财务数据一样，都要在价值链产品成本分析体系中记录，并最终与价值链成本财务数据一起报告。

### 6.2.3 农工一体化企业价值链成本分析的特点

农工一体化企业价值链成本分析除了具有价值链成本分析的一般属性特征外，还具有以下几个方面的特殊性：

**1. 农工一体化企业价值链成本分析项目种类繁多**

农工一体化企业价值活动除了包括农业投入、农产品加工和流通活动外，还包括农业生产活动。所以，农工一体化企业经营的产品有生物资产、收货的农产品、加工中的农产品和各种产成品。此外，农工一体化企业在生产主营产品的同时，还会有多种副产品。因此，农工一体化企业价值链成本对象少则几十种，多则上百种。

按照价值活动，农工一体化企业的成本项目分为生产成本和协调成本。生产成本包括供应链管理成本、进货后勤成本、生产作业成本、发货后勤成本、经营销售成本、产品使用成本、服务成本和废物管理成本；协调成本包括企业基础设施成本、外部网络成本、人力资源成本、技术开发成本和采购成本。此外，由于农工一体化企业价值活动包括了农业投入、农业生产、农产品加工和流通活动，特别是农业生产活动投入的成本种类多，例如，饲料、化肥、肥料、燃料、保险费、运费、维护和修理费、工人工资、土地租金、种子、繁育、兽医、药品、灌溉、折旧以及水电等各种支出，所以农工一体化企业每类成本项目的细分项目要多于其他企业。

价值链成本分析是按照投入资产、任务、作业、流程、活动、产品的顺序计算完工产品的生产成本，由于农工一体化企业完工产品经历了农业投入、农业生产、农产品加工和流通活动，所以农工一体化企业完工产品的流程较其他企业多，特别是农业生产的流程多、任务细，导致农工一体化企业产品成本核算步骤多。

**2. 农工一体化企业价值活动的联系和相互关系错综复杂**

企业价值链可以分为企业内部价值链和行业价值链。从行业价值链看，企业内部价值链仅是行业价值链的一部分，但农工一体化企业的特征之一是农业产业链企业内部组织一体化，也就是说农工一体化企业内部价值链几乎包括了农工一体化企业所处的行业价值链，主要有农业投入、农业生产、农产品加工和流通等活动。图 6 - 1 列示了农工一体化企业内部价值流程、作业和任务之间的联系和相互关系。由于农工一体化企业内部价值链通常就是行业价值链，所以农工一体化企业价值流程可能包括了整个行业价值流程，每个价值流程划分为不同的价值作业，每个价值作业又可以细分为不同的任务。循环经济要求农工一体化企业价值链发展的趋势之一是循环价值链，即农工一体化企业的价值链是首尾相连的环形价值链。所以，农工一体化企业价值活动内的任务之间、作业之间、价值流程之间存在错综复杂的联系和相互关系。此外，农工一体化企业生产主营产品的同时，还会有多种副产品，所以农工一体化企业产品之间的联系和相互关系进一步增加了农工一体化企业价值活动的联系和相互关系的复杂性。

农工一体化企业价值活动的联系和相互关系错综复杂的另一个主要原因是农业活动的对象——生物资产。虽然人类提供劳动投入达到强化和控制生物资产自然再生产过程的作用，如种植业的土地耕作、施肥灌溉、良种培育、病虫害防治等，养殖业的良种繁育、饲料配方、疾病防御、科学喂养等，但农业生产过程主要是生物资产的自然转化过程，是生物资产通过自然转化，即活的动物和植物通过自身的生长、蜕变、生产、繁殖不断实现增值的过程。所以，农业活动价值增值的关键取决于生物资产转化的效果和效率。因此，农业活动价值增值包括生物资产的自然增值和人类劳动的增值，且主要取决于生物资产的自然增值。生物资产转化的效果和效率又会对农工一体化企业后续价值活动产生影响，如收获农产品的质量和产量会影响最终产品的质量和数量。所以，生物资产自然增值的特征也增加了农工一体化企业价值活动之间联系和相互关系的复杂性。

### 3. 农工一体化企业价值链成本驱动因素的特殊性

成本驱动因素的概念首先由波特（1985）提出。波特（1985）认为，成本驱动因素是影响成本习性的结构性因素，强调从企业价值链分析成本的重要性。波特（1985）列出 10 个影响价值活动的成本驱动因素（见表 6-2）：规模经济、学习和外溢效应、生产能力的利用、企业内部价值链之间和企业价值链与供应商和顾客价值链之间的联系、与企业其他经营单位的相互关系、纵向一体化、时机（率先行动者或迟后行动者）、政策选择（例如，产品设计和产品组合、服务水平、交货时间、销售渠道、工艺技术、原材料质量）、地理位置和制度因素（例如，政府管制、关税制度）。这些成本驱动因素中只有前面的两三个因素可以量化，正如赫格特和莫里斯（Hergert & Morris，1989）所说，"这些成本驱动因素从常规成本会计提供的数据中很难估计"[1]。

赖利（Riley，1987）把成本驱动因素分为了两大类：结构性成本驱动因素和执行性成本驱动因素。结构性成本驱动因素反映了关于决定企业成本地位的基本经济结构的 5 种战略选择（shank，1989）：规模、范围、经验、价值链每个阶段的工艺技术和企业产品生产线的复杂性；执行性成本驱动因素反映了企业管理者执行战略选择的能力，包括员工参与管理、质量管理、生产能力利用、工厂布局效率、产品设计和与供应商及客户的关系。尚克（Shank，1989）认为执行性成本驱动因素越多越好。

库珀和卡普兰（Cooper & Kaplan，1998）按照价值链所处的环节把价值活动的成本驱动因素分成了三类：价值链制造阶段的成本驱动因素、价值链其他阶段的成本驱动因素以及延伸价值链的成本驱动因素。价值链制

---

[1] Hergert Michael & Morris Deigan. Accounting data for value chain analysis. Strategic Management Journal, 1989, 10: 175-188.

造阶段的成本驱动因素有单位、批次、产品和设备；价值链其他阶段的成本驱动因素有顾客、生产线、品牌、渠道和位置；延伸价值链的成本驱动因素主要有供应商。

表6－2　　　　　　　　　　成本驱动因素分类比较

| Porter（1985） | Riley（1987） | Cooper & Kaplan（1998） |
|---|---|---|
| 规模经济 | 结构性成本驱动因素：<br>规模<br>范围<br>经验<br>整个价值链的生产工艺<br>生产线的复杂性 | 价值链制造阶段：<br>单位<br>批次<br>产品<br>设备 |
| 学习和外溢效应 | | |
| 生产能力的利用 | | |
| 价值活动间的联系<br>（企业内部之间以及与企业外部） | | |
| 纵向一体化 | | |
| 时机（率先/迟后行动者） | 执行性成本驱动因素：<br>员工参与管理<br>质量管理<br>生产能力利用<br>工厂布局效率<br>产品设计<br>与供应商及客户的关系<br>（延伸到价值链或供应链） | 价值链其他阶段：<br>顾客<br>生产线<br>品牌<br>渠道<br>位置 |
| 政策选择（例如，产品设计和产品组合、服务水平、交货时间、销售渠道、工艺技术、原材料质量） | | |
| 地理位置 | | |
| 制度因素（政府管制、关税制度） | | 价值链/供应链延伸：供应商 |

资料来源：根据波特（1985）、赖利（Riley，1987）、库珀和卡普兰（Cooper & Kaplan，1998）的研究成果整理。

现有会计制度难以将库珀和卡普兰划分的三类价值活动的成本驱动因素运用于价值链成本分析中，虽然这不是他们提出成本驱动的最初目的，但是，他们从设计企业价值系统的角度提出了企业战略选择应考虑的问题。罗伯特（Robert，1989）认为，价值活动成本驱动因素应具有以下四个特征：（1）应以最直接的方式给出成本驱动因素的定义，以便在不同的价值活动中保持一致性；（2）能够从企业获取价值驱动因素的数据；（3）驱动因素应是既定活动中占比最多的成本，例如，产品销售成本主要是人员成本，所以反映人员成本的各种驱动因素的成本总和应占到产品销售成本的大部分；（4）最重要的是，通过驱动因素分析成本需达到两个目的：不仅能比较本企业的成本与竞争对手的成本，还能明确为什么本企业的成本在不同驱动因素的作用下高于或低于竞争对手的成本，这样才能使成本信息更好地用于降低企业自身成本。

尚克（Shank，1989）指出：当时的研究成果并没有对基本的成本驱动因素取得一致的结论。实际上，直到现在也没有关于成本驱动因素的一致结论。波特（1985）也强调，"同一产业的不同企业如果采用不同的价值链，那么他们之间重要的一个或重要的多个成本驱动因素便可能互不相同"①。

由于农工一体化企业既从事农业生产，又从事农产品加工等环节，所以按生产经营的范围，可以将农工一体化企业分为农林牧副渔业和制造业。从农林牧副渔业的角度可以划分为种植业、养殖业、林木业和渔业；从制造业的角度可以划分为农副食品加工业，食品制造业，酒、饮料和精制茶制造业，纺织业，皮革、毛皮、羽毛及其制品和制鞋业，木材加工和木、竹、藤、棕、草制品业，家具制造业，化学原料和化学制品制造业，医药制造业等。

农工一体化企业完整的业务链条包括"农业投入—农业生产—农产品加工—农产品流通"四个环节。除了从事农业生产外，农工一体化企业还会从事业务链条上的一个或多个环节。一般来讲，从事农产品初加工的企业业务链环节较简单，如果蔬初加工企业的业务链条"果树种植—果蔬挑选—果蔬包装—果蔬销售"。从事农产品深加工的企业业务链环节较复杂，如果蔬食品加工企业的业务链条"果树种植—果蔬挑选—果蔬冷藏—果蔬加工—果蔬销售"。有些农工一体化企业同时从事果蔬食品加工、肉制品加工、水产品加工，还会涉及多个产业链。

可见农工一体化企业不仅所处的行业不同，而且相同行业的不同农工一体化企业的价值链也不相同，导致价值活动的成本驱动因素很可能不同。此外，农工一体化企业农业活动对象——生物资产自然增值的特性也导致了农工一体化企业价值链成本驱动因素的特殊性，例如植物自然增值的特性不同于动物自然增值的特性；同是植物，一年生植物自然增值的特性又不同于多年生植物自然增值的特性；同是动物，种畜自然增值的特性又不同于育肥畜自然增值的特性。

**4. 农工一体化企业价值活动收入的不确定性**

价值链成本分析的主要目的是分析每个价值活动创造的价值。价值活动创造的价值等于价值活动的收入减去价值活动的成本，所以要计算价值活动创造的价值，除了核算价值活动的成本外，还要核算价值活动的收入。企业价值活动之间收入的确定涉及内部转移定价问题。转移定价的方法有两种，一种是按"成本加成"基础确定，一种是购销双方按"谈判

---

① ［美］迈克尔·波特. 竞争优势. 陈小悦译. 北京：华夏出版社，1997：69.

价格"确定。一般来讲，如果外部市场不存在，则采用"成本加价"确定转移价格；如果外部市场存在，则采用"谈判价格"确定转移定价。

农工一体化企业价值活动之间收入的确定与其他企业价值活动之间收入确定最大的不同是，农业活动的对象——生物资产是有生命的动物和植物。虽然人类提供劳动投入以达到强化和控制生物资产自然再生产过程的目的，但农业生产过程主要是生物资产的自然转化过程，是生物资产通过自然转化，即活的动物和植物通过自身的生长、蜕变、生产、繁殖不断实现增值的过程。所以，农业活动的增值包括生物资产的自然增值和人类劳动的增值，且主要取决于生物资产的自然增值。因此，生物资产的价值与对其投入的成本之间并不成比例增加，也就是说，人类劳动投入的成本高，生物资产的价值不一定就高；人类劳动投入的成本少，生物资产的价值不一定就少。如果按"成本加成"确定价值活动的转移定价，由于其是按成本为基础确定转移定价，就会造成生物资产价值的计量只含有人类劳动增值的价值，而没有包含生物资产自然增值的价值。

采用"谈判价格"确定转移定价的前提是存在外部市场。生物资产生长特点各不相同，所以生物资产生长发育的周期也各不相同：有的只需几个月，如蔬菜种植、鸡鸭的饲养等；有的则需几年、十几年甚至几十年，如林木栽培、役畜饲养等。虽然有些生物资产存在活跃的市场价格，如收货的农产品和活的鸡鸭，可以采用"谈判价格"确定转移定价。但很多生物资产并不存在活跃市场价格，如生长周期较长的育材林，在其没有成林之前，企业很难取得其市场价格。确定价值活动之间收入时会出现按"成本加成"确定的转移定价远远小于育材林的价值，而按"谈判价格"不能取得育材林活跃市场价格，进而不能正确评价和考核价值链有关活动的价值创造。

**5. 农工一体化企业价值链成本分析工作繁重**

价值链成本分析要求农工一体化企业按照价值活动成本项目提供与资金流有关的财务数据，而农工一体化企业产品种类和价值活动成本的项目多而杂；还要提供与实物流、信息流和流程时间有关的非财务数据。所以农工一体化企业价值链成本分析体系较其他企业成本会计科目多。此外，价值链成本分析按照投入资产、任务、作业、流程、活动、产品的顺序核算产品成本，而农工一体化企业价值活动和流程多，导致农工一体化企业产品成本核算步骤多。

虽然农工一体化企业价值链成本会计科目多，产品成本核算步骤多，但农工一体化企业通过建立价值链会计信息系统，可以减轻这两个因素导致的会计人员价值链成本核算的日常工作，但同时也给农工一体化企业价值链会计信息系统带来了繁重的程序设计工作。

农工一体化企业价值活动的另一个特点是：价值流程之间并不总是一个价值流程的半成品是下一个价值流程的材料。经常的情况是，一个价值流程的半成品是几个价值流程的材料，例如饲养的肉猪进入屠宰车间加工之后，被分割成猪肉的不同部位，再配送到不同的猪肉加工车间。这种情况下，需要把猪肉屠宰车间的成本分配到分割后猪肉的不同部位。而且农工一体化企业价值流程、作业、任务较多，难免经常需要将同一任务的成本在不同产品之间分配。此外，农工一体化企业的副产品多，也要求农工一体化企业价值链成本在主营产品和副产品之间分配。正确分配价值链成本的前提是正确判断价值链成本驱动因素，前已述及，农工一体化企业价值链成本驱动因素因农工一体化企业所处行业和价值链的不同而不同，所以会计人员还需要对种类繁多的价值链成本驱动因素一一做出判断。

## 6.3　农工一体化企业价值链成本分析体系

从表6-1以及对价值链成本分析三个属性特征的分析可以看出，价值链成本分析与传统成本体系具有明显不同。传统成本体系不能正确评价企业价值活动的有效性，不能为价值链会计分析提供有用数据，更难以为企业赢得和保持可持续竞争优势提供战略决策有用的数据。因此，必须重新建立一套与传统会计核算体系不同的、能识别价值链价值创造的、能为价值链会计分析和企业战略决策提供分析数据的价值链成本分析体系。

由于农工一体化企业价值链成本分析项目种类繁多，价值活动之间的联系和相互关系错综复杂，价值链成本驱动因素特殊，且价值链成本分析工作繁重，这便决定了农工一体化企业价值链成本分析体系较其他企业复杂。农工一体化企业除了缺少价值链成本分析管理信息系统以外，传统成本会计中成本的分类、记录和分配的方法也限制了价值链成本分析的应用。图6-6列示了农工一体化企业价值链成本分析体系。农工一体化企业价值链成本分析体系由4部分组成：第一部分是财务会计记录系统；第二部分是经营分析记录系统；第三部分是数据库；第四部分是会计核算和分析报告。

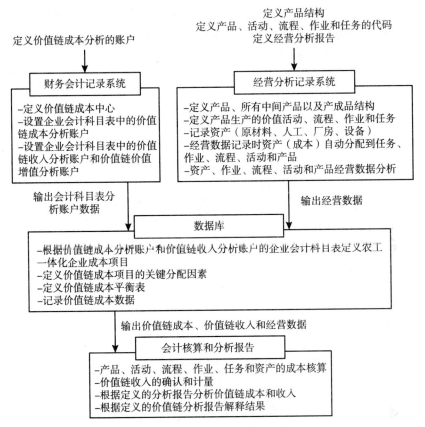

**图6-6  农工一体化企业价值链成本分析体系**

从图4-9农工一体化企业价值链模型可以看出，价值活动渗透在多个价值流程中。第4章也提到农工一体化企业价值作业和价值流程具有多样性、分散性和复杂性的特点，价值活动、流程、作业之间存在紧密的联系和相互关系。因此，如何厘清价值活动、流程、作业之间的复杂关系，正确核算价值活动、流程和作业的资产耗费，并非易事。按照图4-9农工一体化企业价值链模型核算价值活动、流程和作业的成本存在的最大问题是，如何在种类繁多的农工一体化企业产品中分配同一价值作业、流程和活动耗用的资产。除了要判断价值作业、流程和活动的成本驱动因素外，还要确定分配比例；多次分配除了增加会计人员的工作量外，分配的结果也会影响产品成本计算的准确性。

本书在写作过程中试着转换思路，农工一体化企业价值链会计的目的是核算价值链的价值增值，而价值链的价值增值是通过产品实现的，计算了每个产品的价值增值（产品的价值链收入—产品的价值链成本），农工一体化企业所有产品价值增值之和就是农工一体化企业价值链价值增值。这里的产品不一定是最终产品，可以是半成品、生物资产、农产品等任何能销售的农工一体化企业产品。虽然农工一体化企业产品种类繁多，价值活动、流程和作业之间的联系复杂，但从目标价值链出发，先找到农工一体化企业目标价值流和目标价值流的资产耗费、任务、作业、流程和活动，再从目标价值链逐一向外扩展，厘清农工一体化企业产品之间的关系，就可以确定农工一体化企业每个产品的资产耗费、任务、作业、流程和活动。这样做的好处是，不仅可以厘清产品、价值活动、流程、作业、任务和资产耗费之间的联系和相互关系，更重要的是产品共同耗用的成本只在同一价值任务的多种产品之间分配，价值任务的成本驱动因素是企业价值链最根本的驱动因素，而且价值作业、流程和活动耗用的资产不需分配，只需归集。因此，本文最终确定了按产品划分价值活动、流程、作业、任务和资产耗费，并按产品归集价值链成本的思路，如图6 - 7所示。

### 6.3.1 农工一体化企业价值链财务会计记录系统

由于农工一体化企业价值链会计核算的产品成本构成与传统成本体系的产品成本构成不同，需要为农工一体化企业价值链成本核算重新设置成本分析账户，为农工一体化企业价值链会计分析提供所需的财务数据。农工一体化企业价值链财务会计记录系统为价值链会计分析输出所需的财务数据，主要任务是：定义价值链成本中心，设置农工一体化企业会计科目表中的价值链成本分析账户、价值链收入分析账户和价值增值分析账户。

**1. 定义农工一体化企业价值链成本中心**

传统成本体系成本归集的对象是责任中心，而价值链成本分析成本归集的对象是价值创造活动。所以，价值链成本分析首先要定义价值链成本归集的对象。需要注意的是，农工一体化企业价值链成本中心通常不是农工一体化企业的职能部门，而是根据农工一体化企业价值链模型中的基本活动和辅助活动以及价值流程来划分的。也就是说，农工一体化企业的职能部门通常不是按照价值活动来设置。

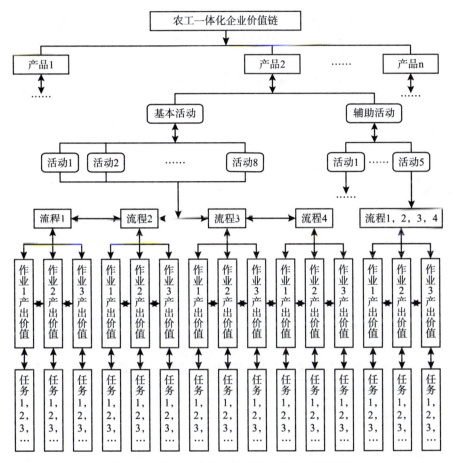

图 6 - 7　农工一体化企业价值链成本核算流程

## 2. 设置农工一体化企业会计科目表中的价值链成本分析账户

从成本支出项目来看，传统成本体系通常把企业成本支出项目划分为原材料、人工、制造费用和期间费用，而农工一体化企业成本的构成和分类与其他企业有明显不同。此外，农工一体化企业的行业类型多，农业生产又可以划分为农林牧副渔业，所以农工一体化企业应针对所处行业和成本支出项目对成本类型重新划分，同时为每类成本支出项目设置账户代码。农工一体化企业应该编制价值链成本支出项目会计科目表，设置科目名称和科目代码，在一级会计科目下可以根据成本支出具体项目设置二级会计科目和三级会计科目的名称和代码。表 6 - 3 列示了 S 公司养殖场成本支出项目会计科目表，表 6 - 4 中的一级会计科目 602 燃料可以细分为二级会计科目

602－01 汽油和 602－02 柴油，二级会计科目 602－01 汽油又可以根据耗用的型号细分为三级会计科目 602－01－01 型号 90 和 602－01－02 型号 93。

表6–3　　　　S公司养殖场价值链成本支出项目会计科目表

| 账户代码 | 账户名称 |
|---|---|
| 601 | 折旧 |
| 602 | 燃料 |
| 603 | 饲料 |
| 604 | 运输 |
| 605 | 维修 |
| 606 | 医疗 |
| 607 | 工资 |
| 608 | 保险 |
| 609 | 土地租金 |
| 610 | 技术开发 |

　　注：现有会计体系账户代码1为资产类账户，2为负债类账户，3为所有者权益类账户，4为成本类账户，5为损益类账户。所以价值链成本分析体系账户代码从6开始，以示区分。

表6–4　S公司养殖场一级会计科目 602 燃料的二级会计科目和三级会计科目表

| 一级会计科目 | | 二级会计科目 | | 三级会计科目 | |
|---|---|---|---|---|---|
| 账户代码 | 账户名称 | 账户代码 | 账户名称 | 账户代码 | 账户名称 |
| 602 | 燃料 | 01 | 汽油 | 01 | 90# |
| | | | | 02 | 93# |
| | | 02 | 柴油 | 01 | 5# |
| | | | | 02 | 0# |

　　从成本归集项目来看，传统成本分析按照生产成本（直接材料、直接人工、其他直接成本、制造费用）和期间费用归集成本，而价值链成本分析应按照价值活动归集成本。农工一体化企业价值链成本可以分为生产成本和协调成本，所以设置生产成本和协调成本一级会计科目名称和科目代码（如表6–5所示），在生产成本和协调成本一级会计科目下按照产品、流程、作业、任务设置明细会计科目名称和科目代码。生产成本包括供应链管理成本、进货后勤成本、生产作业成本、发货后勤成本、经营销售成本、产品使用成本、服务成本和废物管理成本；协调成本包括企业基础设施成本、外部网络成本、人力资源成本、技术开发成本和采购成本。由于

还要按价值活动归集资产耗费，所以当价值任务耗用资产时，在会计科目名称后用小括号标明该资产耗费所归属的价值活动，如"生产成本—种鸡—种蛋管理流程—装车作业—机组到达（进货后勤）"。此外，一个价值作业向另一个价值作业转移产出时，一个作业的产出是另一个作业的投入，因此还要设置"作业投入"会计科目和科目代码（如表6－5所示），并按产品、活动、流程、作业设置明细会计科目名称和科目代码。

表6－5　　　　　　　S公司养殖场价值链成本归集项目会计科目表

| 账户代码 | 账户名称 |
| --- | --- |
| 701 | 生产成本 |
| 702 | 协调成本 |
| 703 | 作业投入 |

### 3. 设置农工一体化企业会计科目表中的价值链收入分析账户和价值链价值增值分析账户

价值链成本分析的属性之一是强调企业可持续竞争优势的来源，要求通过价值链成本分析识别价值增值活动和非价值增值活动，计算产品、价值活动、流程、作业的价值增值。产品的价值增值等于价值活动的价值增值，价值活动的价值增值等于价值流程的价值增值，价值流程的价值增值等价值作业的价值增值，所以要计算价值链价值增值首先要计算价值作业的价值增值。价值作业的价值增值等于价值作业产出价值减去价值作业投入成本，根据前文的论述，作业投入成本包括价值作业耗用的资产（生产成本或协调成本账户核算）和耗用的其他上游作业的投入（作业投入账户核算）；价值作业产出价值是向下游作业或企业外部提供产品或服务的价值，通过设置"作业产出"账户核算，"作业产出"账户按产品、活动、流程、作业设置明细会计科目名称和科目代码。

价值作业产出价值与价值作业投入成本的差额是价值作业的价值增值。因此，为了反映价值作业的价值增值，还需设置"价值增值"账户。同样，"价值增值"账户按产品、活动、流程、作业设置明细会计科目名称和科目代码。此外，农工一体化企业价值链的生产对象还包括生物资产，生物资产会发生自然增值，虽然生物资产自然增值与农工一体化企业其他价值活动创造的价值一样，也是价值作业的产出价值，但生物资产的自然增值是通过生物转化实现的，而不是来源于生产加工过程。所以，应单独设置会计科目"生物资产价值增值"反映生物资产的自然增值,同时在农工一体化企业价值链增值报告中单独反映。

### 6.3.2 农工一体化企业价值链经营分析记录系统

价值链成本数据与传统成本数据的显著区别之一是,价值链成本数据除了包含传统成本数据中的财务数据外,还包括非财务数据,如人工工时,机器工时、材料和燃料的数量、运送时间、运送距离、等待时间等。因此,农工一体化企业价值链成本分析体系除了提供与资金流有关的财务数据外,还要提供实物流、信息流和流程时间的非财务数据。价值链会计分析所需的非财务数据由价值链经营分析记录系统输出。农工一体化企业价值链经营分析记录系统的主要任务是定义产品、所有中间产品以及产品结构;定义产品生产的价值活动、流程、作业和任务;记录资产(原材料、人工、厂房、设备);经营数据记录时资产(成本)自动分配到任务、作业、流程、活动和产品;资产、作业、流程、活动和产品经营数据分析。

### 1. 定义产品、所有中间产品以及产品结构

农工一体化企业产品种类繁多,除了产成品,中间产品还包括生物资产、农产品、副产品和各种半成品,所以,首先要识别农工一体化企业产品和所有中间产品,并定义每个产品和中间产品的名称和代码。此外,农工一体化企业价值链通常包含了企业所在的行业价值链,农工一体化企业产成品经历了农业生产和农产品加工整个环节,因此农工一体化企业产成品与农产品和半成品之间具有紧密的联系。所以,农工一体化企业应梳理产成品与半成品及农产品、生物资产之间的联系和相互关系,记录产品结构。图6-8以S公司为例,列示了种鸡产品结构的记录过程。S公司加工的鸡饲料除了直接用于企业种鸡养殖的饲料外,还可以作为最终产品出售;同样,种鸡除了用于继续繁殖,也可以作为最终产品出售。

| 产品名称 | 完成时间 | 产品层级名称 | 1级产品名称 | 计量单位 |
|---|---|---|---|---|
| 如:种鸡 | 2013年8月 | 生物资产 | 鸡饲料 | 只 |

| 产品代码 | 产品组名 | 产品层级代码 | 3级产品名称 | 来源 |
|---|---|---|---|---|
| 如:002021 | 种鸡产品 | 2 | 鸡苗 | 种鸡养殖 |

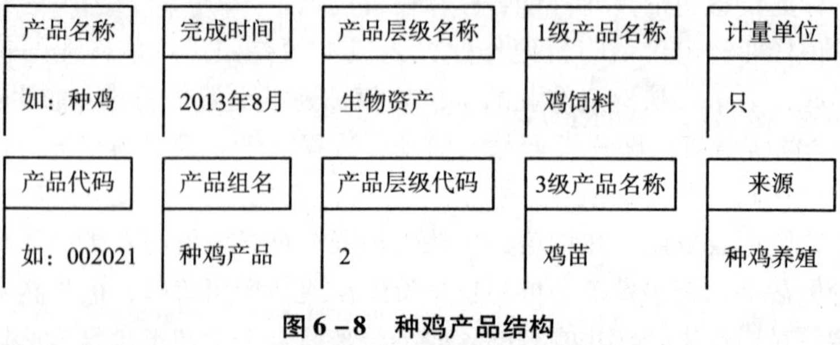

图6-8 种鸡产品结构

**2. 定义产品生产的价值活动、流程、作业和任务**

农工一体化企业价值活动和流程之间的联系和相互关系复杂，产品种类繁多，所以定义企业产品和所有中间产品以及产品结构之后，就要为每个产品定义与该产品有关的所有价值活动、流程、作业和任务。这样做一方面提供了记录产品成本（包括价值链的实物流、信息流、资金流和流程时间）的核算流程；另一方面有利于农工一体化企业厘清价值活动、流程、作业和任务之间的联系和相互关系，发现可能存在的浪费。此外，定义产品生产的价值活动、流程、作业和任务也为建立农工一体化企业价值链会计数据库提供了编程依据。图 6-9 以 S 公司为例，列示了 S 公司种鸡饲养的价值链生产作业活动中种蛋管理流程的装车作业，装车作业又可以细分为机组准备、机组达到、机组工作、机组离开和机组保养五个任务，机组达到任务需要企业投入的资源有人工、运输机和燃料。

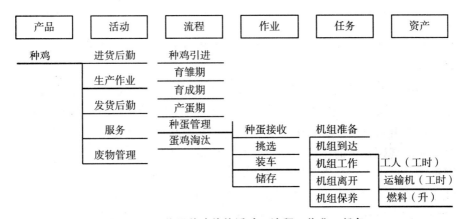

**图 6-9 S 公司种鸡价值活动、流程、作业、任务**

**3. 记录资产（原材料、人工、厂房、设备）**

在定义了产品、所有中间产品、产品结构，以及产品生产的价值活动、流程、作业和任务之后，就要按产品的价值活动、流程、作业和任务耗费的资源记录资产（成本）支出。需要注意的是，农工一体化企业价值链成本分析的其他工作基本都是会计人员记录完成的，但资产耗费经营数据主要是由执行价值活动具体任务的工作人员在实际耗用资产时记录，会计人员只是对这些数据进行归集。因此，农工一体化企业应建立价值链成本经营数据的工作记录，主要包括以下项目：执行时间，执行任务的人员，执行任务的设备，执行任务的对象，任务耗用的资产（成本）。

执行价值活动具体任务的工作人员填写完成资产耗费工作记录之后，再根据资产耗费工作记录填写产品资产（成本）耗费表，表6－6列示了按任务记录资产耗费经营数据的内容。按某项任务记录资产的耗费之后，再按作业归集和记录资产耗费的内容，按作业记录资产耗费时，只需把表6－6中的任务改为作业，资产耗费的记录内容相同，只是应把同一作业内耗用的相同资产进行汇总，价值流程和价值活动的记录过程以此类推。这样设计农工一体化企业价值链成本记录系统，既可以按价值任务、作业、流程、活动和产品归集资产耗费，也可以按价值任务、作业、流程、活动和产品分析农工一体化企业价值链成本。

表6－6　　　　　　　按任务记录某产品资产（成本）耗费表

| 任务 | 资产类型 | 资产名称 | 资产索引 | 单位 | 耗费水平 | 资产：自有/外购 |
|------|----------|----------|----------|------|----------|-----------------|
|      |          |          |          |      |          |                 |

**4. 经营数据记录时资产（成本）自动分配到任务、作业、流程、活动和产品**

传统成本会计系统中多种产品共同耗用的间接生产成本，即制造费用是由会计人员根据一定的分配标准（人工工时、机器工时等）分配。而价值链成本分析中资产耗费的经营数据是由执行价值活动具体任务的工作人员在实际耗用资产时记录。如果执行价值链具体任务的工作人员同时生产两种或两种以上产品，多种产品共同耗用某项资产时，由于产品生产过程耗用的资产（成本）是由该产品某个任务耗用的，所以执行价值链具体任务的工作人员在填写资产耗费工作经营数据记录时会按照该任务的成本驱动因素将耗用的资产在两种或两种以上的产品之间进行分配，然后根据分配好的金额填写资产耗费经营数据工作记录。因此，企业价值链成本分析间接费用的分配是由执行价值活动具体任务的工作人员在记录过程中自动完成。按照价值链成本驱动因素由执行价值链具体任务的工作人员分配多种产品共同耗费的间接成本，可以更准确地分配多种产品共同耗用的资源。

需要注意的是，传统成本系统的产品成本仅指产品的生产成本，而价值链成本分析体系的价值链成本，即产品成本，按价值活动类型划分为生产成本和协调成本。价值链成本体系的生产成本和协调成本既包括传统成本系统中计入产品成本的生产成本，也包括不计入产品成本的期间费用。

所以耗用的资产在价值任务、作业、流程和基本活动中的分配是对价值链生产成本的分配，分配后记录的成本称为产品生产成本。要核算产品成本还需把辅助活动耗用的资产，即协调成本记录在产品成本中。如果协调成本是产品直接耗用的，则直接计入产品成本；如果协调成本是产品的间接成本，则需要将协调成本在多种产品之间按照成本驱动因素进行分配。价值链成本分析体系把辅助活动耗用的资产归集到产品后的成本称为产品成本。

**5. 资产、作业、流程、活动和产品经营数据分析**

完成以上 4 个步骤之后，就完成了对农工一体化企业价值链成本经营数据的记录工作，会计人员可以根据记录的经营数据，按照资产、作业、流程、活动和产品的顺序依次整理价值链成本经营数据，经营数据主要是非财务数据，包括人工工时、机器工时、材料和燃料的数量、运送时间、运送距离、等待时间等，农工一体化企业应根据需要，汇总经营数据，进行经营数据分析。经营数据为农工一体化企业价值链会计分析绘制企业当前状态图提供了实物流、信息流和流程时间的非财务数据。

### 6.3.3 农工一体化企业价值链成本分析数据库

农工一体化企业的特征之一是规模生产，而且农工一体化企业既从事农业生产活动，又从事农产品加工和流通活动，导致农工一体化企业不仅产品种类繁多，而且价值链成本分析项目种类也较多，产品成本要经过资产、任务、作业、流程和活动几个过程才能核算。会计部门除了对外提供财务会计数据外，还要对内提供价值链成本分析数据。通过上述对农工一体化企业价值链财务会计记录系统和经营分析记录系统的描述可以看出，农工一体化企业价值链成本分析工作很烦琐，仅靠会计人员手工完成价值链成本分析数据，势必造成会计人员日常工作的烦冗。因此，农工一体化企业应建立价值链成本分析数据库，为价值链会计提供财务数据和非财务数据，在减少会计人员工作量的同时，也可以实现实时反映和多维控制。农工一体化企业价值链成本分析数据库的主要任务是，根据财务会计记录系统和经营分析记录系统的要求设置程序，记录价值链成本、价值链收入和经营数据。

农工一体化企业价值链成本分析数据库需要会计部门聘请财务软件方面的专家，提出企业价值链成本分析的需求，开发企业价值链成本分析数据库。数据库投入使用后的工作主要有：（1）根据价值链成本分析账户和价值链收入分析账户的会计科目表定义农工一体化企业成本项目；（2）定义价值链成本项目的关键分配因素；（3）定义价值链成本平衡表，即一定期间内价值活动耗用的资产（成本）等于价值链产品成本；（4）记录价值链成本数据，即按照农工一体化企业执行价值活动具体任务的工作人员在实际耗用资产时的工作记录，把相关数据输入数据库。

### 6.3.4　农工一体化企业价值链会计核算和分析报告

农工一体化企业价值链财务会计记录系统设置农工一体化企业会计科目表中的价值链成本分析账户和价值链收入分析账户，经营分析记录系统提供价值链成本经营数据之后，接下来就可以进行农工一体化价值链会计核算和分析报告。农工一体化企业价值链会计核算和分析报告的主要内容有：（1）产品、活动、流程、作业、任务和资产的成本核算；（2）价值链收入的确认和计量；（3）根据定义的价值链分析报告分析价值链成本和收入；（4）根据定义的价值链分析报告解释结果。

从图6-7可以看出，本文按产品划分农工一体化企业价值链，以产品2说明了产品生产的价值活动、流程、作业、任务和资产耗费的关系。产品的价值链创造活动可以分为基本活动和辅助活动。农工一体化企业的基本活动有8个，产品的基本活动分布在产品不同的价值流程中，每个价值流程按价值作业划分，每个价值作业再按任务划分，每个任务耗用资产。农工一体化企业的辅助活动有5个，与基本活动的划分不同的是，每个辅助活动由相应的价值流程组成。因此，虽然基本活动资产耗费与基本活动流程的资产耗费相同，辅助活动资产耗费与辅助活动流程的资产耗费相同，但某个基本活动的资产耗费是该基本活动在每个价值流程中资产耗费之和，而某个辅助活动的资产耗费是该辅助活动的价值流程资产耗费之和。

经过这样的划分，农工一体化企业价值链成本是农工一体化企业所有产品成本之和，每个产品成本由基本活动的资产耗费（产品的生产成本）和辅助活动的资产耗费（产品的协调成本）组成。按产品的价值活动、流程、作业、任务和资产归集价值链成本，确定价值链产出价值。本书将在第7章详细阐述农工一体化企业价值链会计核算和分析报告，这里不再赘述。

# 7.

# 农工一体化企业价值链
# 会计核算和分析报告

本书第 6 章构建了农工一体化企业价值链成本分析体系。该体系由农工一体化企业价值链财务会计记录系统、经营分析记录系统、成本分析数据库、会计核算与分析报告 4 个子系统组成。第 6 章从农工一体化企业如何构建价值链成本分析体系的角度，阐述了农工一体化企业价值链成本分析体系的框架。本章阐述农工一体化企业构建价值链成本分析体系之后，如何运用价值链成本分析体系为农工一体化企业战略决策提供有用数据。本章内容包括价值链会计核算的流程和账务处理、价值链收入的确认与计量以及价值链会计分析报告。

## 7.1 农工一体化企业价值链会计核算

### 7.1.1 农工一体化企业价值链会计核算流程

建立农工一体化企业价值链成本分析体系之后，即财务会计记录系统定义了成本中心、成本分析账户和收入分析账户；经营分析记录系统定义了产品、所有中间产品以及产品结构，产品生产的价值活动、流程、作业和任务；成本分析数据库定义了农工一体化企业成本项目和成本项目的关键分配因素之后，就可以核算农工一体化企业价值链收入和成本。

经济业务发生时，农工一体化企业价值链会计核算流程主要包括以下几个步骤：

**1. 耗用资产时，由执行价值活动具体任务的工作人员填制"资产耗费工作记录"**

农工一体化企业价值链成本核算以产品为单位，定义产品生产的价值活动、流程、作业和任务。产品生产过程耗用的资产（成本）由该产品价值活动细分的任务耗用，所以资产耗费工作记录由执行价值活动具体任务的工作人员填制。执行价值活动具体任务的工作人员填制的资产耗费工作记录相当于传统会计的原始凭证。农工一体化企业的资产耗费工作记录主要包括以下项目：执行时间、执行任务的人员，执行任务的设备，执行任务的对象，任务耗用的资产（成本）。以图 6 - 9 中 S 公司—种鸡 1 场—种鸡生产作业活动—种蛋管理流程—装车作业—机组到达任务为例的资产耗费工作记录如下：

执行时间：2013 年 3 月 15 日

工人李云（LY - 001）将运输机开往种蛋车间，人工工时 15 分钟；

运输机 O - 56（YS - 11）执行此次运输，机器工时 15 分钟；

3 升的柴油 5#（CY - 5#）用于此次运输。

如果执行价值链具体任务的工作人员同时生产两种或两种以上产品，多种产品共同耗用某项资产时，需要将耗用的资产在多种产品之间进行分配。所以执行价值链具体任务的工作人员在填写资产耗费工作记录之前，应先按照该任务的成本驱动因素将耗用的资产在两种或两种以上的产品之间进行分配，填写价值任务资产耗费分配单，然后根据分配好的金额填写资产耗费工作记录。价值链产品任务资产耗费分配单如表 7 - 1 所示。

表 7 - 1　　　　　　　　　　　　价值任务资产耗费分配单

| 任务 | 资产类型 | 资产名称 | 资产索引 | 单位 | 耗费水平 | 单价 | 金额 | 驱动因素 | 分配率 | 资产耗费 | |
|---|---|---|---|---|---|---|---|---|---|---|---|
| | | | | | | | | | | 产品 1 | 产品 2 |
| | | | | | | | | | | | |

**2. 执行价值活动具体任务的工作人员根据填制的"资产耗费工作记录"填写"产品任务资产耗费单"**

执行价值活动具体任务的工作人员填写完成资产耗费工作记录之后，还需根据资产耗费工作记录填写产品任务资产（成本）耗费单，表 7 - 2 列示了 S 公司—种鸡 1 场—种鸡产品—机组到达任务资产耗费单。按产品的某项任务记录资产耗费之后，再按产品的某项作业归集和记录资产耗费。按作业记录资产耗费时，只需把表 7 - 2 中的任务改为作业，资产耗费的记录项目相同，只是应把同一作业内耗用的相同资产进行加总。价值流程、价值活动和产品成本的记录过程以此类推。

表7-2　　种鸡1场—种鸡产品—机组到达任务资产（成本）耗费单

| 任务 | 资产类型 | 资产名称 | 资产索引 | 单位 | 耗费水平 | 资产：自有/外购 |
|---|---|---|---|---|---|---|
| 机组到达<br>2013-03-15 | 工人 | 李云 | LY-001 | 人工工时 | 0.25h | 自有 |
| | 机器 | 运输机O-56 | YS-11 | 机器工时 | 0.25h | 自有 |
| | 燃料 | 柴油5# | CY-5# | 升 | 31 | 自有 |

## 3. 会计人员根据"产品任务资产耗费单"把产品任务经营数据输入数据库

执行价值活动具体任务的工作人员将填写的资产耗费工作记录和产品任务资产耗费单交给会计部门之后，会计人员首先要将执行价值活动具体任务的工作人员填写的资产耗费工作记录与产品任务资产耗费单进行核对。因为涉及资产耗费在不同产品之间按成本驱动因素分配成本的问题，所以如果执行价值活动具体任务的工作人员填写有误，会计人员应及时与执行价值活动具体任务的工作人员沟通，确认无误后，根据正确的产品任务资产耗费单把产品任务经营数据输入数据库。表7-3以S公司—种鸡1场—种鸡产品—机组到达任务为例，列示了产品任务经营数据记录输入数据库的形式。

表7-3　　　种鸡1场—种鸡产品—机组到达任务经营数据

| 执行时间 | 资产名称 | 资产索引 | 资产单位 | 耗费水平 | 任务 | 结束时间 | 作业 | 流程 | 活动 | 产品名称 | 产品代码 |
|---|---|---|---|---|---|---|---|---|---|---|---|
| 2013-03-15<br>15：00PM | 李云 | LY-1 | 人工工时 | 0.25h | 机组到达 | 2013-03-15，<br>15：15PM | 装车 | 种蛋管理 | 进货后勤 | 种鸡 | 002021 |
| 2013-03-15<br>15：00PM | 运输机O56 | YS-11 | 机器工时 | 0.25h | 机组到达 | 2013-03-15，<br>15：15PM | 装车 | 种蛋管理 | 进货后勤 | 种鸡 | 002021 |
| 2013-03-15<br>15：00PM | 柴油5# | CY-5# | 升 | 31 | 机组到达 | 2013-03-15，<br>15：15PM | 装车 | 种蛋管理 | 进货后勤 | 种鸡 | 002021 |

从表7-3和表7-2的对比可以发现，产品任务经营数据记录输入数据库的形式比产品任务资产耗费单增加了作业、流程、活动、产品名称和

代码 5 个项目。主要原因是农工一体化企业定义了产品生产的价值活动、流程、作业和任务之后，只要将按任务记录的某产品资产耗费单数据输入数据库，农工一体化企业建立的价值链成本分析数据库就可以根据定义的任务、作业、流程、活动和产品之间的关系自动生成某产品价值作业、价值流程、价值活动和产品的经营数据，有效减少了会计人员数据归集的工作量。

实际上，如果农工一体化企业建立了 ERP 系统，执行价值活动具体任务的工作人员可以直接把资产耗费工作记录填写到 ERP 系统中，并自动生成产品任务资产耗费单。也就是只要执行价值活动具体任务的工作人员输入原始数据，农工一体化企业价值链成本核算的前两个流程就可以通过计算机完成。如果 ERP 系统与价值链成本分析数据库建立连接，数据库就能直接生成产品任务经营数据，可以减少执行价值活动具体任务的工作人员和会计人员的工作量，减少价值链成本数据在不同部门之间的转移时间，进一步提高价值链成本分析的效率。

**4. 会计人员根据"产品任务资产耗费单"把产品任务财务数据输入数据库**

由于农工一体化企业价值链成本核算包括产品成本核算和经营数据核算两个方面，所以会计人员根据产品任务资产耗费单把产品任务经营数据输入数据库的同时，还需要把产品任务财务数据输入数据库，为计算任务、作业、流程、活动和产品成本提供数据。表 7 - 4 以 S 公司—种鸡 1 场—种鸡产品—机组到达任务耗费的柴油 5#为例，列示了产品任务财务数据记录输入数据库的形式。

表 7 - 4　　　种鸡 1 场—种鸡产品—机组到达任务—柴油 5#财务数据

| 摘要 | 记账日期 | 账户代码 | 贷方金额 | 账户代码 | 借方金额 | 单价 | 数量 | 成本中心代码 | 资产索引 | 活动 |
|------|----------|----------|----------|----------|----------|------|------|--------------|----------|------|
| 柴油 5# | 2013 - 03 - 15 | 602 - 02 - 01 | 30 | 701 - 002021 - 05 - 04 - 02 | 30 | 10 | 3 | 种鸡 1 场 | CY - 5# | 进货后勤 |

表 7 - 4 中，"摘要"填写耗用资产的名称，同时填写资产索引号。企业耗用的资产，传统会计系统直接减少购入或取得所耗资产账户。价值链成本会计不核算资产购入，资产购入数据可以从传统会计系统取得，只核算资产的耗用，所以本文重新设置了价值链成本分析账户。本书第 6 章论

述了价值链成本分析账户的设置问题，账户代码 602 表示耗用资产燃料，602 - 02 表示柴油，602 - 02 - 01 表示柴油 5#；账户 701 表示生产成本，对应的活动名称是生产活动，701 - 002021 表示种鸡 002021 耗用的生产成本，701 - 002021 - 05 - 04 - 02 表示种鸡 002021 第 5 个流程种蛋管理的第 4 个作业装车的第 2 个任务机组到达耗用的生产成本。借方金额根据柴油 5# 购入的单价和数量填写。成本中心代码根据农工一体化企业定义的价值链成本中心填写。本例的资产耗费发生在 2013 年 3 月 15 日，记账日期也是 2013 年 3 月 15 日，价值链会计的职能之一是实时反映价值链数据，所以数据库的使用帮助企业实现了价值链会计实时反映的职能。

**5. 核算任务、作业、流程、活动和产品成本**

会计人员根据产品任务资产耗费单把产品任务财务数据输入数据库之后，就可以核算某产品价值链每个任务的成本。表 7 - 5 列示了 S 公司—种鸡 1 场—种鸡产品—机组到达任务的财务数据。

表 7 - 5　　　　　　　种鸡 1 场 - 种鸡产品 - 机组到达任务财务数据

| 摘要 | 记账日期 | 账户代码 | 贷方金额 | 账户代码 | 借方金额 | 单价 | 数量 | 成本中心代码 | 资产索引 | 活动 |
|---|---|---|---|---|---|---|---|---|---|---|
| 人工 | 2013 - 03 - 15 | 607 - 02 - 01 - 12 | 25 | 701 - 002021 - 05 - 04 - 02 | 25 | 100 | 0.25h | 种鸡 1 场 | LY - 1 | 进货后勤 |
| 运输机 O56 | 2013 - 03 - 15 | 601 - 03 - 05 | 75 | 701 - 002021 - 05 - 04 - 02 | 75 | 300 | 0.25h | 种鸡 1 场 | YS - 11 | 进货后勤 |
| 柴油 5# | 2013 - 03 - 15 | 602 - 02 - 01 | 30 | 701 - 002021 - 05 - 04 - 02 | 30 | 10 | 3 | 种鸡 1 场 | CY - 5# | 进货后勤 |

按任务归集产品耗用的资产之后，再按照作业归集产品耗用的资产，归集时把同一作业耗用的相同资产进行合并。以 S 公司—种鸡 1 场—种鸡产品—装车作业为例，其财务数据格式与表 7 - 5 基本相同，只是去掉活动一栏，核算的是装车作业所有活动耗用的资产总和，同时把耗用的相同资产汇总。此外，借方账户代码是 703 - 002021 - 05 - 04。图 7 - 1 列举了 S 公司—种鸡产品—种蛋管理流程—装车作业耗用柴油 5# 的价值链成本核算过程。

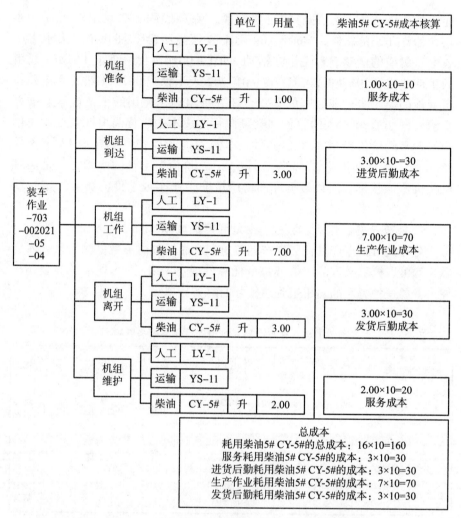

**图7-1 装车作业耗用柴油5#CY-5#成本核算**

　　价值流程耗用资产归集的方法与价值作业耗用资产归集的方法相同。

　　价值活动分为基本活动和辅助活动，所以产品成本（价值链成本）按价值活动类型划分为生产成本和协调成本，如果只核算产品耗用的生产成本，称为产品生产成本，产品生产成本与产品耗用的协调成本之和才是产品成本。从图6-9可以看出，种鸡产品涉及的基本活动有进货后勤、生产作业、发货后勤、服务和废物管理，种鸡产品的5个基本活动按流程划分可以分为种鸡引进、育雏期、育成期、产蛋期、种蛋管理和种鸡淘汰6

个价值流程，所以价值链基本活动与价值流程之间的对应关系与价值流程与价值作业、价值作业与价值任务之间的对应关系不同：价值流程与价值作业、价值作业与价值任务是一对多的关系，所以价值作业成本对应价值任务成本之和，价值流程成本对应价值作业成本之和；而价值活动与价值流程是多对多的关系。从图7-1可以看出，种蛋管理流程至少包括生产作业、发货后勤、进货后勤和服务活动，所以虽然价值流程成本总额与价值链基本活动成本总额相等，但某个价值链基本活动并不是与某个价值流程对应，而是与多个价值流程中的任务对应。所以要核算价值链基本活动耗用的资产，只能根据某产品价值任务耗用的资产进行归集，如表7-4所示。从表7-4可以看出，数据库在生成某产品价值任务的财务数据时，会标注该任务所归属的价值活动，为归集产品价值链基本活动耗用的资产提供了财务数据，从图7-2可以看出按产品归集价值链基本活动耗用资产的过程。

按产品归集价值链基本活动耗用资产的成本是产品生产成本，要核算产品成本（价值链成本）还要归集辅助活动产品耗用的资产。农工一体化企业辅助活动主要有企业基础设施建设、外部网络、人力资源管理、技术开发和采购，虽然辅助活动不直接参与产品的生产过程，但产品辅助活动耗用资产的归集和分配与基本活动耗用资产的归集和分配的方法相同。不同的是与产品有关的每个辅助活动与对应的价值流程也是一对多的关系，即辅助活动的成本是对应价值流程成本之和。此外，辅助活动耗用的资产可能是多个产品共同耗用，所以辅助活动的价值任务执行人员可能更常按照成本驱动因素在不同产品之间进行分配。

根据以上分析，图7-2以S公司种鸡产品为例说明了农工一体化企业价值任务、作业、流程、活动和产品成本（价值链成本）的核算过程。从图7-2可以看出，种鸡的产品成本由基本活动和辅助活动耗用的资产组成，基本活动和辅助活动耗用资产的核算都是按照资产耗费、任务、作业、流程、活动的顺序归集，不同的是种鸡生产的5个基本活动对应的是依次顺序的价值流程，而每个辅助活动对应的是该辅助活动相应的价值流程。所以产品基本活动和辅助活动资产耗费的归集略有不同，基本活动耗用资产的核算只能根据某产品价值任务耗用的资产进行归集，辅助活动耗用资产的核算只需加总对应价值流程耗用的资产。

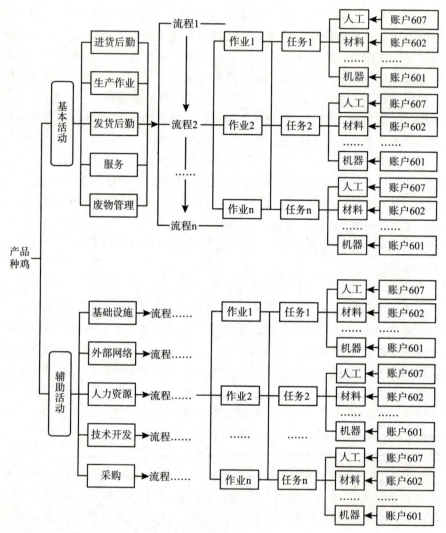

图 7 - 2　任务、作业、流程、活动和产品成本（价值链成本）的核算过程

### 6. 整合农工一体化企业财务数据和经营数据

价值链会计与传统会计的区别之一是传统会计提供的数据以财务数据为主，多以货币计量，而价值链会计提供的数据是财务数据与非财务数据并重，货币计量与非货币计量并重。价值链会计数据主要由价值链成本分析体系提供，所以农工一体化企业价值链成本核算包括两方面的核算，即除了核算农工一体化企业产品成本，为企业战略提供决策有用的财务数

据；还要核算农工一体化企业经营数据，为企业战略提供决策有用的非财务数据。也就是说农工一体化企业价值链成本分析体系为企业同时提供财务数据和经营数据。

通过以上流程之后，农工一体化企业价值链会计数据库实现了为农工一体化企业同时提供价值链成本财务数据和经营数据的目标。虽然农工一体化企业价值链成本核算包括产品成本财务数据核算和经营数据核算两个方面，但这两方面的核算并不是孤立的，而是相互联系的，在价值链成本核算过程中是同时进行的。也就是说，价值链成本核算要整合农工一体化企业价值链成本分析体系中的财务会计记录系统和经营分析记录系统，在输出产品成本财务数据的同时输出经营数据。价值链成本财务数据和经营数据相互之间的关系如图7－3所示。

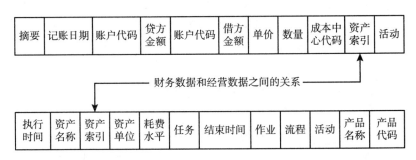

**图7－3 农工一体化企业价值链成本财务数据和经营数据的关系**

从图7－3可以看出，农工一体化企业价值链成本财务数据和经营数据通过资产索引将二者联系起来，实现了在农工一体化企业价值链成本财务数据库中随时取得与其相关联的经营数据，同样也实现了在农工一体化企业价值链成本经营数据库中随时取得与其相关联的财务数据，为农工一体化企业多种形式的价值链成本分析报告提供了支持。

### 7.1.2 农工一体化企业价值链会计核算的账务处理

根据农工一体化企业价值链财务会计记录系统设置会计科目表的价值链成本分析账户、价值链收入分析账户和价值链价值增值分析账户之后，当经济业务发生时，就可以进行价值链会计核算的账务处理。本文以 S 公司种鸡产品为例，说明农工一体化企业价值链会计核算的账务处理过程。价值链成本数据库使用的是账户代码，为了清楚表述农工一体化企业价值链会计核算的账务处理，这里使用的是账户名称。

**1. 种鸡生产成本的账务处理**

（1）根据产品任务资产耗费单做出产品价值任务耗用资产的会计分录，以表7-5种鸡1场—种鸡产品—机组到达任务财务数据为例（会计分录7-1）：

借：生产成本—种鸡—种蛋管理流程—装车作业—机组到达（进货后勤）　　　　　130

　　贷：人工—李云　　　　　25

　　折旧—运输机O56　　　　　75

　　燃料—柴油—5#　　　　　30

（2）根据产品价值任务耗用资产的会计分录7-1归集产品价值作业耗用资产的会计分录（会计分录7-2）：

借：生产成本—种鸡—种蛋管理流程—装车作业　　　　　590

　　贷：生产成本—种鸡—种蛋管理流程—装车作业—机组准备（服务）　　　　　50

　　生产成本—种鸡—种蛋管理流程—装车作业—机组到达（进货后勤）　　　　　130

　　生产成本—种鸡—种蛋管理流程—装车作业—机组工作（生产作业）　　　　　230

　　生产成本—种鸡—种蛋管理流程—装车作业—机组离开（发货后勤）　　　　　130

　　生产成本—种鸡—种蛋管理流程—装车作业—机组保养（服务）　　　　　50

（3）装车作业向下游储存作业转移产出时，装车作业的产出价值是储存作业的投入成本，会计分录如下（会计分录7-3）：

借：作业投入—种鸡—基本活动—种蛋管理流程—储存作业　　　　　2650

　　贷：作业产出—种鸡—基本活动—种蛋管理流程—装车作业　　　　　2650

（4）结转价值作业成本与作业产出账户，装车作业的上游作业挑选作业向装车作业投入的成本是1000，则会计分录如下（会计分录7-4）：

借：作业产出—种鸡—基本活动—种蛋管理流程—装车作业　　　　　2650

贷：作业投入—种鸡—基本活动—种蛋管理流程—装车作业

　　　　　　　　　　　　　　　　　　　　　　　　1000

　　生产成本—种鸡—种蛋管理流程—装车作业　　　　590

　　价值增值—种鸡—基本活动—种蛋管理流程—装车作业

　　　　　　　　　　　　　　　　　　　　　　　　1060

如果价值作业发生生物资产自然增值，应该在会计分录7－4的贷方增加"生物资产自然增值"科目，同时按发生生物资产自然增值的价值活动、流程和作业设置明细科目，反应生物资产价值作业的自然增值。"作业产出"与"作业投入"、"生产成本"和"生物资产自然增值"之和的差计入"价值增值"账户，反映该价值作业扣除生物资产自然增值后的作业增值。

（5）归集种鸡的生产成本：

首先，根据产品价值作业耗用资产的会计分录7－2归集产品价值流程耗用的资产。需要注意的是，价值流程耗用的资产只需归集，不需做出会计分录，因为价值作业耗用的资产已经通过会计分录7－4结转，如果再做一次会计分录就会重复，所以此会计分录只用于归集价值流程的资产耗费：

借：生产成本—种鸡—种蛋管理流程　　　　　　　2440

　　贷：生产成本—种鸡—种蛋管理流程—种蛋接收作业　490

　　生产成本—种鸡—种蛋管理流程—挑选作业　　　650

　　生产成本—种鸡—种蛋管理流程—装车作业　　　590

　　生产成本—种鸡—种蛋管理流程—储存作业　　　710

其次，根据归集的产品价值流程耗用的资产做出归集产品生产成本的会计分录（会计分录7－5）：

借：生产成本—种鸡　　　　　　　　　　　　　38670

　　贷：生产成本—种鸡—种鸡引进流程　　　　　11490

　　生产成本—种鸡—育雏期流程　　　　　　　7650

　　生产成本—种鸡—育成期流程　　　　　　　8710

　　生产成本—种鸡—产蛋期流程　　　　　　　6590

　　生产成本—种鸡—种蛋管理流程　　　　　　2440

　　生产成本—种鸡—蛋鸡淘汰流程　　　　　　1790

需要说明的是，种鸡基本活动耗用的资产可以根据产品价值任务耗用资产的会计分录归集：

借：生产成本—种鸡—进货后勤　　　　　　　　　　130

　　贷：生产成本—种鸡—种蛋管理流程—装车作业—机组到达（进
　　　　货后勤）　　　　　　　　　　　　　　　　　　130

（6）归集种鸡基本活动的价值增值：

首先，根据会计分录7-4中作业的价值增值做出归集流程价值增值的会计分录（会计分录7-6）：

借：价值增值—种鸡—基本活动—种蛋管理流程　　　7060

　　贷：价值增值—种鸡—基本活动—种蛋管理流程—种蛋接收作业
　　　　　　　　　　　　　　　　　　　　　　　　2550

　　　价值增值—种鸡—基本活动—种蛋管理流程—挑选作业
　　　　　　　　　　　　　　　　　　　　　　　　1190

　　　价值增值—种鸡—基本活动—种蛋管理流程—装车作业
　　　　　　　　　　　　　　　　　　　　　　　　1060

　　　价值增值—种鸡—基本活动—种蛋管理流程—储存作业
　　　　　　　　　　　　　　　　　　　　　　　　2260

其次，根据流程价值增值的会计分录7-6做出归集基本活动价值增值的会计分录（会计分录7-7）：

借：价值增值—种鸡—基本活动　　　　　　　　　58540

　　贷：价值增值—种鸡—基本活动—种鸡引进流程　　4550

　　　价值增值—种鸡—基本活动—育雏期流程　　　11190

　　　价值增值—种鸡—基本活动—育成期流程　　　21160

　　　价值增值—种鸡—基本活动—产蛋期流程　　　8160

　　　价值增值—种鸡—基本活动—种蛋管理流程　　7060

　　　价值增值—种鸡—基本活动—蛋鸡淘汰流程　　6420

如果价值作业的价值增值还包括生物资产自然增值，在做会计分录7-6和会计分录7-7的同时，还要以同样的方式归集价值流程和价值活动的生物资产自然增值。这样，产品的价值增值由两部分组成：一是价值作业的作业增值；二是价值作业生物资产的自然增值。

**2. 种鸡协调成本的账务处理**

协调成本的账户处理与生产成本的账务处理基本一致，只是产品辅助活动耗用资产直接根据辅助活动的价值流程耗用资产归集，分录如下（会计分录7-8）：

借：协调成本—种鸡—采购活动　　　　　　　　　7500

贷：协调成本—种鸡—采购计划流程      350

     协调成本—种鸡—询比议价流程      4500

     协调成本—种鸡—采购决定流程      610

     协调成本—种鸡—订购验收流程      1500

     生产成本—种鸡—整理付款流程      540

根据产品价值链辅助活动耗用资产的会计分录 7 – 8 归集产品协调成本的会计分录（会计分录 7 – 9）：

借：协调成本—种鸡      13560

     贷：协调成本—种鸡—基础设施活动      550

     协调成本—种鸡—外部网络活动      1500

     协调成本—种鸡—人力资源活动      510

     协调成本—种鸡—技术开发活动      3500

     协调成本—种鸡—采购活动      7500

辅助活动价值增值的账务处理与基本活动价值增值的账务处理基本一致，只是产品辅助活动价值增值直接根据辅助活动价值流程的价值增值归集，这里就不再做出账务处理。但有一点需要注意，由于辅助活动是支持基本活动并提供相互协作的活动，辅助活动价值作业之间不涉及产品转移，在种鸡产品产出价值一定的情况下，辅助活动价值作业产出价值按一定的价值驱动因素从种鸡产品产出价值分配取得。

**3. 种鸡产品成本和价值增值的账务处理**

（1）根据种鸡生产成本的会计分录 7 – 5 和种鸡协调成本的会计分录 7 – 9 归集种鸡产品成本的会计分录（会计分录 7 – 10）：

借：产成品—种鸡      52230

     贷：生产成本—种鸡      38670

     协调成本—种鸡      13560

（2）根据种鸡基本活动价值增值分录 7 – 7 和种鸡辅助活动价值增值分录归集种鸡价值增值的会计分录（会计分录 7 – 11）：

借：价值增值—种鸡      74190

     贷：价值增值—种鸡—基本活动      58540

     价值增值—种鸡—辅助活动      15650

## 7.2 农工一体化企业价值链收入的确认与计量

波特（Porter，1985）认为，"价值链把总价值展开，它由价值活动和利润组成"，"利润是总价值与执行各种价值活动的总成本之差"①，同时也给出了价值的定义："价值是买方愿意为企业提供给它们的产品或服务所支付的价格，价值用总收入来衡量"②。波特（1985）所说的"利润"就是价值活动创造的价值，即价值增值。价值链会计的主要目的之一是判断哪些价值活动是价值增值活动，哪些价值活动是非价值增值活动。所以，要判断农工一体化企业价值链创造的价值增值，除了取得价值链成本数据外，价值链收入的确认与计量也是正确量度农工一体化企业价值链价值增值的前提条件。

### 7.2.1 农工一体化企业价值链收入的含义、构成和特点

#### 1. 农工一体化企业价值链收入的含义

我国《企业会计准则——收入》（以下简称《收入准则》）把收入定义为："企业在日常活动中形成的、会导致所有者权益增加的、与所有者投入资本无关的经济利益的总流入。"根据收入的定义，收入具有"日常活动中形成"、"导致所有者权益增加"和"与所有者投入资本无关的经济利益流入"的特点。

日常活动是指企业为完成其经营目标所从事的经常性活动以及与之相关的活动。利得是指由企业非日常活动所形成的、会导致所有者权益增加的、与所有者投入资本无关的经济利益的流入。所以，非日常活动所形成的经济利益的流入不能确认为收入，而应当计入利得。企业价值活动包括基本活动和辅助活动，基本活动是与产品价值创造有关的活动，辅助活动是支持基本活动并提供相互协作的活动，因此，农工一体化企业价值活动是企业经常性活动，而不是非日常活动。所以农工一体化企业价值链收入也是企业在日常活动中形成的。

根据《收入准则》中收入的定义，与收入相关的经济利益的流入应当会导致所有者权益的增加。但农工一体化企业价值链的经济利益流入不一定会导致所有者权益的增加，主要原因有两点：一是农工一体化企业价值链收入不是从企业角度提出，而是从企业价值流程、作业和任务的角度提出。不论企业生产的最终产品是否实现销售，只要从一个价值流程和作业转移到另一个价值流程和作业，就应确认价值流程和作业的产出价值。只

---

① ［美］迈克尔·波特. 竞争优势. 陈小悦译. 北京：华夏出版社，1997：38.
② ［美］迈克尔·波特. 竞争优势. 陈小悦译. 北京：华夏出版社，1997：36.

有当产品实现销售时，价值流程和作业的产出价值才会增加农工一体化企业的所有者权益。二是《企业会计准则——生物资产》中规定，"只有存在活跃市场、公允价值能够取得并可靠计量的情况下，生物资产才能采用公允价值计量，以资产负债表日生物资产的公允价值减去估计销售时所发生费用后的净额计量，将各期变动计入当期损益"。生物资产与其他资产相比，其最大的特征是具有生物转化的能力，使生物资产发生自然增值。除了农产品，大多数生物资产没有活跃市场，很难取得公允价值，如果因此就不确认从事农业生产活动的价值流程和作业的收入，就不能正确识别价值流程和作业创造的价值。所以农工一体化企业价值链确认的不存在活跃市场、公允价值不易取得的生物资产的收入，在生物资产不出售或生物资产作为原材料投入生产的产品未实现销售前，也不会导致农工一体化企业所有者权益的增加。

根据《收入准则》中收入的定义，收入应当会导致经济利益的流入，从而导致资产的增加，同时强调，经济利益的流入"应很可能流入企业"和"流入额能够可靠计量"。首先价值流程和作业的收入在确认时产品并未完工，甚至可能连半成品也不是，所以很难确认价值流程和作业的产出价值是否很可能流入企业；其次，即使能确认价值流程和作业的产出价值很可能流入企业，由于产品未完工，很难找到活跃市场，公允价值不易取得，因此价值流程和作业的产出价值有时难以可靠计量。所以农工一体化企业价值链收入不一定会导致经济利益流入企业，只有已实现的收入才会导致经济利益流入企业。

本书认为，价值链成本分析的重要任务之一是，提供价值流程和作业的价值增值信息，为企业战略规划提供数据。因此，只要价值流程和作业创造价值，即使创造的价值小于支付的成本，创造的价值不一定导致所有者权益增加，创造的价值不一定导致经济利益的流入，也应确认为价值链收入。此外，本书按照产品划分农工一体化企业价值链，农工一体化企业价值链收入是价值链成本分析体系定义的所有产品的收入，包括产成品和各种中间产品。所以，本书认为，价值链收入是指企业在日常活动中形成的所有产品的价值活动、流程和作业的产出价值，农工一体化企业价值链收入是指农工一体化企业在日常活动中形成的所有产品的价值活动、流程和作业的产出价值。

### 2. 农工一体化企业价值链收入的构成

图 6－9 列示了产品与价值活动、流程、作业、任务和资产之间的关

系。从图6-9可以看出，任务一方面是对资产的耗用，另一方面也是对作业的分解；从价值作业中的一个任务向另一个任务的转移并没有完成一个完整的价值创造过程。所以，本书认为，价值任务的产出价值不应作为价值链收入的组成部分。价值作业之间和价值流程之间产品的转移完成了一个完整的价值创造活动，所以价值作业、价值流程的产出价值是价值链收入的构成。价值活动的产出价值就是价值流程创造的产出价值，但由于每个价值活动的产出价值分散在不同的价值流程中，所以价值活动的产出价值是价值活动的总价值，而不是每个价值活动的产出价值。图7-4列示了农工一体化企业价值链收入的构成。

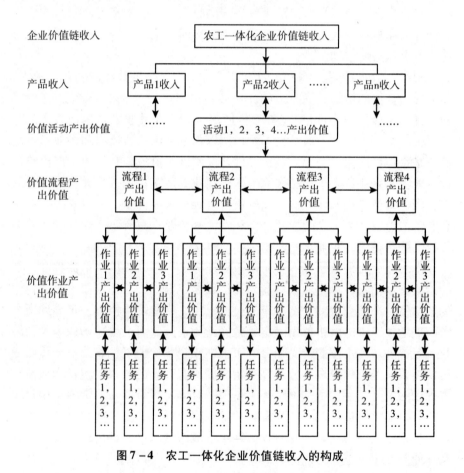

图7-4 农工一体化企业价值链收入的构成

从图7-4可以看出，农工一体化企业价值链收入可以划分为4个层次：第一层次是产品收入，农工一体化企业价值链收入等于企业所有产品收入之和；第二层次是价值活动产出价值，产品 2 的收入等于产品 2 价值活动的产出价值；第三个层次是价值流程产出价值，产品 2 价值活动的产出价值与产品 2 最后一个价值流程的产出价值相等；第四个层次是价值作业产出价值，产品 2 价值流程的产出价值与产品 2 每个价值流程最后一个价值作业的产出价值相等。

根据前面的分析可以看出，农工一体化企业价值链收入不一定会导致经济利益流入企业，所以农工一体化企业价值链收入可以分为已实现收入和未实现收入。已实现收入指农工一体化企业已实现销售的中间产品或最终产品的收入；未实现收入指农工一体化企业最终产品未实现销售的收入，其中包括农产品和生物资产自然增值确认的价值变动。

**3. 农工一体化企业价值链收入的特点**

从对农工一体化企业价值链收入定义的讨论中，可以总结出价值链收入具有"日常活动中形成"、"不一定会导致所有者权益增加"和"不一定会导致经济利益流入"的特点。除此之外，由于农业生产活动的特殊性，农工一体化企业价值链收入与其他行业价值链收入相比，表现出显著的行业特点。具体而言，主要体现在以下几个方面：

首先，农工一体化企业价值链收入中生物资产的产出价值在很大程度上依赖于动植物的生物转化过程。这是农工一体化企业价值链收入最显著的特点之一。对于一般的制造企业，企业经济利益的增加来源于生产加工过程，并且劳动投入可以直接取得劳动产品，劳动时间和生产时间通常是一致的。而农业生产活动则不同，动植物本身有自己的生长发育，即生物转化规律。企业经济利益增加多少，关键取决于生物转化的效率和效果，人们所投入的劳动只是强化和控制生物转化的过程。要获得更多的生物资产和农产品，必须利用生物转化规律，但不能从根本上改变这种规律。例如，人造林，它的再生和转化主要依靠自然力的作用和自身的生物转化功能来实现，林业生产活动只起辅助作用。

其次，农工一体化企业价值链收入中生物资产的产出价值具有较大的不确定性。生物资产的产出价值面临的不确定性主要来自两个方面：一是由于生物资产的再生和转化主要依靠自然力的作用和自身的生物转化来实现，使生物资产的价值增值受自然条件影响较大，而自然条件又是不可控因素，这就加大了生物资产产出价值的不确定性；二是生物资产的产出价值受到市场价格波动的影响，一般来讲，生物资产和农产品市场价格的波动要比其他产品大，而且价格变化具有明显的周期性。

再次，由于农业生产活动的特殊性，历史成本计量模式下，当期生物资产产出价值的准确核算非常困难。在历史成本计量模式下，生物资产的产出价值只有在交易发生时才确认，同时结转相应的成本。用历史成本计量生物资产的价值增值存在以下问题：

生产性生物资产生产新的生物资产时（如羔羊的出生），新的生物资产的成本难以准确地核算。这种情况下，不仅要核算生产过程中发生的成本，还要核算原有生产性生物资产价值的变动，而生产性生物资产价值变动不是通过固定资产计提折旧就能解决的。因为，一般来说，生产性生物资产在产出新的生物资产之前，它的价值在不断增长，并且价值的增加与投入的成本不具有明显的相关性。随着新的生物资产的产出，原有生产性生物资产的价值又会显著下降。对于这样的情形，采用固定资产折旧的方法来反映生产性生物资产的价值变动，显然是不合适的，特别是涉及多种产品耗用共同成本时，成本的准确核算更加困难。

对于生产周期较长的生物资产，特别是生产周期长于会计期间的情形，当期收获的农产品与当期所发生的成本并不配比。当期收获农产品的收入包含了农产品从生物资产种植、发生生物转化、直到收获的整个生产周期创造的价值，而当期所发生的成本仅是农产品收获当期的成本，因而使当期生物资产价值增值的核算不够准确。

最后，即使生物资产采用公允价值计量，仍然存在难以核算生物资产产出价值的情况。只有存在活跃市场、公允价值能够取得并可靠计量的情况下，才能准确取得生物资产的公允价值。实际情况是，在我国，除了收获的农产品、禽类产品、畜类产品外，大多数生物资产没有活跃市场，特别是生长周期较长的生物资产在生长的前几年，很难取得公允价值。生物资产在价值作业之间和价值流程之间流转时，如果不存在公允价值，就难以确认生物资产的产出价值，不能准确核算价值作业或价值流程的价值增值。

### 7.2.2 农工一体化企业价值链收入的确认

根据《收入准则》的规定，收入的确认至少应当符合以下条件："一是与收入相关的经济利益应当很可能流入企业；二是经济利益流入企业的结果会导致资产的增加或者负债的减少；三是经济利益的流入额能够可靠计量"。

当一个价值作业转移到另一个价值作业时确认价值作业的产出价值，一个价值流程转移到另一个价值流程时确认价值流程的产出价值。因此，价值作业和流程产出价值确认时并不确定经济利益是否很可能流入企业。此外，产品生产阶段，尤其是价值流程的前期阶段，企业很难有证据表明与该产品相关的经济利益是否很可能流入企业，尤其是农工一体化企业生产周期较长的生物资产，在生物资产生长的前几年更难判断与生物资产相关的经济利益是否很可能流入企业。所以收入确认的第一个条件不适用于农工一体化企业价值链收入的确认，农工一体化企业价值链收入在确认时，多是未实现收入，很难判断与价值链收入有关的经济利益是否会流入企业，只有等产品完工出售后才是已实现收入。

农工一体化企业价值链产出价值确认的同时结转该价值作业或价值流程相应的资产耗费（成本），价值链产出价值与价值链成本之间的差额计入价值增值。由于是在价值链流转环节，而不是在销售环节确认价值链收入，因此产品销售实现时，价值链会计不再重新确认收入。所以价值链收入经济利益流入企业的结果不会导致资产的增加或者负债的减少。

与农工一体化企业价值链收入相关的经济利益的流入额有时难以可靠计量。首先，价值链会计的服务对象是企业内部管理者，而不是外部利益相关者，价值链会计的目标是为内部管理者提供战略规划所需要的数据，判断哪些价值活动是价值增值活动，哪些活动是非价值增值活动。所以价值链会计不要求提供的数据一定可靠精确，但注重数据的相关性。价值链会计提供的数据只要能判断价值活动是否是价值增值活动，能协调和优化企业价值链，能为赢得和保持企业可持续竞争优势做出决策即可。其次，价值作业和价值流程产出价值的确认是在价值链流转环节，而不是销售环节，因此需计量中间产品的产出价值。由于中间产品不是完工产品，可能并不存在活跃市场，难以找到市场价格，所以需要估计中间产品的产出价值。当农工一体化企业的中间产品是生物资产时，更难以可靠计量与生物资产相关的产出价值。

通过以上分析可以看出，《收入准则》中收入的三个确认原则都不适用于农工一体化企业价值链收入的确认。本书认为，只要产品经过价值作业和价值流程的流转，就应当确认价值作业和价值流程的产出价值。如果该价值作业或价值流程的产出价值难以可靠计量，企业应合理估计价值作业和价值流程的产出价值。合理估计的产出价值应能正确判断价值作业或价值流程的价值增值，能让价值作业或价值流程的生产部门接受。因此，本书认为，农工一体化企业价值链收入的确认主要强调两点：一是只要产品经过价值作业和价值流程的流转，就应确认与之相关的价值链收入；二是如果价值链的产出价值难以可靠计量，企业应合理估计。

此外，农工一体化企业价值链收入确认的另一个难点是，生物资产的自然增值是否应确认为农工一体化企业价值链收入。虽然这是一个理论上有争议的问题，但本书认为，应将生物资产的自然增值确认为农工一体化企业价值链的收入，原因是：

首先，价值链成本分析的目的是搜集、加工、存储、提供、利用价值增值信息，评价价值活动创造的价值增值，判断哪些价值活动是价值增值活动，哪些价值活动是非价值增值活动。生物资产的自然增值为农工一体化企业价值活动创造了价值，所以价值链会计应提供生物资产自然增值的信息，才能正确评价价值活动创造的价值增值。如果不确认生物资产的自然增值，与生物资产相关的价值作业和价值流程的产出价值就会被低估，可能导致本应是农工一体化企业价值链价值增值活动，却得出非价值增值活动的结论，做出错误决策。

其次，相关性和可靠性是会计信息最重要的质量特征，而因会计计量属性具有不同特征，会计确认和计量经常需要在相关性和可靠性之间权衡。对外报告的服务对象是企业外部利益相关者，所以当提供的信息需要在相关性和可靠性取舍时，通常会首先考虑可靠性。而价值链会计的服务对象是企业内部管理者，它不向外部提供相关信息，价值链会计向企业管理者提供的信息是价值链的实物流、信息流和资金流及其联系的价值增值信息，目的是为协调和优化价值链上的价值活动、实现企业战略目标、赢得和保持企业可持续竞争优势，所以农工一体化企业价值链提供的信息主要用于企业战略决策的制定。因此价值链会计提供的信息不同于向外部信息使用者提供的信息，当价值链会计提供的信息需要在相关性和可靠性取舍时，应首选相关性，即提供与企业战略决策制定最相关的信息，生物资产自然增值的信息正是企业战略决策制定的相关信息。

### 7.2.3 农工一体化企业价值链收入的计量

资产的计量与资产收入的计量实际上是一个事物的两个方面，是复式记账的双重反映。不存在非销售情况下收入确认和计量问题时，应采用历史成本为基础计量资产；如果存在非销售情况下收入的确认和计量问题，应采用公允价值为基础计量资产。前已述及，农工一体化企业价值链收入所使用的价格并非是实际交易的价格，而是在农工一体化企业内部价值链之间交易的价格，所以只要产品经过价值作业和价值流程的流转，就应当确认价值作业和价值流程的产出价值，也就是说企业价值链收入的确认发生在价值链流转环节，而不是发生在销售环节。如果采用历史成本为基础计量价值链收入，就会出现价值作业和价值流程的产出价值等于与价值作业和价值流程相配比的资产耗费，结果是价值作业和价值流程没有为企业创造价值增值，就不能界定企业的价值增值活动和非价值增值活动，不能明确企业所擅长的特定战略性价值活动是什么，不能按照为顾客创造价值的宗旨来设计价值活动。因此价值链收入的计量应采用公允价值计量。

在引入公允价值过程中，我国充分考虑了国际财务报告准则中公允价值应用的三个级次，即：第一，资产或负债等存在活跃市场的，活跃市场中的报价应当用于确定其公允价值；第二，不存在活跃市场的，参考熟悉情况并自愿交易的各方最近进行的市场交易中使用的价格或参照实质上相同或相似的其他资产或负债等的市场价格确定其公允价值；第三，不存在活跃市场，且不满足上述两个条件的，应当采用估值技术等确定公允价值，一般采用的是利用该资产的预期净现金流量的净现值来确定公允价值。

企业会计准则体系引入公允价值是适度、谨慎和有条件的。原因是考虑到我国尚属新兴和转型的市场经济国家，如果不加限制地引入公允价值，有可能出现公允价值计量不可靠，甚至借机人为操纵利润的现象。

用公允价值计量农工一体化企业价值链收入同样会遇到类似的问题。首先，有些农工一体化企业价值链收入的公允价值不易取得。由于农工一体化企业价值链收入所使用的价格并非是实际交易的价格，而是在农工一体化企业内部价值链之间交易的价格，因此，只有存在活跃市场才能从中观察到相同或相类似资产交易的市场价格，也才能够以公允价值作为农工一体化企业价值链收入的基础。然而，并不是所有的农工一体化企业价值链收入都存在活跃市场。农工一体化企业价值作业和价值流程之间流转的中间产品多数是加工中的产品，可能连半成品也不是，很难存在活跃市场，也难以找到熟悉情况并自愿交易的各方最近进行的市场交易中使用的价格或参照实质上相同或相似的其他资产或负债等的市场价格，因此不符合公允价值应用的第一个层次和第二个层次。如果采用公允价值的第三个层次确定农工一体化企业价值链之间流转的加工中产品的产出价值，即公允价值估值技术，估值技术一般采用该资产的预期净现金流量的净现值来确定公允价值，但中间产品的预期净现金流量又难以进行估计和验证。可见，如果在这种情况下使用公允价值很难使会计信息具有可靠性。

其次，价值链收入能否准确计量，直接关系到能否正确估计价值作业和价值流程的价值增值。通常情况下，企业可以可靠计量最终产成品的收入，所以价值作业或价值流程的产出价值被高估或低估不会影响整个企业价值链增值额，但会影响企业价值链增值额在不同价值作业和价值流程之间的分配。因为一个价值作业和价值流程的产出价值是与其相邻的另一个价值作业和价值流程的投入资产，如果高估某个价值作业和价值流程的产出价值就会高估该价值作业和价值流程的价值增值；同时导致高估与其相邻的价值作业和价值流程的投入资产，从而低估相邻价值作业和价值流程的价值增值。这两种结果都有可能将价值链增值作业和价值链增值流程判断为非价值链增值作业和非价值链增值流程，或者将非价值链增值作业和非价值链增值流程判断为价值链增值作业和价值链增值流程，为企业战略决策提供错误信息。此外，企业会评价价值作业和价值流程的业绩，当价值作业和价值流程中间产品的公允价值很难取得时，该价值作业和价值流程执行部门可能会为了高估本部门的价值增值而高估其产出价值。

通过以上分析可以看出，考虑到农工一体化企业价值链收入是未实现收入，需要在价值作业之间和价值流程之间确认价值作业和价值流程的产出价值。结合价值作业和价值流程价值增值的特点，应该采用公允价值计量价值链收入。但从公允价值计量的条件和农工一体化企业价值链中间产品的特殊性考虑，可能存在农工一体化企业价值链收入的公允价值难以可靠计量的情况。虽然采用公允价值计量农工一体化企业价值链收入可能存在难以可靠计量的情况，但价值链成本分析的目的是为战略决策提供相关信息，用公允价值计量价值链收入更能满足这一分析目标。而且，可靠性并不是确定价值链收入的关键，价值链收入确定的关键是能正确判断价值作业、价值流程价值增值的属性，即是价值链增值作业和价值链增值流程还是价值链非增值作业和价值链非增值流程，至于价值增值或非价值增值是多少，只要与实际数值的差距在不影响企业做出正确决策的范围内都是可以接受的。

此外，农工一体化企业生产活动的对象——生物资产的特殊性也要求采用公允价值计量。生物资产是活的动植物，持续不断的生物转化是其固有的特征，具体表现为动植物的生长、生产、繁殖或再生产。正是生物转化这一固有特性使生物资产有别于其他资产。而这种特性的一个后果是生物资产的价值在不断地发生变化,进而引起企业价值链价值的变化。对价值不断变化的生物资产,进而对不断变化的企业价值链价值进行如实地反映是价值链会计的重要职能。然而,为实现生物转化而发生的成本与生物转化本身及其由此引起的未来经济利益的关系并不直接相关。如果完全采用历史成本计量生物资产,只反映过去交易或事项形成的生物资产成本,显然忽视了动植物生物转化的事实。从这一点看,以公允价值计量生物资产的价值变动最能反映由生物转化所引起的生物资产的价值变动,进而真实地反映企业价值链价值的变动。如果企业采用公允价值确认和计量生物资产,从生物资产成长直至初始收获的整个时期都要计量和报告产出价值。即要求生物资产以公允价值计量,并且在农工一体化企业价值链增值表中确认其价值的变化,使企业内部管理者能够获得生物资产现行价值和生物资产生产、经营的财务业绩,进而能够为内部管理者的决策提供更相关的信息。

因此,本书认为,应采用公允价值计量价值链收入。具体要求如下:(1)如果价值作业和价值流程流转的加工中产品存在活跃市场,活跃市场中的报价应当用于确定其产出价值;(2)如果价值作业和价值流程流转的加工中产品不存在活跃市场的,参考熟悉情况并自愿交易的各方最近进行的市场交易中使用的价格或参照实质上相同或相似的其他与加工中产品类似的市场价格确定其产出价值;(3)如果价值作业和价值流程流转的加工中产品不存在活跃市场,且不满足上述两个条件的,应当采用估值技术,如预期净现金流量的净现值作为其产出价值的参考,由相关价值作业和价值流程的执行部门协商确定可接受的产出价值;(4)如果以上三种方法都难以确认价值链收入,可以采用价值分配法。由于总会有某个价值作业和价值流程的产品存在活跃市场,且这个价值作业和价值流程与之前不能确认公允价值的价值作业和价值流程创造的价值增值之和在存在活跃市场产品产出价值不变的情况下是不变的,所以可以采用类似成本分配的方法,将确定的价值增值在相关价值作业和价值流程之间分配。采用价值分配法的关键是选定价值驱动因素,"由于价值的形成是多方因素综合作用的结果",价值驱动因素可以表示为"一个多因素的函数",即价值驱动因素 ="F(顾客满意度,技术复杂度,产出质量……)"(王竹泉,2004)[①]。如

---

① 王竹泉,高芳. 基于业务流程管理的价值增值报告模式研究. 会计研究,2004(9):47 - 52.

果成本在价值创造过程中起关键驱动作用，就按照相关价值作业和价值流程的成本比重分配价值；如果技术在价值创造过程中起关键作用，就按照相关价值作业和价值流程的技术复杂度分配价值，等等。

## 7.3 农工一体化企业价值链会计分析报告

根据产品任务资产耗费单把产品任务经营数据和财务数据输入价值链成本数据库，数据库通过资产索引将农工一体化企业价值链成本的财务数据和经营数据联系起来，经过资产、任务、作业、流程、活动和产品的核算为农工一体化企业提供所需的财务数据和经营数据。但这些财务数据和经营数据是零散的，很难直接用于战略决策和实施成本控制，因此必须对这些零散的价值链成本财务数据和经营数据进行综合和比较，形成价值链会计分析报告。农工一体化企业可以根据所需要的数据设计价值链会计分析报告的形式，并把价值链会计分析报告应用于价值链成本分析数据库。随时取得企业价值链会计分析报告，用于评价农工一体化企业价值活动，改善价值流程，降低价值链成本，控制价值活动和价值链成本。虽然农工一体化企业行业类型多，同一行业的企业价值链也不尽相同，但农工一体化企业价值链会计分析报告可以从以下几个方面设计：

### 7.3.1 农工一体化企业资产耗费结构分析报告

农工一体化企业资产耗费结构分析报告是指对农工一体化企业产品①、价值活动、价值流程和成本中心资产耗费水平的报告。资产耗费水平可以用耗费金额表示，也可以用耗费的数量表示。本文列举的农工一体化企业资产耗费结构分析报告的单位都是金额，如果需要，也可以把单位改成资产耗费的数量。此外，也可以将分析报告的单位改为百分比，进行资产耗费结构的百分比分析。

**1. 产品资产耗费结构分析报告**

产品资产耗费结构分析报告是按产品资产耗费类别分析同类产品资产耗费结构的报告。农工一体化企业耗用的资产类别按农工一体化企业会计科目表中的价值链成本支出项目设置，如表 7 - 6 所示。农工一体化企业

---

① 农工一体化企业价值链分析报告所提到的产品指农工一体化企业价值链经营分析记录系统定义的产品和所有中间产品，即除了产成品，还包括生物资产、农产品、副产品和各种半成品。

的一个特点是，同类产品分布在不同的地点或车间生产。例如，企业在不同地点建立的小麦种植基地，在不同地点建立的肉鸡养殖场等。所以通过表7-6可以对不同生产部门生产的相同产品的资产耗费情况进行比较，找出不同生产部门生产同类产品资产耗费的差异。

表7-6　　　　　　　　　产品资产耗费结构分析报告

年　　　月　　　　　　　　　单位：元

| 产品名称 | 产品代码 | 折旧601 | 燃料602 | 饲料603 | 运输604 | 维修605 | 医疗606 | 工资607 | 保险608 | 土地租金609 | 技术开发610 | …… | 合计 |
|---|---|---|---|---|---|---|---|---|---|---|---|---|---|
| | | | | | | | | | | | | | |
| | | | | | | | | | | | | | |
| 合计 | | | | | | | | | | | | | |

**2. 价值活动资产耗费结构分析报告**

价值活动资产耗费结构分析报告是按某个产品价值活动资产耗费类别分析价值活动资产耗费结构的报告，如表7-7所示。取得每个产品价值活动资产耗费结构分析报告之后，可以比较同类产品的价值活动资产耗费结构分析报告，分析不同生产部门生产同类产品相同价值活动资产耗费的差异。

表7-7　　　　　　　某产品价值活动资产耗费结构分析报告

年　　　月　　　　　　　　　单位：元

| 价值活动 | 折旧601 | 燃料602 | 饲料603 | 运输604 | 维修605 | 医疗606 | 工资607 | 保险608 | 土地租金609 | 技术开发610 | …… | 合计 |
|---|---|---|---|---|---|---|---|---|---|---|---|---|
| 供应链 | | | | | | | | | | | | |
| 进货后勤 | | | | | | | | | | | | |
| 生产作业 | | | | | | | | | | | | |
| 发货后勤 | | | | | | | | | | | | |
| 经营销售 | | | | | | | | | | | | |
| 产品使用 | | | | | | | | | | | | |
| 服务 | | | | | | | | | | | | |
| 废物管理 | | | | | | | | | | | | |
| 基本活动合计 | | | | | | | | | | | | |
| 基础设施 | | | | | | | | | | | | |

续表

| 价值活动 | 折旧 601 | 燃料 602 | 饲料 603 | 运输 604 | 维修 605 | 医疗 606 | 工资 607 | 保险 608 | 土地租金 609 | 技术开发 610 | …… | 合计 |
|---|---|---|---|---|---|---|---|---|---|---|---|---|
| 外部网络 | | | | | | | | | | | | |
| 人力资源 | | | | | | | | | | | | |
| 技术开发 | | | | | | | | | | | | |
| 采购 | | | | | | | | | | | | |
| 辅助活动合计 | | | | | | | | | | | | |
| 总合计 | | | | | | | | | | | | |

### 3. 价值流程资产耗费结构分析报告

价值流程资产耗费结构分析报告是按某个产品价值流程资产耗费类别分析价值流程资产耗费结构的报告,可以分为产品价值链基本活动流程资产耗费结构分析报告和产品价值链辅助活动流程资产耗费结构分析报告。表7-8以某产品价值链基本活动流程为例,列示了产品价值链基本活动流程资产耗费结构分析报告。取得每个产品价值链基本活动流程资产耗费结构分析报告之后,可以比较同类产品的价值链基本活动流程资产耗费结构分析报告,分析不同生产部门生产同类产品相同价值链基本活动流程资产耗费的差异。

表7-8    某产品价值链基本活动流程资产耗费结构分析报告

年    月    单位:元

| 流程 | 作业 | 任务 | 折旧 601 | 燃料 602 | 饲料 603 | 运输 604 | 维修 605 | 医疗 606 | 工资 607 | 保险 608 | 土地租金 609 | 技术开发 610 | …… | 合计 |
|---|---|---|---|---|---|---|---|---|---|---|---|---|---|---|
| 流程1 | 作业1 | 任务1 | | | | | | | | | | | | |
| | | 任务2 | | | | | | | | | | | | |
| | | 任务3 | | | | | | | | | | | | |
| | | 合计 | | | | | | | | | | | | |
| | 作业2 | 任务1 | | | | | | | | | | | | |
| | | 任务2 | | | | | | | | | | | | |
| | | 任务3 | | | | | | | | | | | | |
| | | 合计 | | | | | | | | | | | | |
| | 合计 | | | | | | | | | | | | | |
| 流程2 | …… | …… | | | | | | | | | | | | |
| …… | …… | …… | | | | | | | | | | | | |
| 流程n | …… | …… | | | | | | | | | | | | |
| 合计 | | | | | | | | | | | | | | |

### 4. 成本中心资产耗费结构分析报告

成本中心资产耗费结构分析报告是根据价值链成本中心生产的产品归集某个价值链成本中心资产耗费的报告。报告的形式与表 7 - 6 相同，只是产品仅归集该成本中心生产的产品。取得每个价值链成本中心资产耗费结构分析报告之后，可以比较同类价值链成本中心资产耗费结构分析报告，分析生产相同产品不同成本中心资产耗费的差异。需要说明的是，农工一体化企业从事价值链基本活动的成本中心会有多个，可以进行比较，但从事价值链辅助活动的成本中心不一定会有多个。

### 7.3.2 农工一体化企业价值活动成本结构分析报告

农工一体化企业价值活动成本结构分析报告是指农工一体化企业产品和成本中心的价值活动或价值流程成本结构的报告。本书列举的农工一体化企业价值活动成本结构分析报告的单位都是金额，也可以将分析报告的单位改为百分比，进行价值活动成本结构的百分比分析。

### 1. 产品—价值活动成本结构分析报告

产品—价值活动成本结构分析报告是按产品价值活动分析同类产品价值活动成本结构的报告，如表 7 - 9 所示。通过表 7 - 9 可以对不同生产部门生产的相同产品的价值活动成本情况进行比较，找出不同生产部门生产同类产品价值活动成本的差异。

表 7 - 9 　　　　　　　　产品—价值活动成本结构分析报告

　　　　　　　　　　年　　　月　　　　　　　　　　　　　单位：元

| 产品名称 | 产品代码 | 基本活动 | | | | | | | | | 辅助活动 | | | | | | 合计 |
|---|---|---|---|---|---|---|---|---|---|---|---|---|---|---|---|---|---|
| | | 供应链 | 进货后勤 | 生产作业 | 发货后勤 | 经营销售 | 产品使用 | 服务 | 废物管理 | 合计 | 基础设施 | 外部网络 | 人力资源 | 技术开发 | 采购 | 合计 | |
| | | | | | | | | | | | | | | | | | |
| | | | | | | | | | | | | | | | | | |
| 合计 | | | | | | | | | | | | | | | | | |

### 2. 产品—价值流程成本结构分析报告

产品—价值流程成本结构分析报告是按产品价值流程分析同类产品价值流程成本结构的报告，可以分为产品价值链基本活动流程成本结构分析报告（见表 7 - 10）和产品价值链辅助活动流程成本结构分析报告（见表 7 - 11）。通过表 7 - 10 和表 7 - 11 可以对不同产品的价值链基本活动流程和辅助活动流程的成本结构进行比较，找出相同产品价值链基本活动和辅助活动成本结构的差异。

**表 7-10**

## 产品—价值链基本活动流程成本结构分析报告

年　月　　　　　　　　　　　　　　　　单位:元

| 产品代码 | 产品名称 | 流程1 | | | | | | | | | | | | | 流程2 | | | | | | | | | | | | | 流程3 | | 流程n | | 合计 |
|---|---|---|---|---|---|---|---|---|---|---|---|---|---|---|---|---|---|---|---|---|---|---|---|---|---|---|---|---|---|---|---|---|
| | | 作业1 | | | | 作业2 | | | | 作业3 | | | | 合计 | 作业1 | | | | 作业2 | | | | 作业3 | | | | 合计 | …… | …… | …… | …… | |
| | | 任务1 | 任务2 | 任务3 | 合计 | 任务1 | 2 | 3 | 合计 | 任务1 | 2 | 3 | 合计 | | 任务1 | 2 | 3 | 合计 | 任务1 | 2 | 3 | 合计 | 任务1 | 2 | 3 | 合计 | | | | | | |
| | | | | | | | | | | | | | | | | | | | | | | | | | | | | | | | |
| 合计 | | | | | | | | | | | | | | | | | | | | | | | | | | | | | | | | |

**表 7-11**

## 产品—价值链辅助活动流程成本结构分析报告

年　月　　　　　　　　　　　　　　　　单位:元

| 产品代码 | 产品名称 | 基础设施 | | | | | | | | | | | 流程n | 外部网络 | 人力资源 | 技术开发 | 采购 | 合计 |
|---|---|---|---|---|---|---|---|---|---|---|---|---|---|---|---|---|---|---|
| | | 流程1 | | | | | | | | 流程2 | | | | | | | | |
| | | 作业1 | | | | 作业2 | | | | 作业1 | | 作业2 | 作业n | | | | | |
| | | 任务1 | 任务2 | 任务3 | 合计 | 任务1 | 2 | 3 | 合计 | 任务1 | 合计 | 任务1 2 3 合计 | 合计 …… | …… | …… | …… | …… | |
| | | | | | | | | | | | | | | | | | | |
| 合计 | | | | | | | | | | | | | | | | | | |

**3. 成本中心价值活动成本结构分析报告**

成本中心价值活动成本结构分析报告是根据价值链成本中心生产的产品归集某个价值链成本中心价值活动成本的报告。报告的形式与表 7 – 9 相同，只是产品仅归集该成本中心生产的产品。取得每个价值链成本中心价值活动成本结构分析报告之后，可以比较同类价值链成本中心价值活动成本结构分析报告，分析生产相同产品的不同成本中心价值活动成本的差异。

### 7.3.3　农工一体化企业价值流程分析报告

农工一体化企业价值流程分析报告是指对农工一体化企业价值流程的实物流、信息流和流程时间等经营数据的报告。

价值流程时间是指根据中间产品价值流程的时间归集农工一体化企业价值链目标价值流的价值流程时间。产品价值流程时间的格式与表 7 – 10 相同，只是把分析报告的单位改为小时。价值流程时间的计算按照目标价值流的顺序依次进行，经过若干个半成品价值流程时间最后得出目标价值流经过价值链各流程的时间。流程时间包括目标价值流的生产时间，等待时间、存储时间、运输时间等。价值链实物流是指实物在农工一体化企业价值流程中的流转，包括实物经过的价值流程，实物在价值流程之间流转的路线和距离等。价值链信息流是指信息在农工一体化企业各职能部门转移的流程。农工一体化企业价值流程分析报告的方法——价值流管理已经在本文第 5 章讲述了，所以这里不再论述。价值链会计分析绘制的价值链目标价值流的当前状态（图 5 – 6）是 S 公司目标价值流的流程分析报告。从图 5 – 6 可以看出，价值流程分析报告可以识别农工一体化企业价值流程之间的联系和相互关系，更清晰地了解企业价值链的实物流和信息流，发现企业价值流程运行的问题。

### 7.3.4　农工一体化企业价值增值报告

**1. 企业价值增值、产品价值增值、价值活动增值、价值流程增值、价值作业增值及其相互关系**

波特（Porter，1985）认为，"价值链把总价值展开，它由价值活动和利润组成"，"利润是总价值与执行各种价值活动的总成本之差"[①]。根据

---

① 　[美]迈克尔·波特. 竞争优势. 陈小悦译. 北京：华夏出版社，1997：38.

波特（1985）的思想，企业通过价值活动创造价值，企业创造的价值是总价值减去价值活动成本的差额，这个差额就是企业通过价值活动实现的价值增值，即"企业价值增值 = 企业总价值 – 价值活动成本"。从图 6 – 7 可以看出，按产品划分企业价值链之后，企业价值增值可以表示为所有产品价值增值之和。每个产品价值增值由基本活动价值增值和辅助活动价值增值组成。价值活动又可以按流程划分，所以价值活动增值等于价值流程增值。每个价值流程可以细分为不同的价值作业，所以每个价值流程增值等于该价值流程内的所有价值作业增值。价值作业增值等于价值作业产出价值减去价值作业投入成本，价值作业投入成本包括价值作业耗用的资产和耗用的其他上游作业的投入，价值作业产出价值是向下游作业或企业外部提供产品或服务的价值。所以，企业价值增值、产品价值增值、价值活动增值、价值流程增值、价值作业增值及其相互关系可以简化表示为图 7 – 5。

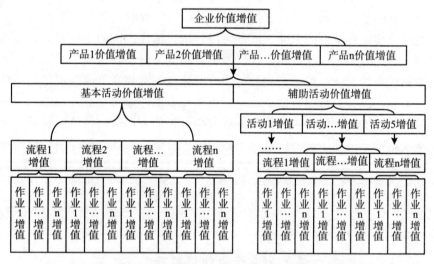

**图 7 – 5** 企业价值增值、产品价值增值、价值活动增值、
流程增值、作业增值及其相互关系

### 2. 农工一体化企业价值增值报告设计

从图 7 – 5 和前面的分析可以看出，企业价值增值是所有产品价值增值之和，因此，要设计农工一体化企业企业价值增值报告实际上只需设计产品价值增值报告。根据产品价值增值、价值活动增值、流程增值和作业

增值之间的相互关系，本文设计的农工一体化企业产品价值增值如表7－12所示。需要注意的是，表7－12将生物资产自然增值与作业增值区分开来，作为产品价值链增值的一部分单独列示，有利于更清晰地指出产品价值链增值的构成。

**表7－12**                **产品价值链增值报告**

| 活动 | 流程 | 作业 | 作业产出价值 | 作业投入成本 | | | | | | | | 作业增值 | 生物资产自然增值 | 合计 |
| | | | | 作业投入 | 作业耗用的资产 | | | | | | 合计 | | | |
| | | | | | 折旧601 | 燃料602 | 饲料603 | 运输604 | …… | 合计 | | | | |
| 基本活动价值增值 | 流程1 | 作业1 | | | | | | | | | | | | |
| | | 作业2 | | | | | | | | | | | | |
| | | 作业3 | | | | | | | | | | | | |
| | | 合计 | | | | | | | | | | | | |
| | 流程2 | …… | | | | | | | | | | | | |
| | …… | …… | | | | | | | | | | | | |
| | 流程n | …… | | | | | | | | | | | | |
| | 合计 | | | | | | | | | | | | | |
| 辅助活动价值增值 | 基础设施 | 流程1 | 作业1 | | | | | | | | | | | | |
| | | | 作业2 | | | | | | | | | | | | |
| | | | 作业3 | | | | | | | | | | | | |
| | | | 合计 | | | | | | | | | | | | |
| | | 流程2 | …… | | | | | | | | | | | | |
| | | …… | …… | | | | | | | | | | | | |
| | | 流程n | …… | | | | | | | | | | | | |
| | | 合计 | | | | | | | | | | | | | |
| | …… | …… | …… | | | | | | | | | | | | |
| | 采购 | …… | …… | | | | | | | | | | | | |
| | 合计 | | | | | | | | | | | | | |
| 合计 | | | | | | | | | | | | | | |

# 8.

# 农工一体化企业价值链绩效评价

　　企业价值活动、流程和作业之间的联系和相互关系是价值链管理和控制的重要内容之一。企业通过价值活动、流程和作业创造价值增值，管理和控制价值链是农工一体化企业制定战略规划、赢得和保持可持续竞争优势的关键。通过本文前面章节的描述可以看出，农工一体化企业价值链是一个由价值活动及其联系和相互关系构成的复杂系统，价值链业绩很大程度上依赖于有效地协调因联系和相互关系而相互影响的价值活动。

　　供应链运营参考（Supply Chain Operations Reference）模型是由非营利组织供应链协会 SCC（Supply Chain Council[①]）开发的供应链管理跨行业标准。该标准已被广泛地应用于各行业，并被学术界运用到研究中。研究者和参与者发现，供应链运营参考模型对整合跨功能组织内业务流程提供了一个有益的参考。供应链运营参考模型基于计划、采购、生产、配送和退货五个不同的管理流程，五个流程构成了供应链运营参考模型的顶层。每个流程又被细分为第二层，也称为配置层，企业通过配置层实施其战略。第三层是流程分解层，描述了执行第二层业务流程的步骤。第四层是实施层，描述了第三层业务流程实施的细节，直接应用于实践和活动（Chen & Huang，2007）。

　　随着农工一体化企业规模的不断扩大，经营业务的不断扩展，协调庞大而复杂的企业价值链变得越来越困难，有可能会导致企业价值链业绩的下滑。本章的研究目的是找出一种系统的方法，帮助分析和提高农工一体化企业价值链绩效，从而更好地管理和控制农工一体化企业价值链。

　　本章整合了层次分析法、逼近理想排序法和供应链运营参考模型，探

---

　　① 见 www. supply-chain. org.

寻适合评价农工一体化企业价值链绩效的方法：基于供应链运营参考模型的绩效评价指标层级结构设计价值链绩效评价指标层级结构；用层次分析法分析价值链绩效评价指标层级结构，并确定价值链绩效评价指标的权重；用逼近理想排序法标准化价值链绩效评价指标并对方案排序。

## 8.1 价值链绩效评价研究文献回顾

为了判断农工一体化企业价值活动是否是价值增值活动，价值活动的执行是否有助于企业赢得和保持可持续竞争优势，实施价值链会计分析提出的价值链改进建议是否提高价值链业绩，价值链绩效评价的计量方法应易于参与价值活动和流程部门的理解，并最小化价值活动和流程部门可能存在的机会主义行为。此外，还应建立一系列绩效评价指标来计量和比较价值活动、流程、作业的产出。本章的研究目标是，通过建立联系农工一体化企业价值链目标（可持续竞争优势）到价值活动、流程、作业的价值链绩效评价模型，帮助企业更有效地制定战略决策。

### 8.1.1 价值链绩效评价方法研究文献回顾

价值链绩效评价方法的研究文献主要有两类：一类是微观视角的企业价值链绩效评价方法；另一类是宏观视角的全球化价值链下，国家或地区的行业价值链绩效评价方法。本书主要回顾微观视角下企业价值链的绩效评价方法。

最早运用价值链理论研究战略决策制定的是尚克和戈文达拉杨（Shank & Govindarajan，1992a）。他们以 Northam Packaging Company 为例，说明了用价值链制定企业战略决策的过程。他们把创造价值链的方法重新归纳为以下几个步骤：（1）识别价值链各环节；（2）制定战略规划；（3）分配价值链各环节的成本和收入；（4）估计市场转移价格；（5）估计资产投资额；（6）计算价值链业绩（ROA）。

尼利和杰拉尔（Neely & Jarrar，2004）提出了价值链绩效计划（performance planning value chain，PPVC）的思想。PPVC 聚焦如何用数据制定决策的系统过程，把用数据分析价值的工具与组织实际价值增值的影响相结合。PPVC 的目的有两个：一是提供数据变形的过程，即把原有无序的、分散的数据转换成为使用者制定更有效决策的高质量、价值增值的信息；二是提供整合从各种来源获取信息的技术和复杂技术信息，呈现给非专业人士的能力。PPVC 假设，组织的数据，以及组织数据分析，是价值增值的命脉，因此应视为组织战略传递和改进的关键。PPVC 从数据获取价值的步骤包括：（1）建立假设（develop hypothesis），即建立数据分析的目的；（2）收集数据（gather data）；（3）数据分析（data analysis）；（4）解释（interpretation）； （5）通知或传达结果（inform/communicate insights）；（6）制定决策并采取行动（make informed decisions and plan/take action）。

平衡计分卡（the balanced scorecard，BSC）（Kaplan & Norton，1992）不仅是绩效评价系统，也是战略管理的工具，有助于管理者发现绩效驱动因素，精确地探究和描述战略行动，有效地实施战略。平衡计分卡把战略聚焦于四个维度（财务、内部业务流程、顾客、学习和成长），通过设计复杂原因和影响关系、先行（leading）指标和滞后（lagging）指标、有形指标和无形指标，有助于企业形成更加系统和一致的战略。

施尼德詹斯和加文（Schniederjans & Garvin，1997）认为，相对于直接的决策制定来讲，战略目标（成本、质量、配送等）具有很高的集成性。战略目标通常较宽泛，存在多种可能的理解，如"质量"可能意味着可靠性、可耐性或审美诉求。研究者已经认识到，企业常常忽略战略目标和生产经营流程之间的联系。

按照一定的逻辑考虑绩效衡量指标，既有益于绩效衡量，也有助于决策制定。现有研究文献中，卡普兰和诺顿（Kaplan & Norton，2001）认为，建立绩效评价指标之间联系的方法主要分为两类，即定性指标方法和定量指标方法。

传统的平衡计分卡采用的是定性指标方法，定性指标的缺陷在于不够精确，也不能反映动态因素。而系统动态学为代表的定量指标在定量关系方面又太严格，特别是对战略目标的量化。没有哪一种方法能很好地解决这些问题。供应链运营参考模型的建立为战略目标的量化提供了新思路。

伊尔马兹和比蒂特吉（Yilmaz & Bititci，2005）从价值链视角比较了制造业和旅游业的绩效评价方法。他们认为，供应链管理思想以及后来的价值链管理已经引领了整个制造业供应链绩效评价的发展，如供应链运营参考模型。旅游业也因共同的顾客而正在整合。因此，旅游业的联系在加强。他们证明了供应链运营参考模型对管理和评价旅游业价值流程的有效性。

兰戈内（Rangone，1996）认为，采用非财务绩效评价指标评价和比较生产部门的绩效较困难，应建立多样化的绩效评价指标，评价战略完成情况。同时指出，层次分析法在评价和比较不同部门综合绩效方面具有优势。

陈和齐 (Chan & Qi, 2003) 认为, 现有研究文献没有对不同绩效评价指标的系统归类, 为了易于表达和理解, 绩效评价指标大都是用公式表示的定量指标和定性指标。提出运用多准则决策技术, 如层次分析法, 基于绩效评价指标的优先顺序制定决策。因此, 又出现了运用层次分析法评价价值链绩效的研究文献。

卡亚克特鲁和布伊克坎 (Kayakutlu & Buyukozkan, 2011) 用网络层次分析法评价了第三方物流公司的价值链绩效。他们建立的网络层次超矩阵的步骤如下: (1) 建立网络评价层级结构, 标示分析标准的联系; (2) 对绩效影响因子进行成对比较; (3) 计算因子的相对重要权重向量; (4) 形成超矩阵并标准化超矩阵, 以便每栏数据归一; (5) 计算标准化超矩阵的权重; (6) 计算评价特征属性的权重。他们为了确定标准的相对重要性, 采用了成对比较。运用成对比较, 可以通过层次分析法确定各种评价指标的相对权重和每个指标的因子。层次分析法要求采用定量指标, 所以要把绩效评价定性指标转换成绩效评价定量指标。

总之, 通过上述研究文献可以看到, 战略目标和生产经营流程的 "联结" 仍然是不成熟的, 而且没有得到有效的应用——问题和困难在于如何有效地联结战略目标与价值活动、流程和作业。例如, 如何建立战略目标与价值活动、流程和作业的绩效评价指标体系, 如何分析价值活动、流程和作业, 以及整个价值链的业绩。本章的研究目的在于基于供应链运营参考模型, 运用层次分析法和逼近理想排序法建立联结价值链目标到价值活动、流程和作业的绩效评价层级结构。参照供应链运营参考模型的绩效评价指标层级结构, 采用层次分析法排列价值链目标和绩效评价指标的相对重要性, 同时, 运用逼近理想排序法弥补层次分析法在选择行动方案中存在的排序不准确问题。

## 8.1.2 价值链绩效评价指标研究文献回顾

巴伯 (Barber, 2008) 从供应链视角, 基于平衡计分卡分别建立了有形价值增值和无形价值增值的价值链价值评价指标。价值链总目标是参与者满意。有形价值增值的 4 个分目标分别是: (1) 标准、规则和治理, 评价指标是承诺、环境、行业和条件; (2) 资金流量, 评价指标是现金周转期和成本管理; (3) 流程、策略和程序, 评价指标是可接受性、可靠性、速度、精确性和通用性; (4) 信息技术, 评价指标是透明度、精确性、灵活性、吸收率、及时性和培训。

无形价值增值的5个分目标分别是：（1）战略管理，评价指标是效率、效益、成长、环境和风险；（2）财务管理，评价指标是现金周转期和正现金流量；（3）变革管理，评价指标是速度、联盟、科技和规则；（4）关系管理，评价指标是信任、领导才能、文化和通用性；（5）质量、创新和知识管理。

尼利等（Neely *et al.*，2005）认为，绩效评价体系有三个层次：第一个层次是单个绩效指标。主要有与质量有关的指标（如性能、特征、可靠性、一致性、技术持久性、有用性、美学、感知质量、人性化和价值）；与时间有关的指标（如制造交付时间、生产速度、配送交付时间、到期日和配送频率）；与灵活性有关的指标（如材料质量、产出质量、新产品、修改产品、供应能力、数量、组合和资源组合）；与成本有关的指标（如制造成本、价值增值、出售价格、运营成本和服务成本）。第二个层次是实体绩效评价指标，例如平衡记分卡。第三个层次是绩效评价体系与环境的关系，包括内部环境和外部环境。

尼利等（Neely *et al.*，2005）总结的第一层次绩效评价指标聚焦于广泛熟知的财务指标和非财务指标，这些指标适合于价值链某一方面的绩效评价。依靠这些财务和非财务指标建立的评价方法，不能用于评价农工一体化企业整个价值链的绩效。因为农工一体化企业复杂的价值链要求探寻提供全面评价的绩效评价指标体系。因此，基于以下几点原因，更需要研究农工一体化企业价值链绩效评价指标：

（1）缺乏兼顾均衡的方法。由于外部利益相关者要求企业提供财务指标，所以财务评价指标发展较快；而经营指标通常要求特别设定，缺少正式的结构（Gunasekaran *et al.*，2004）。根据卡普兰和诺顿（Kaplan & Norton，1992）的研究成果，有些管理者把关注的焦点放在财务数据的绩效评价方面，而有些研究者则把关注的焦点放在经营指标的绩效评价方面，两类指标并没有为企业提供更清晰的绩效评价体系。马斯克尔（Maskell，1991）提出，企业应该牢记，尽管财务绩效评价指标对战略决策和财务报告很重要，但是非财务绩效评价指标更易于对生产、配送等日常经营活动进行日常的管理和控制。

（2）缺乏对现有绩效评价指标的理解。通常的情况是，企业已有一大堆绩效评价指标，并仍在根据员工和咨询师的意见不断增加。但企业并没有意识到，专注于一些优质的绩效评价指标就可以很好地评价企业绩效。

（3）缺乏对战略、战术和执行三个层面清晰的认识。绩效评价指标体系使用的评价指标会对战略、战术和执行三个层面的决策产生影响。根据这三个层面对绩效评级指标进行分类，每一个绩效评价指标都可以被分配到最适合其所在的层面。因此，要有效管理价值链，价值链绩效评价指标体系就要考虑总目标与所选用的绩效评价指标之间的联系。绩效评价指标的选用应兼顾均衡，从战略、战术和执行三个层面选取绩效评价指标，不仅包括财务评价指标还要包括非财务评价指标。

价值链绩效评价已越来越重要，主要原因是：企业已经开始通过优化整合价值链各环节来探寻改善价值链绩效的方法。正确评价价值链绩效的能力是改善价值链绩效所必需的。过去的数十年中，企业一直在试图提高他们正确评价企业价值链绩效的能力。

供应链运营参考模型建立了供应链绩效评价指标框架，把评价供应链绩效的指标分为绩效特征属性和绩效评价指标。供应链第一层绩效指标是绩效特征属性，是评价供应链战略的指标；供应链第二层绩效指标是绩效评价指标，是对供应链低层次流程的评价。本章在接下来的内容中将详细介绍供应链运营参考模型，其绩效评价指标按照战略、战术和执行层的分类，可以清晰界定管理权限，明确绩效责任。

## 8.2 供应链运营参考模型的绩效特征属性和绩效评价指标

20 世界 90 年代中期是供应链概念发展的一个重要时期，非营利组织供应链协会 SCC 开发了一个供应链管理的跨行业标准——供应链运营参考模型。供应链协会 SCC 于 1996 年由 Pittglio Rabin Todd & McGrath（PRTM）和 AMR Research 两个咨询公司牵头成立。最初有 69 名会员企业，后来协会的会员资格向所有致力于应用和发展供应链管理体系和技术水平的企业和组织开放。现今全世界已有几千家企业和组织使用供应链运营参考模型，涉及制造业、批发业、零售业、服务业、研究机构和政府组织。

供应链运营参考模型提供了将绩效衡量（performance metrics）、业务流程（processes）、最佳实践（best practice）和人员管理（people）置于统一结构的独特框架。该框架有利于供应链成员之间的沟通和交流，也有利于提高供应链管理的有效性，用供应链运营参考模型可以精炼战略、设计结构、管理业务流程和评价业绩，还可以帮助企业解决供应链管理遇到的 5 个挑战：优质的顾客服务、成本控制、计划和风险管理、供应商或合作伙伴的关系管理以及供应链管理人员的才能。

本章以第 5 版供应链运营参考模型绩效评价框架为基础，主要研究范围是绩效特征属性和第一层绩效评价指标。供应链运营参考模型包含了 5 个基本管理流程（第一层流程）：计划、采购、生产、配送和退货，如图 8－1 所示。

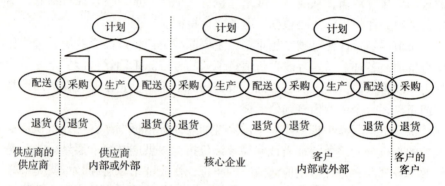

**图 8－1 供应链运营参考模型的主要流程（供应链运营参考模型 5.0，2000）**
资料来源：www. supply-chain. org.

供应链运营参考模型把企业业务流程分成了三个层次，第一层次的每个流程分解为第二层次的流程，同样，第二层次的每个流程再分解为第三层次的流程，如表 8－1 所示。

**表 8－1　　　　　　　供应链运营参考模型的业务流程层次划分**

| | 层次 | 应用 | 示例 |
|---|---|---|---|
| 在范围内适用于整个行业 | 1 | 业务流程第一层用于描述供应链的范围和高层构成。供应链运营参考模型第一层有 5 个流程。 | 计划、采购、生产、配送和退货 |
| | 2 | 业务流程第二层不同于第一层的战略，第二层业务流程和他们在供应链的定位决定了供应链的战略。供应链运营参考模型包含了 26 个第二层业务流程。 | 生产流程的第二层流程：<br>➢ 备货生产<br>➢ 订单生产<br>➢ 订单设计 |
| | 3 | 业务流程第三层描述了执行第二层业务流程的步骤。这层业务流程执行的顺序会影响第二层业务流程的绩效和整个供应链。供应链运营参考模型包含了 185 个第三层业务流程。 | 订单生产的第三层流程：<br>➢ 计划生产活动<br>➢ 生产和检验<br>➢ 包装<br>➢ 处理浪费<br>➢ 产品配送 |

续表

| | 层次 | 应用 | 示例 |
|---|---|---|---|
| 不在范围内特定行业 | 4 | 业务流程第四层描述了执行第三层业务流程时需要的行业特殊活动。第四层描述了一个业务流程实施的细节，供应链运营参考模型没有详细定义第四层业务流程，由组织和行业建立自己的第四层业务流程。 | 电子行业产品发布的第四层业务流程：<br>➤ 打印用料清单<br>➤ 选择物料项目<br>➤ 配送物料到生产车间<br>➤ 取回承装物料的箱子<br>➤ 结束挑选 |

资料来源：www. supply-chain. org.

　　供应链运营参考模型的各层业务流程是集中和分解的关系。从业务流程的第三层到第二层再到第一层是集中关系，从业务流程的第一层到第二层再到第三层是分解关系。供应链运营参考模型设置的业务流程有助于供应链层次结构描述（第一层和第二层）和供应链层次结构实施（第三层）的标准化。供应链运营参考模型提供的业务流程层次结构（第一、二、三层）适用于描述所有行业的业务流程，第四层或以下业务流程根据行业和组织的特殊性来确定。

　　供应链运营参考模型 3 个层次的业务流程都有其自身的绩效评价指标。第一层绩效评价指标（见表 8-2）反映多个流程的绩效，是供应链运营参考模型中首要的、高级别的绩效评价指标。第一层绩效评价指标不必与供应链运营参考模型的第一层业务流程（计划、采购、生产、配送和退货）相对应。但需要强调的是，绩效评价指标是有目的地按照流程划分等级的。绩效评价特征属性（见表 8-2）是指供应链在竞争优势中区别于其他供应链所应具有的特性。

表 8-2　　　　　供应链运营参考模型第一层次绩效评价指标

| 对象 | 绩效评价特征属性 | 第一层次绩效评价指标 |
|---|---|---|
| 顾客 | 可靠性 | 交货执行情况 |
| | | 供应比率 |
| | | 订单履约率 |
| 顾客 | 反应能力 | 订单履行周期时间 |
| 顾客 | 灵活性 | 供应链反应时间 |
| | | 生产灵活性上限 |
| | | 生产灵活性下限 |

续表

| 对象 | 绩效评价特征属性 | 第一层次绩效评价指标 |
|---|---|---|
| 内部 | 成本 | 供应链管理成本 |
| | | 产品销售成本 |
| | | 价值增值 |
| | | 保修/退货成本 |
| 内部 | 资产管理效率 | 存货周转天数 |
| | | 现金周转时间 |
| | | 资产周转率 |

资料来源：www. supply-chain. org.

因此，在供应链运营参考模型的上方，把企业战略分解成不同的目标（绩效评价特征属性）；在供应链运营参考模型的下方，供应链运营参考模型绩效评价指标为战略目标转换成不同层次的供应链执行流程提供了一个良好的基础。

第一层绩效评价指标与绩效特征属性有关，用于衡量企业在竞争市场中是否取得预期目标。第一次使用供应链运营参考模型时要注意，模型中的绩效评价指标按等级划分，正如供应链运营参考模型中的流程也是按等级划分，第一层绩效评价指标通过下一层绩效评价指标计算得出，下一层绩效评价指标（如第二层）通常与流程中的子流程（作业）相关。

供应链运营参考模型为企业提供了如何有效利用资源创造顾客价值的指示器，它从供应链活动的输入和输出两个方面考虑了企业的业绩预期。表 8－2 为建立价值链绩效评价结构和相应的工具提供了有用的框架。

哈林顿（Harrington，1991）提到，"如果不能计量，就不能控制；如果不能控制，就不能管理；如果不能管理，就不能提高"①。事实上，现有研究已经认识到，相关绩效评价指标的匮乏是价值链管理的主要问题之一。虽然对于如何建立价值链绩效评价指标体系有多种不同的观点，但很多企业发现，要想在实践中实施价值链管理存在很多困难。

---

① Harrington H. J. Improving business process. TQM Magazine, 1991, 3 (1)：499－507.

目前有很多价值链绩效评价的方法，但许多企业仍然停留在非正式或功能性阶段，仅关注企业自身价值链绩效，绩效评价指标以财务导向指标为主。虽然不能立即把企业价值链绩效评价延伸到企业的供应商和顾客，但首先从评价企业自身价值链绩效开始，不失为明智的实践方法。在所有可选择的方法中，供应链运营参考模型在行业中是最具综合性、得到普遍公认的模型，并且已经在很多企业中用来提高供应链和价值链的绩效。价值链绩效评价指标与供应链运营参考模型的比较如下：

（1）价值链绩效评价要求分别按价值活动、流程和作业设定指标。也就是说，企业价值链参与部门能够依据绩效评价指标评定价值活动、流程和作业的绩效，在根据绩效评价结果优化企业价值链绩效的同时，也能够不断优化本部门的绩效。供应链运营参考模型中绩效评价指标根据计划、采购、生产、配送和退货5个流程设计。

（2）价值链绩效评价要求按整体价值链、价值活动和流程分别设定指标。价值链绩效评价指标应既有企业整体价值链（配置层）的指标，也有企业价值流程和作业（执行层）的指标。供应链运营参考模型的绩效评价指标体系分为绩效特征属性和绩效评价指标两个层次，绩效评价指标按照流程的层次划分，每层流程都有其特定的绩效评价指标。

（3）价值链绩效评价指标应与企业价值链目标一致。用于评价价值链绩效的指标应与企业价值链目标——可持续竞争优势相联系。供应链运营参考模型中的战略目标与价值链目标相联系，绩效特征属性可以与价值链子目标相联系。

（4）价值链绩效评价指标应覆盖企业所有的价值活动、流程和作业。价值链绩效评价指标至少应覆盖企业的供应商（与内部后勤有关），企业内部经营（采购、生产、仓储），以及企业的顾客（与外部后勤有关）。供应链运营参考模型中的五个流程覆盖了企业价值链主要职能部门，如内部后勤、采购、生产、订单管理、外部后勤或配送和仓储。

（5）价值链绩效评价指标应适用于不同的企业。越来越多的企业在实施价值链管理时，开始关注对上游或下游价值活动的控制和协作，企业要求对企业外部价值流程的绩效进行评价。许多供应链运营参考模型的绩效评价指标可以从企业内部价值链的角度评价企业的供应商和顾客绩效。

## 8.3 农工—体化企业价值链绩效评价模型

### 8.3.1 价值链绩效评价的统计方法

企业管理者可以运用不同的技术对数据进行排序以提供决策支持，使用的技术取决于所处的具体情况。帕累托分析、层次分析法和逼近理想排序法都是决策制定的有用工具。帕累托分析（Pareto analysis）适用于单准则，对备选方案只能按高、中、低的顺序排序。层次分析法和逼近理想排序法适用于多准则，是采用较多的方法。用层次分析法对备选方案排序，能确保权重分析的一致性；逼近理想排序法为备选方案与理想指标的距离提供了指示。

本章运用逼近理想排序法标准化不同单位的绩效评价指标值；运用层次分析法确定绩效评价指标权重，以便把战略权重传递到执行层面的绩效评价指标，并用于规范化绩效评价指标；最后继续运用逼近理想排序法，获得不同备选方案的最终排序。

**1. 层次分析法的原理**

层次分析法是一种决策制定的工具，有助于通过把复杂问题分解成由目标、准则层、分准则层和决策方案层构成的多级递阶结构（Saaty，1990），以全面描述决策运行。一个层级结构至少应包括三个层次：最高层是总目标层，中间层是多准则层，最底层是决策方案层，如图 8 - 2 所示。

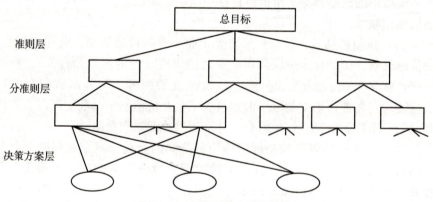

**图 8 - 2　决策问题的层级结构**

资料来源：Rangone A. An analytical hierarchy process framework for comparing the overall perform-ance of manufacturing departments. International Journal of Operations & Production Management，1996，16（8）：104 - 119.

　　层次分析法是一种多因素决策工具，可以用于财务指标和非财务指标、定量指标和定性指标，并注重这些指标之间的权衡。层次分析法的目标是，决策方案排序时，把不同计量指标归一化为单一的总目标。层次分析法最主要的特征是建立在成对比较判断的基础上。成对比较从层级结构的第二层开始，结束于层级结构的最底层——决策方案层。从属于（或影响）上一层每个因素的同一层诸因素进行成对比较，两个元素的相对重要性用 1、3、5、7、9 的尺度构造对比矩阵：1 表示"两元素同等重要"，3 表示"其中一元素略重要"，5 表示"其中一元素重要"，7 表示"其中一元素重要得多"，9 表示"其中一元素极其重要"（Saaty，1980）。每个准则的下一层元素之间相对重要性的比较可以得到一个两两比较判断矩阵，得出哪个元素比其他元素更重要。

　　层次分析法的步骤包括：（1）定义问题，清晰阐明目标和结果；（2）根据总目标、准则、分准则和决策方案建立决策问题的层级结构；（3）比较备选方案和准则，在成对比较的基础上确定准则层和分准则层与所属上一层有关元素的相对重要性，并排序；（4）按照第三步建立的矩阵，要求有 $n(n-1)/2$ 个比较判断；（5）运用分级综合的方法，计算准则层归一化特征向量的权重，即确定下层各因素对上层某因素影响程度的权值；（6）完成成对判断之后，对判断矩阵进行一致性检验；（7）将第三步到第六步应用于层级结构的每一层；（8）计算各层元素对目标层的总排序权重。

　　第 6 步的一致性检验是对判断矩阵的一致性进行验证的过程。首先，用特征值 $\lambda max$ 计算一致性指标 CI，CI $= (\lambda max - n)/(n-1)$，n 是判断矩阵特征根之和。然后，用一致性比率 CR 检验一致性判断，CR $=$ CI/RI。RI 是随机一致性指标，见表 8-3 所示。当 CR $< 0.1$ 时，认为判断矩阵的一致性是可以接受的，可用归一化特征向量作为权向量；当 CR $\geqslant 0.1$ 时，认为判断矩阵的一致性是不可以接受的，要获得一致性矩阵，应该对判断矩阵做适当修正。

表 8-3　　　　　　　　　　　随机一致性指标 RI 数值

| 矩阵阶数 | 1 | 2 | 3 | 4 | 5 | 6 | 7 | 8 | 9 | 10 |
| --- | --- | --- | --- | --- | --- | --- | --- | --- | --- | --- |
| RI | 0 | 0 | 0.58 | 0.9 | 1.12 | 1.24 | 1.32 | 1.41 | 1.45 | 1.49 |

资料来源：Saaty T. L. The analysis hierarchy process. New York：Mc-Graw Hill，1980.

通过上述第 3 步至第 7 步得出的是一组元素对所从属上一层元素的权重。方案选择需要得到各元素，特别是最底层各元素对总目标的排序权重，即总排序权重。第 8 步的总排序权重通过自上而下地合成单准则权重计算得出，并逐层进行总的一致性检验。

近年来，层次分析法已经被广泛应用于绩效评价。价值链绩效评价指标是一个多层级结构的指标体系，应既可以用于评价企业整体价值链绩效，也可以用于评价企业不同价值活动的价值链绩效，还可以用于评价企业价值活动不同部门的绩效。层次分析法可以实现分别对整体价值链和价值活动绩效评价的目标。

**2. 逼近理想排序法的原理**

陈和黄（Chen & Hwang，1992）在参考黄和尹（Hwang & Yoon，1981）研究结果的基础上提出了逼近理想排序法。逼近理想排序法是解决多准则决策制定问题的主要工具之一。尽管逼近理想排序法基于简单、直观的概念，但它能实现标准的一致性和系统性集成。逼近理想排序法定义了两种理想化目标：一个是肯定的理想目标，另一个是否定的理想目标。肯定的理想目标就是最优目标，它的各个属性值都达到准则的最好值；相反，否定理想目标就是最劣值，它的各个属性值都达到准则的最差值。逼近理想排序法的目标是最靠近最优解，同时又最远离最劣解的点。根据这个概念，方案排序的规则是把各备选方案与理想解和负理想解做比较。若其中有一个方案最接近理想解，同时又远离负理想解，则该方案是备选方案中最好的方案。

逼近理想排序法的步骤包括：（1）建立决策矩阵；（2）创建规范化决策矩阵，通过决策矩阵的规范化实现向量的规范化；（3）构造加权规范化决策矩阵，主要方法有特征向量法、加权最小二乘法、层次分析法、网络层次分析法和线性规划法等；（4）确定理想解（$A_i^*$）和负理想解（$A_i^-$）；（5）计算每个决策方案到理想解和负理想解之间的距离，距离尺度可以通过 n 维欧氏距离（Euclidean distance）计算；（6）计算每个决策方案到理想解的贴近度 $C_i^*$；（7）根据理想解的贴近度 $C^*$ 排序，当 $C^*$ 越接近于 1 时，备选方案就越接近 $A_i^*$，可以根据 $C^*$ 的值按从大到小的顺序对各评价目标进行排列。

逼近理想排序法是基于备选方案距理想目标的距离排序的方法。把估计值输入决策矩阵中，用给定的最优目标和最劣目标作为评定方案优劣的标准。逼近理想排序法的优点是快速识别最优备选方案。与其他多准则决策方法相比，其他方法注重如何产生权重，逼近理想排序法在与基本预测模型匹配度方面几乎与加乘结果一致，甚至优于层次分析法（Saaty，1997）。当准则较少时，逼近理想排序法存在相同数目的序位逆转；当准则较多时，逼近理想排序法不同于简单加权的结果，设置不同的权重对逼近理想排序法会产生较大影响。逼近理想排序法在选择最优备选方案以及与模拟匹配排列方面不如层次分析法精确。

### 8.3.2  农工一体化企业价值链绩效评价模型

如果农工一体化企业不清楚如何绘制价值链当前状态图，就很难成功地管理企业价值链。当农工一体化企业决定绘制价值链未来状态图时，首先需要知道其自身的价值活动是如何运转和执行的；在根据未来状态图实施价值链优化的改进计划之后，农工一体化企业需要继续通过评价价值链绩效，了解所实施的改进计划是否真正改善了企业价值链绩效，是否还需继续实施这些改进计划，以及还需实施哪些进一步优化价值链的改进计划。

供应链运营参考模型的绩效评价指标是一个多层级结构的指标体系，既有绩效特征属性指标，又有绩效评价指标。要将供应链运营参考模型应用于价值链绩效评价，至少需要解决如下三个问题：如何实现供应链运营参考模型的特征属性指标与价值链总目标和子目标的联结，以及供应链绩效评价指标与价值活动、流程、作业的联结；如何实现单位不同的绩效评价指标，如金额、百分比、天数、公里等，以及定量指标和定性指标的标准化；如何实现价值链目标与价值活动、流程、作业的联结，确定价值链绩效评价指标各层级权重。

**1. 层次分析法和供应链运营参考模型的结合**

从图 8-2 可以看出，层次分析法把复杂问题分解成由目标、准则层、分准则层和决策方案层构成的多级递阶结构。每层准则可以分解成不同的元素，且下一层元素总可以归属于上一层某个元素。基于供应链运营参考模型建立的价值链绩效评价指标体系（见表 8-4）也是一个包含不同层级流程的层级模型，使用的绩效评价指标实际上也是层级结构。因此可以把层次分析法与价值链绩效评价指标体系结合，为农工一体化企业价值链构建从总目标（可持续竞争优势）到价值活动、流程和作业的绩效评价体系。

需要注意的是，虽然使用层次分析法存在逆序问题，但对价值链进行绩效评价和方案比较时，通常不会出现逆序问题，主要原因是：首先，用于比较准则层和分准则层的指标，即价值链绩效评价指标层级结构的第一层绩效评价指标是不变的。因此，本研究的多重选择不会引起逆序问题。其次，用于评价的备选方案不同，不会存在与备选方案一致或相似的方案。因此，不会发生逆序问题。最后，使用的是绝对量度（例如，准则的排序独立于特定备选方案）。所以，备选方案的增加或减少不会引起任何逆序问题。

**2. 逼近理想排序法—层次分析法—供应链运营参考模型的整合**

基于供应链运营参考模型，本书结合第 4 章提出的农工一体化企业价值链总目标和子目标，建立了农工一体化企业价值链绩效评价指标层级结构，把价值链目标分解成不同层级的价值链绩效评价指标。表 8 - 4 描绘了农工一体化企业价值链绩效评价指标。农工一体化企业价值链绩效评价指标体系的总目标是可持续竞争优势，总目标分解成 5 个绩效特征属性（子目标），分别是增加收入、降低成本、减少风险、科技创新和提高经营管理效率。从左往右看，在战略层面把价值链目标分解成子目标；从右往左看，价值链绩效评价指标把价值链目标转化成价值活动、流程和作业的绩效评价指标。

尽管层次分析法广泛用于多准则决策模型，但因以下缺点经常受到一些学者的批评（Cheng，1999；Chan，2003；Mikhailov，2004）：（1）层次分析法主要用于快速决策；（2）层次分析法使用的是不稳定评估；（3）层次分析法假设影响备选方案准则的相对重要性是确定的，没有考虑评估备选方案潜在绩效的不确定性和风险；（4）层次分析法的排序不准确；（5）决策制定者的主观判断、选择和偏好会对结果产生较大影响。因此，本章把层次分析法与逼近理想排序法相结合，以克服层次分析法存在的上述缺点。

### 8.3.3 农工一体化企业价值链绩效评价模型实施步骤

农工一体化企业价值链绩效评价模型以供应链参考模型为基础建立绩效评价指标体系，整合了层次分析法和逼近理想排序法的运算规则，协同决策和评价绩效，其实施步骤如图 8 - 3 所示。从图 8 - 3 可以看出，整合的过程包括三个阶段：第一阶段是逼近理想排序法；第二阶段将层次分析法运用于基于供应链运营参考模型建立的价值链绩效评价指标；第三阶段继续用逼近理想排序法计算不同价值链的总绩效得分。整合的过程主要有以下 6 个步骤：

表8—4　农工一体化企业价值链第一层次绩效评价指标

| 总目标 | 绩效评价特征属性 | 第一层次绩效评价指标 | 计算 | 单位 | 代码 |
|---|---|---|---|---|---|
| | 增加收入:开辟新市场,扩大现有市场,开发新产品,产品属性溢价和提高副产品附加价值 | 价值增值:企业实现的价值增值 | 价值链价值增值/员工人数 | 金额 | 1 |
| | | 副产品增加值:企业实现的价值增值中副产品增值额 | 副产品价值增值额 | 金额 | 2 |
| | 降低成本:通过降低浪费或变质,减少缺货,减少库存,消除重复活动或整合价值链,减少供给的不确定性实现成本降低的目标 | 价值链管理成本:企业运行供应链一体化所发生的全部成本 | 与价值链有关的总成本/总收入 | 百分比 | 3 |
| | | 产品价值链成本 | 产品价值链生产成本+协调成本 | 金额 | 4 |
| | | 保修/退货成本:对产品质量的量度。保修成本和相关信息是在产品计划和开发阶段是很重要的。保修是生产者保证产品或服务在一段时期内达到性能要求。 | 保修/退货总成本/总收入 | 百分比 | 5 |
| 可持续竞争优势 | 减少风险:分解成提高食品安全,满足监管需求和应对监管压力,实施可追溯,降低采购和零售价格的变化四个分目标 | 订单履行周期时间:从收到顾客订单到顾客收到时产品需要的时间。 | (按时完整送货订单数－记录错误订单－运送损坏订单)/订单总数 | 百分比 | 6 |
| | | 交货执行情况:评价企业执行其许诺的订单交货日期的质量。 | 订单按时完整交货的订单/订单总数 | 百分比 | 7 |
| | | 供应比率:仅适用于产品从仓库运送给顾客。供应比率用收到订单24小时之内送货订单的百分比表示。反映企业在备货生产的情况下对顾客订单做出反应的速度。 | 收到订单后24小时之内从仓库送货订单的数量/仓库订单总数 | 百分比 | 8 |
| | | 订单履约率:正确的产品以正确的时间,地点、包装和质量,成本配送给正确的顾客。 | 所有送货订单交货时间总和/送货订单总数 | 天数 | 9 |
| | | 价值链反应时间:在一定时间内对重大事件(机会或威胁)对外部环境)果断反应,使企业保持竞争优势的能力 | 订单履行周期时间+进料周期时间 | 天数 | 10 |

续表

| 总目标 | 绩效评价特征属性 | 第一层次绩效评价指标 | 单位 | 计算 | 代码 |
|---|---|---|---|---|---|
| | 科技创新:分解成提高生产开发的敏捷性、协同产品开发、合作过程开发、获取产品知识的新来源四个方面 | 先进设备占比:先进设备在生产经营用设备中所占的比率 | 百分比 | 先进设备原价/生产经营用设备原价 | 11 |
| | | 新产品收入占比:新产品收入在价值链收入中所占比率 | 百分比 | 新产品销售收入/销售收入 | 12 |
| | | 生产灵活性上限:未计划增加产量20%的时间 | 天数 | 未计划增加产量20%的天数 | 13 |
| 可持续竞争优势 | 提高经营管理效率:主要包括四个分目标:提高产品产量弹性、加强信息传递、提高产品质量、减少消费者和供应商的分销渠道。 | 生产灵活性下限:没有缺货损失的前提下,送货前30天可允许订单减少的百分比 | 百分比 | 没有缺货损失的前提下,送货前30天可允许订单减少的百分比 | 14 |
| | | 存货周转天数:产品生产和销售的天数,即从存货投资到销售的时间 | 天数 | 平均5年的存货总价值/年销售成本/365 | 15 |
| | | 现金周转时间:企业从存货投资、应收账款到现金的时间。 | 天数 | 存货周转期+应收款周转期-应付账款周转期 | 16 |
| | | 资产周转率:衡量企业资产管理效率。企业资产投资的水平依赖于很多因素,如季节性、周期性和行业等。 | 周转率 | 年销售收入总额/资产总额 | 17 |

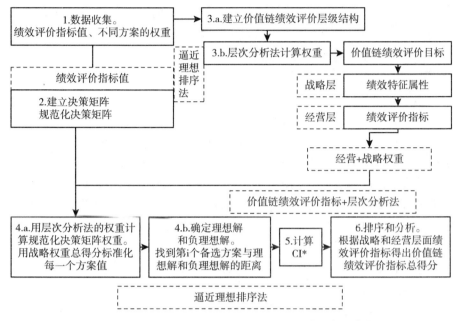

**图 8 - 3　农工一体化企业价值链绩效评价模型实施步骤**

步骤 1. 数据收集。由决策制定者确定绩效特征属性和绩效评价指标，基于所需要的价值链绩效特征属性和绩效评价指标确定价值链绩效评价指标层级结构，并收集企业价值链绩效评价指标值。

步骤 2. 建立并规范化决策矩阵。用逼近理想排序法标准化计量单位不同的绩效评价指标值（逼近理想排序法中的步骤 1 和 2）。

步骤 3. 计算加权规范化绩效评价指标矩阵的权重。用层次分析法计算基于供应链运营参考模型建立的价值链绩效评价指标的战略权重（$W_{AHP}$）。

步骤 3. a. 基于供应链运营参考模型的绩效特征属性和第一层绩效评价指标建立农工一体化企业价值链绩效评价指标层级结构。供应链运营参考模型是一个包括绩效评价模型和绩效评价指标的跨行业模型，所以本章试图基于供应链运营参考模型框架，设计一组综合方法，计量农工一体化企业价值链绩效评价指标层级结构。首先应根据绩效特征属性与绩效评价指标之间的关系，界定价值链绩效评价指标体系层级结构。价值链绩效评价指标层级结构中的"绩效特征属性"是反映、分析和评价农工一体化企业价值链可持续竞争优势特点的指标，"第一层绩效评价指标"是反映、分析、评价每个价值链绩效特征属性的指标。价值链绩效评价指标层级结构的第一层绩效评价指标应该与某个绩效特征属性有关联。第一层绩效评价指标用来评价在竞争市场环境中，企业选用的经营方式在多大程度上能获得预期的结果。第一层绩效评价指标根据下一层绩效评价指标计算得出，因此它包含更多的经营目标。

步骤 3. b. 根据价值链绩效评价指标的层级结构，用层次分析法计算权重。本章的研究没有使用网络层次分析法，因为根据价值链绩效评价指标层级结构不能得到绩效评价指标之间的关系，所以层次分析法更适合本章的研究。这一步骤中，要确定反映竞争优势的绩效特征属性和绩效评价指标的相对重要性；建立决策问题的层级结构（层次分析法第 2 步）；界定绩效特征属性评级准则；用层次分析法得到绩效特征属性和整个价值链的状况；计算每个绩效评价属性的总得分；用层次分析法识别绩效特征属性和绩效评价指标之间的关系；计算每个绩效评价指标的总得分（层次分析法第 3 至 8 步）。

步骤 4. 构造加权规范化评价矩阵。

步骤 4. a. 用层次分析法的权重计算规范化决策矩阵（逼近理想排序法第 3 步）。

步骤 4. b. 确定理想解和负理想解（逼近理想排序法第 4 步）。计算第 i 个备选方案与选定的理想解和负理想解的距离（逼近理想排序法第 5 步）。

步骤 5. 计算 $C_i^*$。确定每个备选方案与理想解（$C_i^*$）的接近程度（逼近理想排序法第 6 步），得到每一个方案对价值链目标的贡献。

步骤 6. 按优先顺序对备选方案评级（逼近理想排序法第 7 步），并分析。

## 8.4 农工一体化企业价值链绩效评价模型应用举例

本章仍以自养自宰白羽肉鸡的 S 公司作为案例，具体说明农工一体化企绩效评价模型的应用。S 公司共有种鸡场 13 个，本书搜集了 13 个种鸡场 2013 年第一季度的数据，运用本文建立的价值链绩效评价模型，对 13 个种鸡场的绩效进行了评价，具体步骤如下：

步骤 1. 数据收集。首先，价值链会计分析团队一起讨论了价值链绩效评价指标的层级结构。团队成员一致同意按照表 8 - 4 建立的绩效评价指标层级结构作为此次种鸡场的绩效评价指标。其次，按第一层绩效评价指标搜集数据。因为 S 公司并没有建立价值链会计核算体系，所以有些价值链会计分析数据用传统会计体系数据替代，搜集的数据见表 8 – 5。最后，价值链会计分析团队在成对基础上，确定绩效特征属性和绩效评价指标与从属于上一层有关元素的相对重要性，并排序。

步骤 2. 建立并规范化决策矩阵。表 8 – 5 中数据的单位和单调性不相同，所以需要用逼近理想排序法标准化表 8 – 5 的数据。首先，统一金额单位。价值增值和副产品附加值的数值都乘以 0.0001，将单位由元改为万元。其次，本文设定单调性为正比例变动，即指标越高越好，对反向单调指标是绝对数的，采用倒数法转换，这些指标有产品价值链成本、订单履约率、价值链反应时间、生产灵活性上限、生产灵活性下限、存货周转期和现金周转期；对反向单调指标是相对数的，用 1 减去该指标值进行转换，这些指标有价值链管理成本和保修退货成本。逼近理想排序法标准化后的数据如表 8 – 6 所示。最后，在 excel 表格中运用公式 S1/SQRT（SUMSQ（S1：S13））对绩效评价指标进行归一化处理，得到的结果如表 8 – 7 所示。

步骤 3. 计算加权规范化绩效评价指标矩阵的权重。

步骤 3. a. 基于绩效特征属性和绩效评价指标建立农工一体化企绩效评价指标层级结构。层次分析法的第一步是建立层级结构，设定层级结构的准则层和分准则层。就本案例来讲，价值链总目标是可持续竞争优势；准则层是价值链总目标的 5 个绩效特征属性；分准则层是 17 个价值链绩效评价指标。表 8 – 4 绘制了本文建立的绩效评价指标层级结构，可以发现，17 个价值链绩效评价指标的单位不相同，给评价和比较价值链战略实施总体情况带来了难题。

步骤 3. b. 结合表 8 – 4 的层级结构，用层次分析法计算权重。建立绩效评价指标的层级结构之后，需要确定每个绩效特征属性和绩效评价指标的权重。绩效特征属性的权重用来评价每个绩效特征属性对价值链战略实施的影响，绩效评价指标的权重用来评价每个绩效评价指标对从属的上一层绩效特征属性影响的重要程度。

价值链会计分析团队运用 Saaty 的两两比较判断矩阵确定权重。两个元素的相对重要性用 1、3、5、7、9 的尺度构造对比矩阵：1 表示"两元素同等重要"，3 表示"其中一元素略重要"，5 表示"其中一元素重要"，7 表示"其中一元素重要得多"，9 表示"其中一元素极其重要"（Saaty，1980）。

表 8 - 5　　种鸡场绩效评价指标原始数据

| 指标 | 增加收入 | | 降低成本 | | | | 减少风险 | | | | 科技创新 | | 提高经营管理效率 | | | | |
|---|---|---|---|---|---|---|---|---|---|---|---|---|---|---|---|---|---|
| | 价值增加值 | 副产品附加值 | 价值链管理成本 | 产品价值链成本 | 保修退货成本 | 订单履行周期时间 | 交货执行情况 | 供应比率 | 订单履约率 | 价值链反应时间 | 先进设备占比 | 新产品收入占比 | 生产灵活性上限 | 生产灵活性下限 | 存货周转天数 | 现金周转时间 | 资产周转率 |
| 单位 | 元 | 元 | 百分比 | 万元 | 百分比 | 百分比 | 百分比 | 百分比 | 天数 | 天数 | 百分比 | 百分比 | 天数 | 百分比 | 天数 | 天数 | 次数 |
| 1 | 356 | 21034 | 1.02 | 5.227 | 3.59 | 89.9 | 95.12 | 51.04 | 45 | 59 | 46.89 | 50.68 | 59 | 21.36 | 47 | 56 | 1.53 |
| 2 | 378 | 19876 | 0.92 | 5.3546 | 3.78 | 88.79 | 96.33 | 52.49 | 49 | 57 | 47.99 | 51.66 | 57 | 20.66 | 48 | 59 | 1.65 |
| 3 | 369 | 20457 | 1.13 | 5.2896 | 3.42 | 90.1 | 96.95 | 50.63 | 51 | 58 | 50.35 | 58.72 | 58 | 19.94 | 46 | 58 | 1.75 |
| 4 | 392 | 19473 | 1.06 | 5.1593 | 3.95 | 86.56 | 94.23 | 49.85 | 49 | 59 | 49.33 | 56.79 | 59 | 21.48 | 49 | 57 | 1.69 |
| 5 | 401 | 18349 | 0.97 | 5.3586 | 4.01 | 87.36 | 95.03 | 50.17 | 50 | 56 | 55.71 | 60.46 | 56 | 22.49 | 50 | 60 | 1.63 |
| 6 | 359 | 20371 | 1.05 | 5.2137 | 3.86 | 88.64 | 95.95 | 52.73 | 49 | 60 | 53.21 | 59.09 | 60 | 23.61 | 47 | 57 | 1.59 |
| 7 | 384 | 19812 | 0.99 | 5.1984 | 3.94 | 89.58 | 96.04 | 50.82 | 51 | 57 | 55.09 | 61.37 | 57 | 20.26 | 46 | 58 | 1.7 |
| 8 | 389 | 20983 | 1 | 5.2412 | 4.12 | 88.19 | 95.29 | 49.95 | 52 | 58 | 60.78 | 66.71 | 58 | 20.59 | 49 | 56 | 1.65 |
| 9 | 374 | 18820 | 1.15 | 5.1045 | 4.23 | 87.52 | 94.85 | 48.37 | 48 | 57 | 59.52 | 67.98 | 57 | 19.49 | 48 | 54 | 1.74 |
| 10 | 381 | 20391 | 0.97 | 5.2473 | 3.85 | 90.64 | 96.39 | 51.2 | 50 | 59 | 65.89 | 70.83 | 59 | 18.47 | 45 | 55 | 1.82 |
| 11 | 376 | 20478 | 1.09 | 5.1647 | 4.06 | 91.02 | 95.82 | 50.77 | 52 | 60 | 64.89 | 69.79 | 60 | 19.23 | 49 | 56 | 1.74 |
| 12 | 368 | 20838 | 1.1 | 5.1972 | 3.99 | 89.95 | 94.58 | 51.29 | 49 | 58 | 66.23 | 71.94 | 58 | 20.83 | 48 | 54 | 1.79 |
| 13 | 395 | 21048 | 1.01 | 5.2948 | 3.88 | 90.12 | 94.03 | 51.57 | 50 | 58 | 65.16 | 70.05 | 58 | 20.15 | 47 | 57 | 1.77 |

表8-6　逼近理想排序法标准化后的绩效评价指标数据

| 指标 | 增加收入 | | 降低成本 | | | | | 减少风险 | | | 科技创新 | | 提高经营管理效率 | | | | |
|---|---|---|---|---|---|---|---|---|---|---|---|---|---|---|---|---|---|
| | 价值增值 | 副产品附加值 | 价值链管理成本 | 产品价值链成本 | 保修退货成本 | 订单履行周期时间 | 交货执行情况 | 供应比率 | 订单履约率 | 价值链反应时间 | 先进设备占比 | 新产品收入占比 | 生产灵活性上限 | 生产灵活性下限 | 存货周转天数 | 现金周转时间 | 资产周转率 |
| 1 | 0.0356 | 2.1034 | 0.9898 | 0.1913 | 0.9641 | 0.899 | 0.9512 | 0.5104 | 0.0222 | 0.0169 | 0.4689 | 0.5068 | 0.0169 | 0.2136 | 0.0213 | 0.0179 | 1.53 |
| 2 | 0.0378 | 1.9876 | 0.9908 | 0.1868 | 0.9622 | 0.8879 | 0.9633 | 0.5249 | 0.0204 | 0.0175 | 0.4799 | 0.5166 | 0.0175 | 0.2066 | 0.0208 | 0.0169 | 1.65 |
| 3 | 0.0369 | 2.0457 | 0.9887 | 0.1891 | 0.9658 | 0.901 | 0.9695 | 0.5063 | 0.0196 | 0.0172 | 0.5035 | 0.5872 | 0.0172 | 0.1994 | 0.0217 | 0.0172 | 1.75 |
| 4 | 0.0392 | 1.9473 | 0.9894 | 0.1938 | 0.9605 | 0.8656 | 0.9423 | 0.4985 | 0.0204 | 0.0169 | 0.4933 | 0.5679 | 0.0169 | 0.2148 | 0.0204 | 0.0175 | 1.69 |
| 5 | 0.0401 | 1.8349 | 0.9903 | 0.1866 | 0.9599 | 0.8736 | 0.9503 | 0.5017 | 0.0200 | 0.0179 | 0.5571 | 0.5046 | 0.0179 | 0.2249 | 0.0200 | 0.0167 | 1.63 |
| 6 | 0.0359 | 2.0371 | 0.9895 | 0.1918 | 0.9614 | 0.8864 | 0.9595 | 0.5273 | 0.0204 | 0.0167 | 0.5321 | 0.5909 | 0.0167 | 0.2361 | 0.0213 | 0.0175 | 1.59 |
| 7 | 0.0384 | 1.9812 | 0.9901 | 0.1924 | 0.9606 | 0.8958 | 0.9604 | 0.5082 | 0.0196 | 0.0175 | 0.5509 | 0.6137 | 0.0175 | 0.2026 | 0.0217 | 0.0172 | 1.7 |
| 8 | 0.0389 | 2.0983 | 0.9900 | 0.1908 | 0.9588 | 0.8819 | 0.9529 | 0.4995 | 0.0192 | 0.0172 | 0.6078 | 0.6671 | 0.0172 | 0.2059 | 0.0204 | 0.0179 | 1.65 |
| 9 | 0.0374 | 1.882 | 0.9885 | 0.1959 | 0.9577 | 0.8752 | 0.9485 | 0.512 | 0.0208 | 0.0175 | 0.5952 | 0.6798 | 0.0175 | 0.1949 | 0.0208 | 0.0185 | 1.74 |
| 10 | 0.0381 | 2.0391 | 0.9903 | 0.1906 | 0.9615 | 0.9064 | 0.9639 | 0.5077 | 0.0200 | 0.0169 | 0.6589 | 0.7083 | 0.0169 | 0.1847 | 0.0222 | 0.0182 | 1.82 |
| 11 | 0.0376 | 2.0478 | 0.9891 | 0.1936 | 0.9594 | 0.9102 | 0.9582 | 0.5129 | 0.0192 | 0.0167 | 0.6489 | 0.6979 | 0.0167 | 0.1923 | 0.0204 | 0.0179 | 1.74 |
| 12 | 0.0368 | 2.0838 | 0.9890 | 0.1924 | 0.9601 | 0.8995 | 0.9458 | 0.5129 | 0.0204 | 0.0172 | 0.6623 | 0.7194 | 0.0172 | 0.2083 | 0.0208 | 0.0185 | 1.79 |
| 13 | 0.0395 | 2.1048 | 0.9899 | 0.1889 | 0.9612 | 0.9012 | 0.9403 | 0.5157 | 0.0200 | 0.0172 | 0.6516 | 0.7005 | 0.0172 | 0.2015 | 0.0213 | 0.0175 | 1.77 |

表8-7　逼近理想排序法归一化后的绩效评价指标数据

| 指标 | 增加收入 | | 降低成本 | | | 减少风险 | | | | | 科技创新 | | 提高经营管理效率 | | | | |
| --- | --- | --- | --- | --- | --- | --- | --- | --- | --- | --- | --- | --- | --- | --- | --- | --- | --- |
| | 价值增值 | 副产品附加值 | 价值链管理成本 | 产品价值链成本 | 保修退货成本 | 订单履行周期时间 | 交货执行情况 | 供应比率 | 订单履约率 | 价值链反应时间 | 先进设备占比 | 新产品收入占比 | 生产灵活性上限 | 生产灵活性下限 | 存货周转天数 | 现金周转时间 | 资产周转率 |
| 1 | 0.2606 | 0.2893 | 0.2774 | 0.2777 | 0.2782 | 0.2798 | 0.2764 | 0.2784 | 0.3052 | 0.2732 | 0.2265 | 0.2225 | 0.2732 | 0.2862 | 0.2806 | 0.2804 | 0.2499 |
| 2 | 0.2767 | 0.2734 | 0.2777 | 0.2711 | 0.2777 | 0.2763 | 0.2799 | 0.2863 | 0.2803 | 0.2828 | 0.2318 | 0.2268 | 0.2828 | 0.2768 | 0.2748 | 0.2661 | 0.2695 |
| 3 | 0.2701 | 0.2814 | 0.2771 | 0.2744 | 0.2787 | 0.2804 | 0.2818 | 0.2762 | 0.2693 | 0.2779 | 0.2432 | 0.2578 | 0.2779 | 0.2672 | 0.2867 | 0.2707 | 0.2858 |
| 4 | 0.2870 | 0.2678 | 0.2773 | 0.2813 | 0.2772 | 0.2694 | 0.2738 | 0.2719 | 0.2803 | 0.2732 | 0.2383 | 0.2494 | 0.2732 | 0.2878 | 0.2692 | 0.2755 | 0.2760 |
| 5 | 0.2936 | 0.2524 | 0.2775 | 0.2709 | 0.2770 | 0.2719 | 0.2762 | 0.2736 | 0.2747 | 0.2878 | 0.2691 | 0.2655 | 0.2878 | 0.3013 | 0.2638 | 0.2617 | 0.2662 |
| 6 | 0.2628 | 0.2802 | 0.2773 | 0.2784 | 0.2775 | 0.2759 | 0.2788 | 0.2876 | 0.2803 | 0.2687 | 0.2570 | 0.2595 | 0.2687 | 0.3163 | 0.2806 | 0.2755 | 0.2597 |
| 7 | 0.2811 | 0.2725 | 0.2775 | 0.2792 | 0.2772 | 0.2788 | 0.2791 | 0.2772 | 0.2693 | 0.2828 | 0.2661 | 0.2695 | 0.2828 | 0.2715 | 0.2867 | 0.2707 | 0.2777 |
| 8 | 0.2848 | 0.2886 | 0.2774 | 0.2769 | 0.2767 | 0.2745 | 0.2769 | 0.2724 | 0.2641 | 0.2779 | 0.2936 | 0.2929 | 0.2779 | 0.2759 | 0.2692 | 0.2804 | 0.2695 |
| 9 | 0.2738 | 0.2588 | 0.2770 | 0.2843 | 0.2764 | 0.2724 | 0.2756 | 0.2638 | 0.2861 | 0.2828 | 0.2875 | 0.2985 | 0.2828 | 0.2611 | 0.2748 | 0.2908 | 0.2842 |
| 10 | 0.2789 | 0.2805 | 0.2775 | 0.2766 | 0.2775 | 0.2821 | 0.2801 | 0.2793 | 0.2747 | 0.2732 | 0.3183 | 0.3110 | 0.2732 | 0.2475 | 0.2931 | 0.2855 | 0.2973 |
| 11 | 0.2753 | 0.2817 | 0.2772 | 0.2810 | 0.2769 | 0.2833 | 0.2785 | 0.2769 | 0.2641 | 0.2687 | 0.3134 | 0.3064 | 0.2687 | 0.2577 | 0.2692 | 0.2804 | 0.2842 |
| 12 | 0.2694 | 0.2866 | 0.2772 | 0.2793 | 0.2771 | 0.2799 | 0.2749 | 0.2798 | 0.2803 | 0.2779 | 0.3199 | 0.3159 | 0.2779 | 0.2791 | 0.2748 | 0.2908 | 0.2924 |
| 13 | 0.2892 | 0.2895 | 0.2774 | 0.2741 | 0.2774 | 0.2805 | 0.2733 | 0.2813 | 0.2747 | 0.2779 | 0.3147 | 0.3076 | 0.2779 | 0.2700 | 0.2806 | 0.2755 | 0.2891 |

表 8 - 8 列示了绩效特征属性成对比较矩阵和用层次分析法确定的绩效特征属性的权重。需要注意的是，运用层次分析法确定的权重是否正确，完全取决于价值链会计分析团队成员成对比较做出的判断是否一致。Saaty 建议运用一致性检验来验证成对比较做出的判断是否一致（层次分析法的第 6 步）。表 8 - 8 的下方列示了绩效特征属性一致性检验的结果，因为一致性比率 CR = 0.053，小于 0.1，所以绩效特征属性判断矩阵的一致性是可以接受的。

**表 8 - 8** 绩效特征属性成对比较矩阵和权重

| 价值链 | 增加收入 | 降低成本 | 减少风险 | 科技创新 | 经营管理效率 | 权重 |
|---|---|---|---|---|---|---|
| 增加收入 | 1 | 3 | 1/5 | 1/7 | 1/3 | 0.064 |
| 降低成本 | 1/3 | 1 | 1/7 | 1/9 | 1/5 | 0.033 |
| 减少风险 | 5 | 7 | 1 | 1/3 | 3 | 0.264 |
| 科技创新 | 7 | 9 | 3 | 1 | 5 | 0.510 |
| 经营管理效率 | 3 | 5 | 1/3 | 1/5 | 1 | 0.130 |

注：λmax = 5.237，RI = 1.120，CI = 0.059，CR = 0.053。

表 8 - 9 列示了从属于绩效特征属性——增加收入的价值增值和副产品附加值两个绩效评价指标的成对比较矩阵和权重。因为只有两个指标，所以判断矩阵的一致性可以接受。"权重"一栏列示了运用层析分析法计算得出的两个指标对上一层绩效特征属性——增加收入影响的程度。

**表 8 - 9** 绩效特征属性 - 增加收入的绩效评价指标成对比较矩阵和权重

| 增加收入 | 价值增值 | 副产品附加值 | 权重 |
|---|---|---|---|
| 价值增值 | 1 | 3 | 0.750 |
| 副产品附加值 | 1/3 | 1 | 0.250 |

表 8 - 10、表 8 - 11、表 8 - 12、表 8 - 13 分别列示了降低成本、减少风险、科技创新和经营管理效率 4 个绩效特征属性的绩效评价指标成对比较矩阵和权重。每个表格的下方同时列示了一致性检验的结果，可以看

出，4个绩效特征属性的绩效评价指标判断矩阵的一致性也都是可以接受的。

表 8-10　　绩效特征属性—降低成本的绩效评价指标成对比较矩阵和权重

| 降低成本 | 价值链管理成本 | 产品价值链成本 | 保修退货成本 | 权重 |
|---|---|---|---|---|
| 价值链管理成本 | 1 | 1/5 | 1/3 | 0.105 |
| 产品价值链成本 | 5 | 1 | 3 | 0.637 |
| 保修退货成本 | 3 | 1/3 | 1 | 0.258 |

注：$\lambda max = 3.039$，$RI = 0.580$，$CI = 0.019$，$CR = 0.033$。

表 8-11　　绩效特征属性—减少风险的绩效评价指标成对比较矩阵和权重

| 减少风险 | 订单履行周期时间 | 交货执行情况 | 供应比率 | 订单履约率 | 价值链反应时间 | 权重 |
|---|---|---|---|---|---|---|
| 订单履行周期时间 | 1 | 1/7 | 1/5 | 1/3 | 3 | 0.067 |
| 交货执行情况 | 7 | 1 | 3 | 5 | 7 | 0.509 |
| 供应比率 | 5 | 1/3 | 1 | 3 | 5 | 0.259 |
| 订单履约率 | 3 | 1/5 | 1/3 | 1 | 3 | 0.123 |
| 价值链反应时间 | 1/3 | 1/7 | 1/5 | 1/3 | 1 | 0.043 |

注：$\lambda max = 5.286$，$RI = 1.120$，$CI = 0.071$，$CR = 0.063$。

表 8-12　　绩效特征属性—科技创新的绩效评价指标成对比较矩阵和权重

| 科技创新 | 先进设备占比 | 新产品收入占比 | 权重 |
|---|---|---|---|
| 先进设备占比 | 1 | 1/5 | 0.167 |
| 新产品收入占比 | 5 | 1 | 0.833 |

表 8-13　　绩效特征属性—经营管理效率的绩效评价指标成对比较矩阵和权重

| 经营管理效率 | 生产灵活性上限 | 生产灵活性下限 | 存货周转天数 | 现金周转时间 | 资产周转率 | 权重 |
|---|---|---|---|---|---|---|
| 生产灵活性上限 | 1 | 1/3 | 1/7 | 1/9 | 1/5 | 0.032 |
| 生产灵活性下限 | 3 | 1 | 1/5 | 1/7 | 1/3 | 0.062 |

续表

| 经营管理效率 | 生产灵活性上限 | 生产灵活性下限 | 存货周转天数 | 现金周转时间 | 资产周转率 | 权重 |
|---|---|---|---|---|---|---|
| 存货周转天数 | 7 | 5 | 1 | 1/5 | 3 | 0.231 |
| 现金周转时间 | 9 | 7 | 5 | 1 | 5 | 0.549 |
| 资产周转率 | 5 | 3 | 1/3 | 1/5 | 1 | 0.126 |

注：$\lambda max = 5.365$，$RI = 1.120$，$CI = 0.091$，$CR = 0.081$。

　　最后，计算各层元素对目标层的总排序权重。表 8 - 14 列示了层次分析法对绩效评价指标的总排序权重。从表格下方可以看出，绩效评价指标总排序权重的一致性是可以接受的。从表 8 - 14 可以看出，科技创新的绩效评价指标"新产品收入占比"权重最高，为 0.426。

　　步骤 4. 构造加权规范化评价矩阵。

　　步骤 4. a. 用层次分析法的权重计算规范化决策矩阵。表 8 - 14 列示的层次分析法计算的每个绩效评价指标总排序权重分别乘以表 8 - 7 列示的逼近理想排序法归一化后的绩效评价指标值，可以计算出用层次分析法权重计算的规范化决策矩阵，见表 8 - 15。

　　步骤 4. b. 首先，确定理想解和负理想解，从每个绩效评价指标中选出最高和最低的值确定理想解和负理想解，表 8 - 16 列示了绩效评价指标理想解和负理想解的结果；然后，计算每组绩效评价指标与选定的理想解和负理想解的距离，表 8 - 17 的"理想解距离"和"负理想解距离"列示了计算结果。

　　步骤 5. 计算 $C_i^*$。确定每组绩效评价指标与理想解（$C_i^*$）的接近程度，得到每组绩效评价指标对价值链战略的贡献，表 8 - 17 的"$C_i^*$"列示了结果。

　　步骤 6. 按优先顺序对种鸡场绩效评级。用表 8 - 17 的 $C_i^*$ 值可以对种鸡场进行排序，$C_i^*$ 值越高说明绩效越好。从表 8 - 17 可以看出，种鸡场 12 的 $C_i^*$ 值最高，为 0.8856，说明种鸡场 12 执行价值链战略目标的效果最好，其次是种鸡场 13，$C_i^*$ 值为 0.8585；种鸡场 10，$C_i^*$ 值为 0.8210；种鸡场 11，$C_i^*$ 值为 0.7708。

**表 8 – 14　层次分析法对绩效评价指标的总排序权重**

| 指标 | 增加收入 | | 降低成本 | | | | 减少风险 | | | | 科技创新 | | 提高经营管理效率 | | | | |
|---|---|---|---|---|---|---|---|---|---|---|---|---|---|---|---|---|---|
| | 价值增值 | 副产品附加值 | 价值链管理成本 | 产品价值链成本 | 保修退货成本 | 订单履行周期时间 | 交货执行情况 | 供应比率 | 订单履约率 | 价值链反应时间 | 先进设备占比 | 新产品收入占比 | 生产灵活性上限 | 生产灵活性下限 | 存货周转天数 | 现金周转时间 | 资产周转率 |
| 权重 | 0.048 | 0.016 | 0.003 | 0.021 | 0.009 | 0.018 | 0.134 | 0.068 | 0.032 | 0.011 | 0.085 | 0.426 | 0.004 | 0.008 | 0.03 | 0.071 | 0.016 |

$RI = 0.460, CI = 0.031, CR = 0.067$

**表 8 – 15　用层次分析法权重计算的规范化决策矩阵**

| 指标 | 增加收入 | | 降低成本 | | | | 减少风险 | | | | 科技创新 | | 提高经营管理效率 | | | | |
|---|---|---|---|---|---|---|---|---|---|---|---|---|---|---|---|---|---|
| | 价值增值 | 副产品附加值 | 价值链管理成本 | 产品价值链成本 | 保修退货成本 | 订单履行周期时间 | 交货执行情况 | 供应比率 | 订单履约率 | 价值链反应时间 | 先进设备占比 | 新产品收入占比 | 生产灵活性上限 | 生产灵活性下限 | 存货周转天数 | 现金周转时间 | 资产周转率 |
| 1 | 0.0125 | 0.6085 | 0.2746 | 0.0531 | 0.2683 | 0.2515 | 0.2629 | 0.1421 | 0.0068 | 0.0046 | 0.1062 | 0.1128 | 0.0046 | 0.0611 | 0.0060 | 0.0050 | 0.3823 |
| 2 | 0.0133 | 0.5750 | 0.2748 | 0.0519 | 0.2677 | 0.2484 | 0.2663 | 0.1461 | 0.0062 | 0.0048 | 0.1087 | 0.1150 | 0.0048 | 0.0591 | 0.0058 | 0.0048 | 0.4123 |
| 3 | 0.0130 | 0.5918 | 0.2743 | 0.0525 | 0.2687 | 0.2521 | 0.2680 | 0.1410 | 0.0060 | 0.0047 | 0.1140 | 0.1307 | 0.0047 | 0.0571 | 0.0061 | 0.0048 | 0.4373 |
| 4 | 0.0138 | 0.5634 | 0.2745 | 0.0538 | 0.2672 | 0.2422 | 0.2605 | 0.1388 | 0.0062 | 0.0046 | 0.1117 | 0.1264 | 0.0046 | 0.0615 | 0.0057 | 0.0049 | 0.4223 |
| 5 | 0.0141 | 0.5308 | 0.2747 | 0.0518 | 0.2671 | 0.2444 | 0.2627 | 0.1397 | 0.0061 | 0.0049 | 0.1262 | 0.1345 | 0.0049 | 0.0644 | 0.0056 | 0.0047 | 0.4073 |
| 6 | 0.0126 | 0.5893 | 0.2745 | 0.0533 | 0.2675 | 0.2480 | 0.2652 | 0.1468 | 0.0062 | 0.0046 | 0.1205 | 0.1315 | 0.0046 | 0.0676 | 0.0060 | 0.0049 | 0.3973 |
| 7 | 0.0135 | 0.5732 | 0.2746 | 0.0534 | 0.2673 | 0.2506 | 0.2655 | 0.1415 | 0.0060 | 0.0048 | 0.1248 | 0.1366 | 0.0048 | 0.0580 | 0.0061 | 0.0048 | 0.4248 |
| 8 | 0.0137 | 0.6070 | 0.2746 | 0.0530 | 0.2668 | 0.2467 | 0.2634 | 0.1391 | 0.0059 | 0.0047 | 0.1377 | 0.1485 | 0.0047 | 0.0589 | 0.0057 | 0.0050 | 0.4123 |
| 9 | 0.0131 | 0.5445 | 0.2742 | 0.0544 | 0.2665 | 0.2449 | 0.2622 | 0.1347 | 0.0064 | 0.0048 | 0.1348 | 0.1513 | 0.0048 | 0.0558 | 0.0058 | 0.0052 | 0.4348 |
| 10 | 0.0134 | 0.5899 | 0.2747 | 0.0529 | 0.2675 | 0.2536 | 0.2665 | 0.1425 | 0.0061 | 0.0046 | 0.1492 | 0.1576 | 0.0046 | 0.0529 | 0.0062 | 0.0051 | 0.4548 |
| 11 | 0.0132 | 0.5924 | 0.2744 | 0.0538 | 0.2669 | 0.2547 | 0.2649 | 0.1413 | 0.0059 | 0.0046 | 0.1470 | 0.1553 | 0.0046 | 0.0550 | 0.0057 | 0.0050 | 0.4348 |
| 12 | 0.0129 | 0.6028 | 0.2743 | 0.0534 | 0.2671 | 0.2517 | 0.2615 | 0.1428 | 0.0062 | 0.0047 | 0.1500 | 0.1601 | 0.0047 | 0.0596 | 0.0058 | 0.0052 | 0.4473 |
| 13 | 0.0139 | 0.6089 | 0.2746 | 0.0524 | 0.2674 | 0.2521 | 0.2599 | 0.1436 | 0.0061 | 0.0047 | 0.1476 | 0.1559 | 0.0047 | 0.0577 | 0.0060 | 0.0049 | 0.4423 |

表 8－16　绩效评价指标的理想解和负理想解

| | 增加收入 | | 降低成本 | | | | | 减少风险 | | | 科技创新 | | 提高经营管理效率 | | | | |
|---|---|---|---|---|---|---|---|---|---|---|---|---|---|---|---|---|---|
| | 价值增值 | 副产品附加值 | 价值链管理成本 | 产品价值链成本 | 保修退货成本 | 订单履行周期时间 | 交货执行情况 | 供应比率 | 订单履约率 | 价值链反应时间 | 先进设备占比 | 新产品收入占比 | 生产灵活性上限 | 生产灵活性下限 | 存货周转天数 | 现金周转时间 | 资产周转率 |
| $A_i^*$ | 0.0141 | 0.6089 | 0.2748 | 0.0544 | 0.2687 | 0.2547 | 0.2680 | 0.1468 | 0.0068 | 0.0049 | 0.1500 | 0.601 | 0.0049 | 0.0676 | 0.0062 | 0.0052 | 0.4548 |
| $A_i^-$ | 0.0125 | 0.5308 | 0.2742 | 0.0518 | 0.2665 | 0.2422 | 0.2599 | 0.1347 | 0.0059 | 0.0046 | 0.1062 | 0.1128 | 0.0046 | 0.0529 | 0.0056 | 0.0047 | 0.3823 |

表 8 – 17　　　　　　　与选定的理想解和负理想解的距离以及 $C_i^*$

| 种鸡场 | 理想解距离 | 负理想解距离 | $C_i^*$ | 排序 |
|---|---|---|---|---|
| 12 | 0.0152 | 0.1174 | 0.8856 | 1 |
| 13 | 0.0191 | 0.1161 | 0.8585 | 2 |
| 10 | 0.0247 | 0.1133 | 0.8210 | 3 |
| 11 | 0.0301 | 0.1013 | 0.7708 | 4 |
| 8 | 0.0482 | 0.0952 | 0.6639 | 5 |
| 3 | 0.054 | 0.0857 | 0.6136 | 6 |
| 7 | 0.0593 | 0.0685 | 0.5359 | 7 |
| 9 | 0.0727 | 0.0726 | 0.4996 | 8 |
| 6 | 0.0737 | 0.0681 | 0.4801 | 9 |
| 1 | 0.0975 | 0.0791 | 0.4479 | 10 |
| 4 | 0.0778 | 0.0545 | 0.4120 | 11 |
| 2 | 0.0826 | 0.0558 | 0.4033 | 12 |
| 5 | 0.0989 | 0.0409 | 0.2925 | 13 |

# 参 考 文 献

[1] 农业产业化经营模式研究课题组. 野力模式: 农业产业化的新探索——工商企业进入农业领域的研究报告. 中国农村经济, 2000 (2): 33 – 40.

[2] [美] 迈克尔·波特. 竞争优势 (陈小悦, 译). 北京: 华夏出版社, 1997.

[3] 阎达五, 李勇. 在十六大精神指引下, 开创会计理论研究新局面建立价值链会计的新思考. 财会月刊, 2003 (3): 4 – 5.

[4] 阎达五. 价值链会计研究: 回顾与展望. 会计研究, 2004 (2): 3 – 7.

[5] 李百兴. 价值链会计研究的几个理论问题. 财会通讯, 2003 (7): 8 – 10.

[6] 李晓静, 张群. 价值链分析与价值链管理会计. 经济问题, 2007 (1): 114 – 116.

[7] 王淑君, 张胜, 于富生. 价值链会计理论框架研究. 管理世界, 2008 (3): 179 – 180.

[8] 李晓兵. 价值链会计之理论研究. 财会月刊 (综合), 2006 (3): 5 – 6.

[9] 綦好东, 杨志强. 价值链会计的目标确定与职能定位. 会计研究, 2004 (2): 71 – 74.

[10] 于富生, 张敏. 试论价值链会计的几个理论问题——基于事项法的比较与分析. 财政监督, 2006 (5): 13 – 15.

[11] 王泓, 何其华. 价值链会计 De 确认和计量及其发展趋势. 会计之友, 2006 (11) 下: 52 – 54.

[12] 陈正林. 价值链会计计量问题研究. 财政监督, 2006 (10): 6 – 7.

[13] 李勇, 何广涛. 基于价值链理念的会计管理框架重构. 会计之

友，2004（2）：9 - 10.

　　[14] 于富生，张敏．论价值链会计管理框架．会计研究，2005（11）：45 - 49.

　　[15] 戴德明，何广涛．基于价值链战略联盟的成本管理．财务与会计，2005（1）：29 - 31.

　　[16] 刘秋生，黄大春．基于价值链的成本管理模式构建．中国管理信息化，2006（10）：6 - 9.

　　[17] 戴新民，郝斌．基于成本概念的反思——价值链成本管理．财政研究，2007（1）：65 - 68.

　　[18] 韩沚清，王洪谟．基于现代价值链理论的成本控制．中国农业会计，2005（2）：20 - 22.

　　[19] 陈嘉莉．价值链分析是战略成本管理的核心．经济管理，2008（21 - 22）：124 - 130.

　　[20] 但赛君．浅析以 EVA 为导向的全价值链成本管理——基于中航工业成本管理经验交流会的思考．财会研究，2010（20）：45 - 47.

　　[21] 傅元略．价值管理的新方法：基于价值流的战略管理会计．会计研究，2004（6）：48 - 52.

　　[22] 王明霞．战略管理会计中价值链在竞争对手分析的应用．辽宁大学学报（哲学社会科学版），2004（4）：74 - 77.

　　[23] 胡奕明．非财务指标的选择——价值相关分析．财经问题，2001（5）：44 - 49.

　　[24] 王海林．价值链内部控制模型研究．会计研究，2006（2）：60 - 65.

　　[25] 杨周南．价值链会计管理信息化的变革．会计研究，2005（11）：36 - 40.

　　[26] 程宏伟，张永海，李想．基于模块化的价值链会计研究．会计研究，2007（3）：21 - 25.

　　[27] 吴孟珠，冯智．IT 环境下价值链会计预算体系研究．武汉大学学报（哲学社会科学版），2008（2）：220 - 224.

　　[28] 潘飞．作业预算研究．会计研究，2004（11）：48 - 52.

　　[29] 赵保卿．审计成本控制框架设计与运行——基于价值量预算角度．会计研究，2007（11）：74 - 81.

　　[30] 王竹泉，高芳．基于业务流程管理的价值增值报告模式研究．

会计研究, 2004 (9): 47-52.

[31] 张瑞君, 邹立, 封雪. 从价值链管理的视角构建财务业务一体化核算模式. 会计研究, 2004 (12): 45-48.

[32] 中国企业百科全书委员会. 中国企业管理百科全书. 北京: 企业管理出版社, 1984.

[33] 姜克芬等. 中国农业企业经营管理学教程. 北京: 中国人民大学出版社, 1988.

[34] 胡鞍钢等. 农业企业化: 中国农村现代化的重要途径. 农业经济问题, 2001 (1): 29-33.

[35] 夏英等. 农业企业经营机制转换和战略管理. 北京: 农业科技出版社, 2004.

[36] 李大兵等. 现代农业企业管理. 太原: 山西经济出版社, 2006.

[37] 山东省农业厅. 关于公布第五批农业产业化省重点龙头企业名单的通知 [EB/OL]. http://www.sdny.gov.cn/art/2010/8/3/art_3_237676.html, 2010-08-03.

[38] 张辉. 全球价值链动力机制与产业发展策略. 中国工业经济, 2006 (1): 40-48.

[39] 陈柳. 自主品牌的驱动研究: 基于产业层面的分析框架. 中央财经大学学报, 2012 (7): 55-60.

[40] 洪银兴, 郑江淮. 反哺农业的产业组织与市场组织. 管理世界, 2009 (5): 67-79.

[41] 张益丰, 刘东, 李月强. 工业反哺农业的组织创新及其路径选择. 江西财经大学学报, 2010 (5): 65-69.

[42] 陈洪. 农产品流通价值链分工视角下的产业升级. 求索, 2008 (2): 20-22.

[43] 陈瑶, 傅新红. 洪雅县牛奶产业价值链管理问题与对策研究. 商场现代化, 2006 (6): 145-146.

[44] 陈劲等. 基于全球价值链的珍珠产业升级机制研究——以诸暨市珍珠产业为例. 农业经济问题, 2007 (2): 37-43.

[45] 顾丽琴. 论农业产业价值链的拓展. 商业研究, 2007 (2): 141-143.

[46] 李杰义. 低碳经济条件下农业产业链的价值整合机制与路径选择. 理论与改革, 2011 (5): 88-90.

［47］ 高阔. 基于食品安全保障的我国猪肉价值链分析研究. 价格理论与实践, 2011 (12): 79 – 80.

［48］ 李燕琼, 张学睿. 基于价值链的农业产业化龙头企业竞争力培育研究. 农业经济问题, 2009 (1): 53 – 56.

［49］ Clark K. & Fujimoto T. Product development performance strategy, organization, and management in the world auto industry. Boston: Harvard business School Press, 1991.

［50］ Womack et al. The machine that changed the word. New York: Rawson Associates, 1990.

［51］ Cooper R. When lean enterprises collide: competing through confrontation. Boston: Harvard business School Press, 1995.

［52］ Cooper R. & Chew W. B. Control tomorrow's costs through today's designs. Harvard Business Review, 1996, 74 (1): 88 – 98.

［53］ Yoshikawa T. Innes J. & Mitchell F. A Japanese case study of functional cost analysis. Management Accounting Research, 1995, 6 (4): 415 – 432.

［54］ Carr C. & Ng J. Total cost control: Nissan and its U. K. supplier partnerships. Management Accounting Research, 1995, 6 (4): 347 – 365.

［55］ Anderson S. W. & Dekker H. C. Management control for market transactions: the relation between transaction costs, incomplete contract design and subsequent performance. Management Science, 2005, 51 (12): 1734 – 1752.

［56］ Ulrich K. T. & Eppinger S. D. Product design and development. New York: McGraw – Hill, 1995.

［57］ Womack J. P. & Jones D. T. Lean thinking: banish waste and create wealth in your corporation. New York: Simon and Schuster, 2003.

［58］ Kaplan R. S. The evolution of management accounting. The Accounting Review, 1984, 59 (3): 390 – 418.

［59］ Cooper R. & Kaplan R. S. Activity based cost systems: measuring the cost of resource usage. Accounting Horizons, 1992, 6: 1 – 13.

［60］ Seal W. , Cullen J. , Dunlop A. , Berry T. & Ahmed M. Enacting a European supply chain: a case study on the role of management accounting. Management Accounting Research, 1990, 10 (3): 303 – 322.

[61] Anderson S. W. & Lanen W. N. Using electronic data interchange (EDI) to improve the efficiency of accounting transactions. The Accounting Review, 2002, 77 (4): 703 – 729.

[62] Coase R. H. The nature of the firm. Economica, 1937 (4): 386 – 405.

[63] Dekker H. C. Value chain analysis in interfirm relationships: a field study. Management Accounting Study, 2003, 13 (1): 1 – 23.

[64] Kaplan R. S. Using ABC to manage customer mix and relationship. Boston: Harvard Business School Press, 1997.

[65] Hotelling H. Stability in competition. Economic Journal, 1929, 39: 41 – 57.

[66] Womack J. P. & Jones D. T. Lean solutions: how companies and customers can create value and wealth together. New York: The Free Press, 2005a.

[67] Womack J. P. & Jones D. T. Lean consumption. Harvard Business Review, 2005b, 83 (3): 59 – 68.

[68] Kaplan R. S. & Norton D. P. The balanced scorecard: translating strategy into action. Boston: Harvard Business School Press, 1996.

[69] Kaplan R. S. & Norton D. P. Strategy maps: converting intangible assets into tangible outcomes. Boston: Harvard Business School Press, 2004.

[70] Board of Agriculture and Fisheries. The agricultural output of Great Britain. London: HMSO, 1912.

[71] Ministry of Agriculture and Fisheries. The agricultural output of England and Wales. London: HMSO, 1925.

[72] Ministry of Agriculture and Fisheries. Types of farming map of England and Wales. London: HMSO, 1941.

[73] Department of Agriculture for Scotland. Types of farming in Scotland. Edinburgh: HMSO, 1952.

[74] J. A. Langley & H. V. B. Luxton. The farms of Dorset. University of Bristol. Department of Economics (Agricultural Economics) Report No. 104, 1958.

[75] B. E. Cracknell & H. Palca. Farm site and farm business. Agriculture, 1959, 65 (12): 593.

[76] Arthur L. Stinchcombe. Agricultural enterprise and rural class relations. American Journal of Sociology, 1961, 67 (2): 165 – 176.

[77] L. Napolitan & C. J. Brown. A type of farming classification of agricultural holdings In England And Wales according to enterprise patterns. Journal of Agricultural Economics, 1963, 15 (4): 595 – 611.

[78] E. M. Babb & B. F. Long. The role of alternative agricultural enterprises in a changing agricultural economy. Southern Journal of Agricultural Economics, 1987, 7: 7 – 15.

[79] Larry David Gallatin. Factors affecting decisions regarding alternative agricultural enterprises by farmers and ranchers in Oklahoma: Stillwater: Oklahoma State University, 1989.

[80] Rodney Lee Purswell. Factors associated with the continuation of alternative agricultural enterprises as perceived by Oklahoma farmers and ranchers: [D]. Stillwater: Oklahoma State University, 1991.

[81] David Epstein. Efficiency and stability of large agricultural enterprises. Eastern European Economics, 2003, 41 (5): 70 – 92.

[82] Ekaterina A. Gataulina et al. Vertical Integration in an Agroindustrial Complex Agrofirms and Agroholdings in Russian. Washington DC: the Word Bank, 2006.

[83] Harpinder S. Sandhu, Neville D. Crossman, F. Patrick Smith. Ecosystem services and Australian agricultural enterprises. Ecological Economics, 2012, 74: 19 – 26.

[84] Humphrey J. Policy implications of trends in agribusiness value chains. The European Journal of Development Research, 2006, 18 (4): 572 – 592.

[85] OECD. Competitiveness and Private Sector Development: Kazakhstan 2010 Sector Competitiveness Strategy, 2011 [EB/OL]. http://dx.doi. org/10.1787/9789264089792 – 7 – en.

[86] Shank J. K. & Govindarajan V. Strategic cost management: the value chain perspective. Journal of Management Accounting Research, 1992a, 4 (1): 179 – 197.

[87] Shank J. K. & Govindarajan V. Strategic cost management and the value chain. Journal of Management Accounting Research, 1992b, 6 (4): 5 – 21.

[88] Evan P. B. & Wurster T. S. Strategy and the new economics of infor-

mation. Harvard Business Review, 1997, 9 /10: 70 – 82.

[89] Kaplinsky R. & Morris M. A handbook for value chain research. Prepared for International Development Research Center, 2000 [EB/OL]. http: //www. prism. uct. ac. za/papers/vchnov01. pdf.

[90] Charles W. L. Hill & Gareth R. Jones. Strategic management: an integrated approach. Boston: Houghton Mifflin, 2001.

[91] David Besanko, David Dranove, Mark Shanley. The economics of strategy. New York: John Wiley, 1996.

[92] Tom McGuffog & Nick Wadsley. The general principles of value chain management. Supply Chain Management: An International Journal, 1999, 4 (5): 218 – 225.

[93] Graham J. Hooley, John A. Saunders, Nigel Piercy. Marketing Strategy and Competitive Positioning. London: Financial Times/Prentice – Hall, 2004.

[94] Spanos Yiannis & Lioukas Spyros. An examination into the causal logic of rent generation: Contrasting Porter's competitive strategy framework and the resource-based perspective. Strategic Management Journal, 2001, 22 (10): 907 – 934.

[95] Hitt M. A, Ireland R. D & Hoskisson R. E. Strategic Management: Competitiveness and Globalization, Ohio: Thomson/South Western, 2007.

[96] Sanchez R. & Heene A. The New Strategic Management: Organization, Competition and Competence. New York: Wiley, 2004.

[97] Anandarajan M. , Anandarajan A. & Wen H. J. Extranets: a tool for coat control in a value chain framework. Industrial Management & Data Syestem, 1998, 98 (3): 120 – 128.

[98] Porter M. E. Competitive strategy. New York: The Free Press, 1980.

[99] Morden A. R. . An introduction to business strategy. London: McGraw – Hill, 1999.

[100] Partridge Mike & Perren Lew. Cost analysis of the value chain: Another role for strategic management accounting. Management Accounting, 1994, 72 (7): 22 – 23.

[101] Hergert Michael & Morris Deigan. Accounting data for value chain analysis. Strategic Management Journal, 1989, 10: 175 – 188.

［102］ Hopkins M. S. Long viewed, see-through, collaborative and be-tooled. MIT Sloan Management Review, 2009, 51 (1): 46.

［103］ Fearne A. Sustainable value chain analysis: a case study of South Australian wine. Primary Industries and Resources SA, 2009 ［EB/OL］. http://www. pir. sa. gov. au/__data/assets/pdf_file/0003/93225/V2D_Final_Report. pdf.

［104］ Bonney L. , Clark R. , Collins R. and Fearne A. From serendipity to sustainable competitive advantage: insights from Houston's Farm and their journey of co-innovation. Supply Chain Management: An International Journal, 2007, 12 (6): 395 – 399.

［105］ Donelan J. G. & Kaplan E. A. Value chain analysis: A strategic approach to cost management. Journal of Cost Management, 1989, 12 (2): 7 – 15.

［106］ Morgan Colin & Stephen Murgatroyd. Total Quality Management in the Public Sector: An International Perspective. Buckingham: Open University Press, 1994.

［107］ Shillinglaw G. Managerial Cost Accounting. Irwin: Homewood, Ill, 1982.

［108］ Horngren C. T. Introduction to management accounting. Englewood Cliffs: Prentice – Hall, 1981.

［109］ Solommons D. Studies in cost analysis. New York: The Law Book Company, 1968.

［110］ Parker R. H. Management Accounting. New York: Macmillan, 1969.

［111］ Kaplan R. S. Accounting lag: the obsolescence of cost accounting systems. California Management Review, 1986, 108 (2): 174 – 199.

［112］ Simmonds K. Strategic management accounting. Management Accounting (UK), 1981 (4): 26 – 29.

［113］ Simmonds K. Strategic management accounting for pricing: A case example. Accounting and Business Research, 1982, 12 (47): 206 – 214.

［114］ Tomkins C. & Carr C. Reflections on the papers in this issue and a commentary on the state of strategic management accounting. Management Accounting Research, 1996, 7 (2): 271 – 280.

[115] Roslender R. & Hart S. J. In search of strategic management accounting: theoretical and field study perspectives. Management Accounting Research, 2003, 14 (3): 255 – 279.

[116] Shank J. K. Strategic Cost Management: New Wine, or Just New Bottles. Journal of Management Accounting Research, 1989, 1 (3): 47 – 65.

[117] Ellram L. M. & Siferd S. P. Total cost of ownership: a key concept in strategic cost management decisions. Journal of Business Logistics, 1998, 19 (1): 55 – 84.

[118] Dubois A. Strategic cost management across boundaries of firms. Industrial Marketing Management, 2003, 32 (5): 365 – 374.

[119] Cooper R. & Slagmulder R. Supply Chain Development for the Lean Enterprise. Portland: Productivity Press, 1999.

[120] Wert R. & Ernst C. Target costing, co-ordination and strategic cost management. European Accounting Review, 1999, 8 (1): 23 – 49.

[121] Cooper R. & Kaplan R. S. The promise and peril of integrated costs systems. Harvard Business Review, 1998, 76 (4): 109 – 119.

[122] Cooper R. & Slagmulder R. Strategic cost management: expanding scope and boundaries. Journal of Cost Management, 2003, 17 (1): 23 – 30.

[123] Seuring S. Supply chain costing – A conception framework. In: Seuring S. & Goldbach M., (eds). Cost Management in Supply Chains. New York: Physica – Verlag, 2002: 15 – 30.

[124] Slagmulder R. Managing costs across the supply chain. In: Seuring S. & Goldbach M. (eds). Cost Management in Supply Chains. New York: Physica – Verlag, 2002: 76 – 88.

[125] Lord B. R. Strategic management accounting: the emperor's new clothes? Management Accounting Research, 1996, 7 (3): 346 – 366.

[126] Anderson S. W. Measuring the impact of product mix heterogeneity on manufacturing overhead cost. The Accounting Review, 1995, 70 (3): 363 – 387.

[127] Banker R. D. & Johnston H. H. An empirical study of cost drivers in the U. S. airline industry. The Accounting Review, 1993, 68 (3): 576 – 601.

[128] Ittner C. D., Larcker D. F. & Randall T. The activity-based cost hierarchy, production policies and firm profitability. Journal of Management Ac-

counting Research, 1997, 9: 143 – 162.

[129] Maher M. W. & Marais M. L. A field study on the limitations of activity-based costing when resources are provided on a joint and indivisible basis. Journal of Accounting Research, 1998, 36 (1): 129 – 142.

[130] Shank J. K. & Govindarajan V. Strategic Cost Management. New York: The Free Press, 1993.

[131] Lawrence P. R. & L. W. Lorsch. Organization and Environment: Managing differentiation and Integration. Boston: Division of Research, Harvard Business School, 1967.

[132] Kilmann R. H. The cost of organization structure: dispelling the myths of independent divisions and organization-wide decision making. Accounting, Organization and Society, 1983, 8 (4): 341 – 357.

[133] Garrison R. H. Managerial Accounting. Plano: Business Publication, 1982.

[134] Kaplan R. S. Advanced Management Accounting. Englewood Cliffs: Prentice – Hall, 1982.

[135] Shank J. K. & Govindarajan V. Strategic cost management. New York: The Free Press, 1994.

[136] Shank John K. & Govindarajan Vijay. Making strategy explicit in cost analysis: a case study. Sloan Management Review, 1988, 29 (3): 19 – 29.

[137] Clen Snoek. Examining publicly-funded value chain projects: Five case studies involving the Ontario agrifood industry: Guelph: University of Guelph, 2007.

[138] Sparling D. & and R. Cook. Strategic alliance and joint venture under NAFTA: concepts and evidence. In: R. M. A. Loyns, Karl Meilke, Ronald D. Knutson, and Antonio Yunez Naude, (eds). Proceedings of the Fifth Agricultural and Food Policy Systems Information Workshop. Winnipeg: Friesen Printers, 2000: 68 ~ 94 [EB/OL]. http: //www. farmfoundation. org/maroon/ sparling. pdf.

[139] Handfield R. B. & E. L. Nichols. supply chain redesign: transforming supply chain into integrated value systems. Upper saddle river: prentice hall PRT, 2002.

[140] Jeffrey F. Rayport & J. Sviokla. Exploiting the Virtual Value Chain. Harvard Business Review, 1995, 9/10: 75 – 85.

[141] Gereffi G. International trade and industrial upgrading in the apparel commodity chain. Journal of Inter-national Economics, 1999, 48 (1): 37 – 70.

[142] A. Keivan Zokaei & David W. Simons. Value chain analysis in consumer focus improvement: A case study of the UK red meat industry. the International Journal of Logistics Managemnet, 2006, 17 (2): 141 – 162.

[143] Dobson P. , Waterson M. and Davies S. The patterns and implications of increasing concentration in european food retailing. Journal of Agricultural Economics, 2004, 5 (1): 111 – 125.

[144] Humphrey John. Shaping Value Chains for Development: Global Value Chains in Agribusiness. GTZ, GmbH, 2005 [EB/OL]. http: //www. value-chains. org/dyn/bds/docs/481/GTZ% 20Shaping% 20Value% 20Chains% 20for% 20Development% 202005. pdf.

[145] Martinez S. Vertical Coordination in the Pork and Broiler Industries: Implications for Pork and Chicken Products. Agricultural Economic Report No. 777, Washington, DC: Economics Research Service, US Department of Agriculture, 1999.

[146] CEC. Regulation (EC) No 178/2002 Laying Down General Principles and Requirements of Food Law. Establishing the European Food Safety Authority and Laying Down Procedures in Matters of Food Safety. Official Journal of the European Communities, 2002 [EB/OL]. http: //europa. eu. int/comm/ food/food/foodlaw/traceability/index_en. htm.

[147] Lewin B. , Giovannucci D. and Varangis P. Coffee Markets: New qaradigms in global supply and demand. Agriculture and Rural Development Discussion Paper No. 3. Washington DC: World Bank, 2004 [EB/OL]. http: // www. iadb. org/regions/re2/coffee/docs_pubs. cfm? language ? EN&parid?

[148] Reardon T. , Codron J. M. , Busch L. , Bingen J. and Harris C. Global change in agrifood grades and standards: Agribusiness Strategic Responses in Developing Countries. International Food and Agribusiness Management Review, 2001, 2 (3): 421 – 435.

[149] Berger C. , Blauth R. and Boger D. Kano's methods for understand-

ing customer defined quality. The Journal of the Japanese Society for Quality Control, 1993, Fall: 3 – 35.

[150] Marzian R. , McLaughlin J. and Andraski J. Foreword. in: Dirk S. , (eds). Collaborative Planning, Forecasting and Replenishment: How to Create a Supply Chain Advantage. Chicago: American Management Association, 2003.

[151] Christopher M. Logistics and Supply Chain Management. 3rd ed. London: Pitman, 2005.

[152] Morven G. McEachern. Integrating the voice of the consumer within the value chain: a focus on value-based labeling communications in the fresh-meat sector. Journal of Consumer Marketing, 2004, 21 (7): 497 – 509.

[153] Stevens G. C. Integrating the supply chain. International Journal of Physical Distribution and Materials Management, 1989, 19 (8): 3 – 8.

[154] Cox A. Understanding buyer and supplier power: a framework for procurement and supply chain management. Journal of Supply Chain Management, 2001, 37 (2): 8 – 15.

[155] Cox A. , Sanderson J. and Watson G. Supply chains and power regimes: toward an analytic framework for manageing extended netweorks of buyer and supplier relationships. Journal of Supply Chain Management, 2001, 37 (2): 28 – 35.

[156] Fawcett S. E. & Fawcett S. A. the firm as a value-added system integration logistics, operation and purchasing. International Journal of Physical Distribution & Logistics Management, 1995, 25 (5): 24 – 42.

[157] Stalk G. , Evans P. and Schulman L. E. Competing on capability: the new rules of corporation strategy. Harvard Business Review, 1992, 70 (2): 57 – 69.

[158] Jeffrey P. Katz & Michael Boland. A new value-added strategy for the US beef industry: The case of US Premium Beef Ltd. British Food Journal, 2000, 12 (9): 711 – 727.

[159] Joel Johnson Mmasa & Elibariki Emmanuel Msuya. Mapping of the sweet potato value chain linkages between actors, processes and activities in the value chain: a case of "michembe" and "matobolwa" products. Sustainable Agricultural Research, 2012, 1 (1): 130 – 146.

[160] David H. Taylor & Andrew Fearne. Demand management in fresh food value chains: a framework for analysis and improvement, 2009, 14 (5): 379 – 392.

[161] Wheeler D. , Colbert B. and Freeman R. E. Focusing on value: reconciling corporate social responsibility, sustainability and a stakeholder approach in a network world. Journal of General Management, 2003, 28 (3): 1 – 28.

[162] Daliton G. Extranets make an impact. Information Week, 1997, 10 (17): 4 – 10.

[163] Flanagan P. The 10 hottest technologies in telecom. Tellecommunication, 1997, 5: 25 – 32.

[164] Frost M. Extranets: a big boon-especially for small companies. HR Manazine, 1998, 1: 31 – 42.

[165] McCarthy S. P. Welcome to the extranet. Logistics Management, 1997, 5: 66 – 72.

[166] Schnaidt P. Extranets give businesses the edge. Network Computing, 1997, 7 (15): 109 – 122.

[167] Strom D. Road map to the extranet. Datamation, 1997, 11: 60 – 65.

[168] Tweney D. Internet commerce: artfully, profitably working on the web. Inforworld, 1997, 9 (8): 70 – 77.

[169] Porter M. Clusters and the new economics of competition. Harvard Business Review, 1998, 76 (6): 77 – 90.

[170] Porter M. E. The competitive advantage of nation. New York: The Free Press, 1990.

[171] Lynch R. Corporation Strategy. London: Prentice Hall Financial Time, 2003.

[172] Gibbon P. Agro – Commodity chain: An introduction. IDS Bulletin, 2001, 32 (3): 60 – 67 [EB/OL]. http: //onlinelibrary. wiley. com/doi/ 10. 1111/j. 1759 – 5436. 2001. mp32003007. x/abstract.

[173] Macmillan H. and Tampoe M. Strategic Management. Oxford: Oxford University Press, 2000.

[174] Womack J. and Jones D. W. Lean thinking: Banish waste and create wealth in your corporation. New York: Simon & Schus-ter, 1996.

［175］ Jones D. and Womack J. Seeing the whole - Mapping the extended value stream. Brookline: Lean Enterprise Institute, 2002.

［176］ Hines P. and Rich N. The seven value stream mapping tools. International Journal of Operations and Production Manangement, 1997, 17 (1): 45 - 64.

［177］ Rother M. & Shook J. learning to see: value stream mapping. Brookline: The Lean Enterprise Institute, 1998.

［178］ Hines P. et al. Learning to evolve-a review of contemporary lean thinking. International Journal of Operation & Production Management, 2004, 24 (10): 994 - 1011.

［179］ Taylor D. H. Value chain analysis: an approach to supply chain improvement in agr-food chain. International Journal of Physical Distribution & Logistics Management, 2005, 35 (9/10): 744 - 762.

［180］ Thompson J. D. Organization in action. New York: McGraw - Hill, 1967.

［181］ Gulati R. & Singh H. The architecture of cooperation: managing coordination costs and appropriation concerns in strategic alliance. Administration Science, 1998, 43: 781 - 814.

［182］ Carr L. P. and Ittner C. D. Measuring the cost of ownership. Journal of Cost Management, 1992, Fall: 42 - 51.

［183］ Guilding C. , Cravens K. S. , Tayles M. An international comparison of strategic management accounting practices. Management Accounting Research, 2000, 11: 113 - 135.

［184］ Mecimore C. D. & Bell A. T. Are we ready for fourth-generation ABC? . Management Accounting Research, 1995, 1: 122 - 126.

［185］ Dekker H. C. & Van Goor A. R. Supply chain management and management accounting: a case study of activity-based costing. International Journal of Logistics Research, 2000, 4 (3): 41 - 52.

［186］ Tomkins C. Interdependencies, trust and information in relationships, alliances and networks. Accounting, Organization and Society, 2001, 26: 161 - 191.

［187］ Chenhall R. & Langfield - Smith K. Adoption and benefits of management accounting practices: an Australian study, Management Accounting

Resesrch, 1998, 9: 1 - 19.

[188] Porter M. E. & Kramer M. R. Creating share value. Harvard Business Review, 2011, 89 (1/2): 62 - 77.

[189] Fearne A. Sustainable food and wine value chains. Government of South Australia, 2009 [EB/OL]. www. pir. sa. gov. au/_data/assets/pdf_file/0017/120419/ Fearne_Final_Report. pdf.

[190] Lambert D. & Cooper M. Issues in supply chain management. Industrial Marketing Management, 2000, 29 (1): 65 - 83.

[191] Spekman R. E. , Kamauff J. M. & Myhr N. An empirical investigation into SCM: a perspective on partnership. International Journal of Physical Distribution & Logistics Management, 1998, 28 (8): 630 - 650.

[192] Pandelica A. , Pandelica I. & Dumitru I. The development of a methodological framework of market orientation implementation: a value chain perspective. Journal of American Academic of Business, 2009, 14 (2): 285 - 292.

[193] Horvath L. Collaboration: the key to value creation in SCM. Supply Chain Management: An International Journal, 2001, 6 (5): 205 - 207.

[194] Pesonen H. Environmental management of value chains promoting life-cycle thinking in industrial networks. Greener Management International, 2001, 33 (1): 45 - 58.

[195] Seuring S. & Muller M. Core issues in sustainable supply chain management: a Delphi study. Business Strategy and the Environment, 2008 (b), 17 (8): 455 - 466.

[196] Ciliberti F. , Pontrandolfo P. and Scozzi B. Investigating corporate social responsibility in supply chains: a SME perspective. Journal of Cleaner Production, 2008, 16 (15): 1579 - 1588.

[197] Berns M. , Townend A. , Khayat Z. , Balagopal B. , Reeves M. , Hopkins M. S. and Kruschwitz N. The business of sustainability: what it means to managers now. MIT Sloan Management Review, 2009, 5 (1): 20 - 26.

[198] Seuring S. Industrial ecology, life cycles, supply chains: differences and interrelations. Business Strategy and the Environment, 2004, 13 (5): 306 - 319.

[199] Sharfman M. P. , Shaft T. M and Anex R. P. The road to cooperative supply chain environmental management: trust and uncertainty among pro-

active firms. Business Strategy and the Environment, 2009, 1 (1): 1 - 13.

[200] Hart S. L. A natural-resource-based view of the firm. The Academy of Management Review, 1995, 20 (4): 986 - 1014.

[201] Seuring S. and Muller M. From a literature review to a conceptual framework for sustainable supply chain management. Journal of Cleaner Production, 2008 (a), 16 (15): 1699 - 1710.

[202] Hagelaar J. L. F. & van der Vorst J. G. A. J. Environmental SCM using LCA to structure supply chains. International Food and Agribusiness Management Review, 2003 (4): 399 - 412.

[203] Lamming R. & Hampson J. Environment as a supply chain issue. British Journal of Management, 1996, 7 (3): 45 - 62.

[204] Rose C. M. & Stevels A. Lessons learned from applying environmental value chain analysis to product take-back. Tokyo: 7th CIRP - Life cycle engineering conference, 2000.

[205] Rose C. M. , Stevels A. and Ishii K. Applying Environmental Value Chain Analysis. Berlin: Electronics Goes Green, 2000: 415 - 421.

[206] Donaldson K. M. , Ishii K. and Sheppard S. D. Customer value chain analysis. Research in Engineering Design, 2006, 6: 174 - 183.

[207] Laszlo C. Sustainable Value: How the World's Leading Companies Are Doing Well by Doing Good. Sheffield: Greenleaf Publishing, 2008.

[208] Woodruff R. B. Customer value: the next source of competitive advantage. Journal of the Academy of Marketing Science, 1997, 25 (2): 139 - 153.

[209] Holbrook M. B. Introduction to consumer value. in: Holbrook M. , (eds). Routledge, Abingdon: Consumer Value - A Framework for Analysis and Research, 1999: 1 - 29.

[210] Payne A. & Holt S. Diagnosing customer value: integrating the value process and relationship marketing. British Journal of Management, 2001, 12 (2): 159 - 182.

[211] Slater S. S. & Narver J. C. Superior customer value and business performance: the strong evidence for a market-driven culture. Cambridge: Marketing Science Institute, 1992: 92 - 125.

[212] Ramsay J. The real meaning of value in trading relation-

ships. International Journal of Operations & Production Management, 2005, 25 (6): 549 – 565.

[213] Cox A. Power value and supply chain management. Supply Chain Management: An International Journal, 1999, 4 (4): 167 – 175.

[214] Priem R. L. A consumer perspective on value creation. Academy of Management Review, 2007, 43 (1): 219 – 235.

[215] Reinhardt F. L. Down to Earth – Applying Business Principles to Environmental Management. Boston: Harvard Business School Press, 2000.

[216] Bonini S. , Koller T. and Mirvis P. Valuing social responsibility programs. McKinsey Quarterly, 2009, 3 (2): 11 – 18.

[217] Rozin P. Food choice: an introduction. In: Frewer L & van Trijp H. , (eds). Understanding Consumers of Food Products. Cambridge: Woodhead Publishing, 2007: 3 – 24.

[218] Vermeir I. & Verbeke W. Sustainable food consumption: exploring the consumer "attitude-behavioural intention" gap. Journal of Agricultural and Environmental Ethics, 2006, 19 (2): 169 – 194.

[219] Bozeman B. All Organisations Are Public. San Francisco: Jossey – Bass, 1987.

[220] Bhaskaran S. , Polonsky M. , Cary J. and Fernandez S. Environmentally sustainable food production and marketing-opportunity or hype? . British Food Journal, 2006, 208 (8): 677 – 690.

[221] Hoffman A. J. & Woody J. G. Climate Change – What's Your Strategy? . Boston: Harvard Business School Pres, 2008.

[222] Gereffi G. The organisation of buyer-driven global commodity chains: how US retailers shape overseas production networks. in: Gereffi G. and Korzeniewicz M. , (eds). Commodity Chains and Global Capitalism. Westport: Praege, 1994: 95 – 122.

[223] Jayaram J. , Kannan V. and Tan K. Influence of initiators on supply chain value creation. International Journal of Production Research, 2004, 42 (20): 4377 – 4399.

[224] Gold S. , Seuring S. and Beske P. Sustainable supply chain management and inter-organizational resources: a literature review. Corporate Social Responsibility and Environmental Management, 2009, 14 (4): 230 – 245.

[225] Barney J. B. and Hesterly W. S. Strategic Management and Competitive Advantage. Englewood Cliffs: Prentice Hall, 2010.

[226] Vermeulen W. and Seuring S. Sustainability through the market-the impacts of sustainable supply chain management-introduction. Sustainable Development, 2009, 1 (5): 269 – 273.

[227] Fritter R. and Kaplinsky R. Who gains from product rents as the coffee market becomes more differentiated? A value chain analysis. IDS Bulletin, 2001, 32 (3): 69 – 82.

[228] Francis M. Application of the food value chain analysis method in the UK red meat industry. Bangalore: Proceeding of the 9th International Symposium on Logistics 11 ~ 14 July, 2004: 104 – 109.

[229] Rather M. and Shook J. learning to see: value stream mapping to add value and eliminate Muda. Brookline: the Lean Enterprise Institute, 1999.

[230] Simons D. , Francis M. , Bourlakis M. and Fearne A. Identifying the determinants of value in the UK red meat industry. Journal on Chain and Network Science, 2003, 3 (2): 109 – 121.

[231] Simons D. W. and Zokaei K. Application of the lean paradigm in red meat processing. British Food Journal, 2005, 107 (4): 192 – 211.

[232] Taylor D. H. and Simons D. W. Food value chain analysis in the red meat sector: a fresh value added pork case study. 2004, FPIU [EB/OL]. http://scholar.google.com.

[233] McDonald T. , Van Aken E. M. & Rentes A. F. Utilizing simulation to enhance value stream mapping: a manufacturing case application. International Journal of Logistics: Research and application, 2002, 5 (2): 213 – 232.

[234] McCutcheon Meredith. Conducting case study research in operations management. Journal of operation management, 1993, 11 (3): 239 – 256.

[235] Checkland P. From framework through experience to learning: the essential nature of action research. in: Nissen H. K. , Klein H. K.& Hirschheim P. (eds). Information System Research: Contemporary Approaches and Emergent Traditions. Amsterdam: Elsevier, 1991: 1 – 7.

[236] Taylor D. H. Parallel incremental transformation strategy: an approach to the development of lean supply chain. International Journal of Logistics

Research and Applications, 1999, 2 (3): 305 – 323.

［237］Hines P. , Silvi R. , Bartolini M. Lean Profit Potential. Cardiff: the lean enterprise research centre, 2002.

［238］Cooper R. & Kaplan R. S. How cost accounting systematically distorts product costs. In: W. Bruns & R. S. Kaplan, （eds）. Accounting and Management Field Study Perspectives （Chapter 8）. Boston: Harvard Business School Press, 1987.

［239］Shank J. K. & Govindarajan V. Strategic cost analysis: the evolution from managerial to strategic accounting. Irwin: Homewood, Ill, 1989.

［240］Jonson H. T. & Kaplan R. S. Relevant lost: The Rise and Fall of Management Accounting. Boston: Harvard Business School Press, 1987.

［241］Hoque Z. value chain analysis and accounting: in a handbook of cost and management accounting. London: spiramus press, 2005.

［242］Wilson R. Strategic cost analysis. Management accounting, 1990, 68 （9）: 42 –43.

［243］Dess G. G. , Gupta A. , Hennart J. & Hill C. W. L. Conducting and integrating strategy research at the international, corporate, and business levels: Issues and directions. Journal of Management, 1995, 21 （3）: 357 – 393.

［244］Benjamin B. & Wigand R. Electronic markets and virtual value chains on the information superhighway. Sloan Management Review, 1995, 36 （2）: 62 –72.

［245］Chandler A. & Daems H. Administrative coordination, allocation and monitoring: a comparative analysis of accounting and organization in the U. S. A. and Europe. Accounting, Organization, Society, 1979, 4: 3 –20.

［246］Williamson O. the modern corporation: origin, evolution attribute. Journal of Economic Literature, 1981, 19: 1537 –1568.

［247］Benjamin B. & Wigand R. Electronic markets and virtual value chains on the information superhighway. Sloan Management Review, 1995, 36 （2）: 62 –72.

［248］Malone T. , Yates J. , Benjamin R. Electronics Markets and Hierarchies. CACM, 1987: 484 –497.

［249］Riley D. Competitive cost based investment strategies for industrial companies. In: Manufacturing Issues. New York: Booz, Allen and Hamilton, 1987: 71 - 83.

[250] Cooper R. & Kaplan R. S. The design of cost management systems: text, cases and readings (2nd ed. ). Englewood Cliffs,: Prentice Hall, 1998.

[251] Robert M. Fifer. Cost benchmarking function in the value chain. Planning Review, 1989 (17) 3: 18 - 19.

[252] Neely A. & Jarrar Y. Extracting value from data_the performance planning value chain. Business Process Managemnet Journal, 2004, 10 (5): 506 - 509.

[253] Kaplan R. S. & Norton P. D. The balanced scorecard measures that drives performance. Harvard Business Review, 1992, 70 (1): 71 - 79.

[254] Schniederjans M. & Garvin T. Using the analytic hierarchy process and multi-objective programming for the selection of cost drives in activity-based costing. European Journal of Operatonal Research, 1997, 100 (1): 72 - 80.

[255] Kaplan R. S. & Norton P. D. Transforming the balanced scorecard from performance measures to strategic management: Part 1. Horizons, 2001, 15 (1): 87 - 104.

[256] Yilmaz Y. & Bititci U. Performance measurement in the value chain: manufacturing v. tourism. Int. J Productitity and Performance Management, 2006, 55: 371 - 389.

[257] Rangone A. An analytical hierarchy process framework for comparing the overall performance of manufacturing departments. International Journal of Operations & Production Management, 1996, 16 (8): 104 - 119.

[258] Chan F. T. S. & Qi H. J. An innovative performance measurement method for supply chain management. Supply Chain Management an International Journal, 2003, 8 (3): 209 - 233.

[259] Kayakutlu G. & Buyukozkan G. Assessing performance factors for a 3PL in a value chain. Int. J Production Economics, 2011, 131: 441 - 452.

[260] Elizabeth Barber. How to measure the " value " in value chain. International Journal of Physical Distribution & Logistics Management, 2008, 38 (9): 685 - 698.

[261] Neely A. , Gregory M. & Platts K. Performance measurement system design. International Journal of Operations and Production Management,

2005, 25 (12): 1228 – 1263.

[262] Gunasekaran A. , Patel C. & McGaughey R. E. A framework for supply chain performance measurement. International Journal of Production Economics, 2004, 87: 333 – 347.

[263] Maskell B. H. Performance measurement for world class manufacturing: a model for American companies. Cambridge: Productivity Press, 1991.

[264] Harrington H. J. Improving business process. TQM Magazine, 1991, 3 (1): 499 – 507.

[265] Saaty T. L. A scaling method for priorities in hierarchical structures. Journal of Mathematical Psychology, 1997, 15 (3): 234 – 281.

[266] Saaty T. L. An exposition of the AHP in reply to the paper remarks on the analytic hierarchy process. International Journal of Physical Distribution & Logistic Management, 1990, 22: 3 – 13.

[267] Saaty T. L. The analysis hierarchy process. New York: Mc – Graw Hill, 1980.

[268] Chen S. J. & Hwang C. L. Fuzzy multiple attribute decision making: methods and application. Berlin: Springer, 1992.

[269] Hwang C. & Yoon K. Multiple attribute decision making: Methods and application. New York: Springer, 1981.

[270] Cheng C. H. Evaluation weapon system using ranking fuzzy numbers. Fuzzy Sets and System, 1999, 107: 25 – 35.

[271] Chan F. T. S. Interactive selection model for supplier selection process an AHP. International Journal of Production Research, 2003, 41 (15): 3549 – 3579.

[272] Mikhailov L. A fuzzy approach to deriving priorities from interval pairwise comparison judgments. European Journal of Operational Research, 2004, 159 (3): 687 – 704.

# 致　　谢

　　此书是在本人博士论文的基础上修改完善而成的。在四年多的求学生涯和论文写作过程中，我得到了许多老师、同学、好友和家人的帮助。值本书出版之际，我谨向他们致以诚挚的感谢！

　　首先感谢我的导师慕好东教授。虽然已经过去十几个年头，但老师修改硕士论文的情景还历历在目，心里仍能感受到老师付出的艰辛和治学严谨的态度，也时刻鞭策我要向老师一样成为一名治学严谨、为人正直、胸怀宽广、学术造诣高深的高校教师。此书的写作从选题构思直到最后定稿，每个环节无不凝聚着老师的辛勤劳动和智慧结晶。您切中要害的指点总能让我茅塞顿开，您无微不至的鼓励是我不断突破论文瓶颈的动力。在我成长路程上的点点滴滴，无不倾注着您的心血，借此机会，由衷地向您说声："老师，谢谢您！"。

　　感谢我的师母王乐锦教授。您孜孜不倦的求学、潜心钻研学术和对待工作一丝不苟的精神一直是我学习的榜样。在这里，感谢您十几年来对我如家人般的关怀和帮助。

　　感谢中国海洋大学管理学院的王竹泉教授、罗福凯教授、徐国君教授、张世兴教授、孙建强教授的关心和帮助。各位老师在各自领域的研究丰富了我的知识，各位老师刻苦钻研的精神深深震撼了我的心灵，在此书写作过程中给予了热情的指导。

　　感谢山东财经大学会计学院的各位领导和同事。在我求学的四年多的时间里，始终支持我的博士学习和论文写作。会计学院的领导还批准我到美国访学，使我有了更多的时间专心撰写论文，也使我有更多的机会获取国外相关研究文献。同时还要特别感谢财务管理教研室的宋涛教授和教研室的其他同事们，在工作安排上给了我许多照顾，给此书的完成提供了充足的时间和宽松的环境。

　　感谢美国加州州立大学圣贝纳迪诺分校商学院会计和财务系的刘湘教授。作为我在美国访学期间的导师，与您交流论文时，您总能细心倾听，给我相关研究文献资料，供我查阅，这些研究文献资料为此书提供了宝贵的资料来源。

感谢我的同学和朋友。感谢我的博士同学白福萍、王怀庭、温琳、赵爽、习龙胜、李艳玲和李永强，是你们陪我一起度过了在海大的学习生活，是你们不厌其烦地同我交流论文写作的艰辛和喜悦；感谢我的硕士同学倪庆东博士给予此书实证研究方法的建议；感谢我的朋友武恒光、花双莲、秦宏给予此书写作方法的交流。

最后感谢我的家人，没有你们的支持和鼓励我不能完成此书。感谢我的父亲，在此书写作初期，您不幸患了重病，当您得知自己罹患重病时乐观积极的生活态度感染了我；您在手术和化疗期间积极配合医生治疗，使我有勇气与您一起共渡难关；您身体状况好转之后就不愿再占用我的时间，尽您所能支持我的论文写作。每当论文写作遇到困难时，您与病魔抗争的精神是我战胜困难的源泉。让我倍感欣慰的是，您已经用您的毅力和坚强抵挡住了病魔，我也完成了此书的写作，谨以此书献给您，希望您安康长寿！感谢我的丈夫，女儿不到四岁的时候我就离开家去求学，是你一人承担起了照顾女儿的重任；此书写作期间，难免心情焦虑不安，是你在我身边安慰和支持我；为了给我更多的时间学习和撰写论文，是你毫无怨言的包揽了所有家务，谢谢老公的理解和宽容！感谢我懂事的女儿，记得每天晚上，你都想让妈妈陪你睡觉，妈妈跟你说，等妈妈写完论文就可以天天陪你了，你总是说，妈妈，如果今天您写论文结束得早，我还没有睡着，您就陪我睡觉好吗？有一次，你看妈妈写论文辛苦，你跟妈妈说，妈妈等我有了魔法，我就帮你把论文写完。谢谢宝贝对妈妈的关心和理解！还要感谢我的母亲和公婆，是您们在背后默默地帮我照顾女儿和家庭，让我能安心地进行此书写作，谢谢您们的无私付出！

凡此种种，不胜枚举，篇幅末尾谨向那些虽未提到名字，但也一直在无私帮助和热情照顾我的人一并表示真挚的感谢和最崇高的敬意！

朱姊
2015 年 7 月于泉城济南